國家社科基金重大項目《荊楚全書》編纂成果

大中華湖北省
地理志

林傳甲 著
周月峰 張陽 焦亞妮 整理

荊楚文庫

荊楚文庫編纂出版委員會
華中師範大學出版社

大中華湖北省地理志

DAZHONGHUA HUBEISHENG DILIZHI

圖書在版編目(CIP)數據

大中華湖北省地理志 / 林傳甲著；張陽，周月峰，焦亞妮整理．
武漢：華中師範大學出版社，2024.12
（荆楚文庫）
ISBN 978-7-5769-0898-5

Ⅰ．K296.3

中國國家版本館 CIP 數據核字第 2025D7N299 號

責任編輯：熊　然
整體設計：范漢成　曾顯惠　思　蒙
責任校對：張建英
責任印製：劉　敏
出版發行：華中師範大學出版社（湖北·武漢）
地　址：湖北省武漢市洪山區珞喻路 152 號
電　話：027-67863426（發行部）　郵政編碼：430079
錄排：桂子工藝
印刷：湖北新華印務有限公司
開本：720mm×1000mm　1/16
印張：18
字數：270 千字
版次：2024 年 12 月第 1 版　2024 年 12 月第 1 次印刷
定價：80.00 圓

《荆楚文庫》工作委員會

主　　　任：王蒙徽

副　主　任：諸葛宇傑　琚朝暉

成　　　員：黄泰巖　余德芳　何麗君　劉海軍　周　峰
　　　　　　李述永　夏立新　謝紅星　劉仲初　黄國斌

辦公室

主　　　任：蔡静峰

副　主　任：董緒奎　唐昌華　周百義

《荆楚文庫》編纂出版委員會

主　　　任：王蒙徽

副　主　任：諸葛宇傑　琚朝暉

總　編　輯：郭齊勇　馬　敏

副總編輯：熊召政　劉海軍

編委（以姓氏筆畫爲序）：　　朱　英　邱久欽　何曉明
　　　　　　周百義　周國林　周積明　宗福邦　陳　偉
　　　　　　陳　鋒　張良成　張建民　陽海清　彭南生
　　　　　　湯旭巖　趙德馨　蔡静峰　劉玉堂

《荆楚文庫》編輯部

主　　　任：周百義

副　主　任：周鳳榮　周國林　胡　磊

成　　　員：李爾鋼　鄒華清　蔡夏初　王建懷　鄒典佐
　　　　　　梁瑩雪　丁　峰

出版説明

湖北乃九省通衢，北學南學交會融通之地，文明昌盛，歷代文獻豐厚。守望傳統，編纂荆楚文獻，湖北淵源有自。清同治年間設立官書局，以整理鄉邦文獻爲旨趣。光緒年間張之洞督鄂後，以崇文書局推進典籍集成，湖北鄉賢身體力行之，編纂《湖北文徵》，集元明清三代湖北先哲遺作，收兩千七百餘作者文八千餘篇，洋洋六百萬言。盧氏兄弟輯録湖北先賢之作而成《湖北先正遺書》。至當代，武漢多所大學、圖書館在鄉邦典籍整理方面亦多所用力。爲傳承和弘揚優秀傳統文化，湖北省委、省政府決定編纂大型歷史文獻叢書《荆楚文庫》。

《荆楚文庫》以"搶救、保護、整理、出版"湖北文獻爲宗旨，分三編集藏。

甲、文獻編。收録歷代鄂籍人士著述，長期寓居湖北人士著述，省外人士探究湖北著述。包括傳世文獻、出土文獻和民間文獻。

乙、方志編。收録歷代省志、府縣志等。

丙、研究編。收録今人研究評述荆楚人物、史地、風物的學術著作和工具書及圖册。

文獻編、方志編録籍以 1949 年爲下限。

研究編簡體横排，文獻編繁體横排，方志編影印或點校出版。

《荆楚文庫》編纂出版委員會
2015 年 11 月

前　　言

一

　　《大中華湖北省地理志》是民國八年（1919）由林傳甲任總纂的一部帶有鄉土志特徵的地理學著作，是《大中華地理志》叢書的其中一編。

　　民國初年，北洋政府屢次會同教育部通飭各地纂修地方志，然而由於政治社會形勢的複雜多變，地方志的纂修進展較爲緩慢。《大中華地理志》則是民國初期爲數不多編印出版的大型地理志叢書。《大中華地理志》由中國地學會倡議編修，以林傳甲爲總纂，於民國六年（1917）至民國十年（1921）陸續出版，包含浙江、江蘇、江西、安徽、福建、京師、湖北、京兆、山西、山東、直隸、河南、吉林十三省地理志。

　　林傳甲（1877—1922），字奎騰，號葵雲，福建侯官縣（今福州市）人，近代著名教育學家、方志學家。其祖父林寶光自四川成都通判乞休後就養湖北，死後葬於武昌洪山。其父林文釗長期任職于湖北應山縣，去世后亦葬于洪山。林傳甲自幼生長於湖北，與此地有着獨特淵源。

　　光緒二十二年（1896），林傳甲創辦民立時務學堂於武昌正衛街，爲武昌私立小學之始。光緒二十三年（1897），他又先後在湖南創辦衡州時務學堂、常寧時務學堂。在湖南任教期間，曾撰寫《湖南驛程記》《福建歸程記》《圖史通義》等地理學著作。光緒二十八年（1902），林傳甲回閩參加鄉試，高中解元。光緒三十年（1904），嚴復推薦林傳甲擔任京師大學堂中文教習，兼任中國地理預科教習。任教期間，他編寫了《京師大學堂國文講義中國文學史》，這部講義被認爲是由國人自撰的第一部中國文學史著作。

　　光緒三十一年（1905），林傳甲出任廣西知縣，後赴黑龍江省主持學務，至民國五年（1916）辭職離開黑龍江。在黑龍江任職十年間，他積極創辦各類學校，籌建校舍，聘請教員等，並編寫了《黑龍江鄉土志》《鐵路教科書》《黑龍江教科新圖》等教材。林傳甲數年後回憶時頗爲自豪:"七年前初至黑龍江,嘗撰《黑龍江鄉土志》爲初等小學歷史、地理、格致教科書,學部評以簡要,徐督師(徐世昌)嘉其瞻雅",而"誦《鄉土志》者凡六千人。"①

民國五年(1916),林傳甲因病辭職,開始遊歷西北、華北等地考察地理民情,並於此時加入中國地學會,向地學會會長張相文倡議編修《大中華地理志》。民國六年(1917),林傳甲利用在易縣講學的便利編寫了《大中華易縣地理志》。之後,他以此書作爲範本,全力投身於《大中華地理志》的編纂工作中,每三個月成一編,四年時間便完成了十三省地理志。民國十一年(1922)一月,在《大中華吉林省地理志》出版後不久,林傳甲便因病去世,時年僅45歲。

二

在清末十年中,清政府面對前所未有的内憂外患,開始積極推行教育改革。其中爲培養"國民忠愛之本源",癸卯學制規定在全國初等學堂開展鄉土教育(包括歷史、地理、格致等科目),並明確要求:

> (歷史)尤當先講鄉土歷史,采本境内鄉賢名宦流寓諸名人之事蹟,令人敬仰欸慕,增長志氣者爲之解説,以動其希賢慕善之心。……(地理)尤當先講鄉土有關係之地理,以養成其愛鄉土之心。……(格致)當先以鄉土格致。先就教室中器具、學校用品,及庭園中動物、植物、礦物(金、石、煤炭等物爲礦物),漸次及於附近山林、川澤之動物、植物、礦物,爲之解説其生活變化作用,以動其博識多聞之慕念。②

光緒三十一年(1905),清學部又頒佈《學務大臣奏據編書局監督編成鄉土志例目擬通飭編輯片》,其中規定:

---

① 林傳甲:《林傳甲日記》,北京:中華書局,2014年,第334頁。
② 璩鑫圭、唐良炎編:《中國近代教育史資料匯編·學制演變》,上海教育出版社,1991年,第295—296頁。

奏定學堂章程所列初等小學堂學科，於歷史則講鄉土之大端、故事，及本地古先名人之事實；於地理則講鄉土之道里、建置（附近之山水），及本地先賢之祠廟遺蹟等類；於格致則講鄉土之動物、植物、礦物。凡關於日用所必需者，使知其作用及名稱。……當必由府、廳、州、縣，各撰鄉土志，然後可以授課。①

此後，全國各地編纂鄉土志蔚然成風。

林傳甲深受此種風氣影響，因此積極回應政府感召，投身於鄉土教科書的編纂之中，先後編寫了《黑龍江鄉土志》《察哈爾鄉土志》。他在《察哈爾鄉土志緒言》中指出：

世界各國教育最普及者莫如德意志，其教科最切實有用者則爲鄉土志。吾國自甲午庚子之後始發憤興學，南皮張文襄公奏定學堂章程初等小學歷史、地理、格致皆以鄉土志爲課本。惜當時各省各縣任教育者未有能實力奉行良法美意，知者蓋少。余嘗撰《黑龍江鄉土志》爲初等課本，未幾初等歷史、地理、格致並于國文，於是小學界畢業者遂空談五州萬國而不知本省本縣之地理，是以近日教育家盛倡實用主義，余之主張則實用宜自鄉土志始。②

這裡林傳甲提到的"初等歷史、地理、格致並于國文"，是宣統元年（1909）清政府再次改革學制，精簡初等小學科目，《奏酌量變通初等小學堂章程折》規定將此三科並入國語科，鄉土教育逐漸被忽略。林傳甲對此頗爲不滿，認爲"學生父兄查課亦偏重國文，是知讀書不知教育、重空文不重實質"。③ 在他看來，鄉土教育的主旨是希望自幼培養學童的鄉土認同，進而發展到國家認同，也就是由愛鄉而愛國。

此種思想貫穿林傳甲一生。民國初年，他堅持認爲"軍國民教育"之

---

① 《學務大臣奏據編書局監督編成鄉土志例目擬通飭編輯片》，《東方雜誌》第 2 年第 9 期，1905 年 10 月，第 217—218 頁。

② 林傳甲：《察哈爾鄉土志緒言》，《地學雜志》第 7 年第 6、7 合期，1916 年 7 月，第 31 頁。

③ 林傳甲：《林傳甲日記》，北京：中華書局，2014 年，第 282 頁。

內容就包括歷史、地理等，即使此時清末學制已被廢止，他仍指出"初等小學用鄉土歷史、地理、格致，殆非張南皮所臆造，而取法於德意志"。雖然"德之小學課本至不齊一，而各切於實用"，故清末學制的精神不可廢。反而到了民國，"學校生徒大患在侈談"，而不切於實用。他以江蘇爲例，批評當時教育不重鄉土知識，"江省榛子爲小兒常食之物，讀畢小學教科"，卻"不識榛字"。①

這樣的想法不僅是林傳甲的理念，也在其任職時得到推行和實踐。在他主持黑龍江教育期間，地理科目始終重視地方的地理知識。如他在師範考試中出地理四題，分別爲："一、問世界大河大于黑龍江者若干，試舉其名；二、問歐洲何國人口與黑龍江一省人口相等；三、問東三省商埠共有若干處；四、問齊齊哈爾經緯度數。"② 無一題不與黑龍江有關。

值得注意的是，在林傳甲的思考中，這一理念不僅關乎由愛鄉而愛國，同時也是共和的根本。1916、1917 年，袁世凱稱帝和張勳復辟先後發生，嚴重衝擊了新生的中華民國，如何能使共和更像共和，並能長治久安，成爲時人思慮的問題。這更加重了《大中華地理志》以國家憂患爲主軸的叙事結構。所以林傳甲在《大中華浙江省地理志自序》中言：

> 大中華者，中華人之中華也；浙江者，浙江人之浙江也。傳甲以爲中華人之中華必須中華人知中華，推而各省人知各省，各縣人知各縣。苟地方皆能自治，斯國家可以共和。自治之道，自自知始。苟無自知之明，則學業之根本不立，安望其知己知彼，百戰百勝乎？③

他認爲應從地方自治做起，建構共和國家。林傳甲受傳統中國修身齊家治國平天下逐層遞進的觀念影響，看到的是地方與國家的統一而非對立。國家由地方組成，愛國由愛地方始，瞭解國家也從瞭解地方開始，進一步來說，地方的自治更能成爲國家共和之基石。

無論是愛國、"國家可以共和"或"知己知彼，百戰百勝"，背後都

---

① 林傳甲：《林傳甲日記》，北京：中華書局，2014 年，第 336—337、558 頁。
② 林傳甲：《林傳甲日記》，北京：中華書局，2014 年，第 633 頁。
③ 林傳甲：《大中華浙江省地理志》，浙江印刷公司，1918 年，"自序"第 1 頁。

有着顯著的民族主義影響。當林傳甲聽聞"坊本中華地理全志尚須譯自東瀛,及東瀛支那省別地志出版有謀譯之者"①的消息時,深以爲恥,所以辭職後於民國五年五月立即向張相文建議纂修《大中華地理志》:

> 夫中華者,國名也。中華民國者,中國四萬萬國民共有之國家也。有京兆之行省二十二,特別區域四,寧夏、阿爾泰、外蒙古、青海、西藏各邊地五,凡三十二區,共九十三道,一千八百一十八縣及設治地方八處,尚無一完全地理志,斯則我中華國民之責也,亦中華書局之責也。②

同時,林傳甲還迅速擬定了此套叢書的編寫計畫。最初他的編纂構想是:

> 今擬纂大中華地理志分甲、乙、丙、丁、戊五編。甲編志全國,乙編志各省區,丙編志各道,丁編志各縣,戊編志各埠、各名勝、各要塞、各鐵道,合中華全國地理專家,創中華五千年來未有之鉅制,分之三千册,各自爲書,合之則名曰《大中華地理志》。③

後來在具體編寫實踐中,他又將編寫計畫更改爲"甲編分省區、蒙、藏凡三十册。乙編分縣,每縣一册,凡一千八百四十四册。"④林傳甲希望藉助《大中華地理志》,"分之則爲地方之自治,合之則爲五族之共和,無人不學,無人不明地理,無人不愛國家"。⑤

由於《大中華地理志》的定位是中小學校教科書,同時又是一項集體

---

① 《支那省別全志》是在東亞同文書院1908—1916年7屆畢業生的調查報告資料基礎上,由熟諳中國的該院教授大村欣一和山崎長吉編成,於1917年1月24日出版刊行;全文共10編,169章,1080頁,約50萬字,並附地圖36幅、照片72幅和事物説明圖17幅。
② 林傳甲:《大中華地理志序例》,《地學雜志》第7年第4、5合期,1916年5月,第83頁。
③ 林傳甲:《大中華地理志序例》,《地學雜志》第7年第4、5合期,1916年5月,第84頁。
④ 林傳甲:《大中華浙江省地理志》,浙江印刷公司,1918年,"自序"第1頁。
⑤ 林傳甲:《擬編大中華地理志各省各縣分纂綱要》,《地學雜志》第7年第6、7合期,1916年7月,第99頁。

編纂事業，因而爲了統一體例，林傳甲細致地制定了叢書在内容、格式、字數等方面的規範，以方便快速開展程式化的編寫工作。根據《擬編大中華地理志各省各縣分纂綱要》，各地志的框架内容爲：一、緒論，即緣起；二、位置；三、地文；四、人文；五、地方；六、附屬；七、插圖。他在字數上規定"省志洋裝一厚册，依中學校地理教科書字數"，"縣志洋裝一中册，依高等小學地理教科書字數"。①

此後，林傳甲開始周遊各省，立志"期以十年之内，編成各省區地理志出版"。民國十年（1921）林傳甲在《大中華吉林省地理志出版之宣言》敘述了自己五年間修志的詳細經過：

> 大中華民國十年十月十日，國慶日。中國地學會《大中華地理志》總纂閩侯林傳甲，受事五年，功甫及半，謹以負笈周遊出版次序，報告于各省區同志，以明匹夫之責曰：
>
> 民國五年國慶日，中國地學會推爲總纂，編《大中華易縣地理志》，爲本縣小學用。
>
> 民國六年國慶日，登泰山，謁孔林，遊青島，編《大中華山東省地理志》，爲本省小學用。
>
> 民國七年國慶日，春季編《安徽志》，夏季編印《浙江志》，秋季編印《江蘇志》，皆三月成。
>
> 民國八年國慶日，《江西志》成。生子。福建、湖北志成。修墓。回京編印京師、京兆兩志。
>
> 民國九年國慶日，《山西志》多實政。直隸、河南兩志蒙大總統閱定題簽，均發行。②

林傳甲在編志過程中，除依據文獻資料"通志、官書、私家著述、雜志、報章"之外，"更得官紳學界修正"。而且，凡編一志，"皆實地經過，見聞明確"。他爲編各省地理志，數年中"舉家相從"，一志編成，

---

① 林傳甲：《擬編大中華地理志各省各縣分纂綱要》，《地學雜志》第 7 年第 6、7 合期，1916 年 7 月，第 98 頁。

② 《〈大中華吉林省地理志〉出版之宣言》（1921 年），見本書附録。

才"運載書囊，再赴他省"，可謂"浮家泛宅，以大中華爲家"。而且，他定下原則，"編某省志必至某省"。他原本計劃編寫《廣東志》《湖南志》，但因"兩粵之爭未往"、"兩湖之爭未往"，遂作罷。而他在奉天"往來十數次，調查亦較詳"，然後才有信心"志在必成"。因爲在他看來，"必親來問學，而後地理志可以徵信傳久也"。① 正如時任吉林省長的翟文選序言稱：

  林子每至省，必讀一省古今志乘，最要者爲新刊之官書，近年公報，宋鐵梅之《東省鐵路成案要覽》、齊文軒《吉林財政報告書》、實業廳《吉林礦林物記略》各官書。並採各縣鄉土志及調查報告。林子博觀約取，見某縣人必問某縣事，當有以補前人之闕，而爲後之治吉地理津梁也。②

  林傳甲當時定下規矩，三月成一册，擔心"不限定三月，則惰氣生而難成"。但如此舟車勞頓與高強度的著述，嚴重影響其身體。1921年，他在編吉林省志時，已"臥病幾不支"，本擬小息，但秋後又自認爲"元氣大復"而繼續工作。③ 同年12月20日，《大中華吉林省地理志》出版發行。翌年一月，林傳甲病逝於吉林省教育官署，後續省份無人踵成，《大中華地理志》的編修工作戛然而止。

三

  《大中華湖北省地理志》共一百六十章，計總論一章、位置二十章、地文地理三十一章、人文地理三十七章、地方志六十九章、結論二章。此志的主要讀者對象是中學甲種實業學校學生，按照每星期授一章，四

---

① 《〈大中華吉林省地理志〉出版之宣言》（1921年）、《〈大中華吉林省地理志〉自序》（1921年），見本書附錄。
② 翟文選：《〈大中華吉林省地理志〉序》，《大中華吉林省地理志》，吉東印刷社，1921年。
③ 《〈大中華吉林省地理志〉出版之宣言》（1921年），見本書附錄。

年可以畢業。

正如林傳甲在《凡例》中強調"參考書籍，務取最新最切用者分類採錄"。如天文地理方面，"遵照教育部中央觀象臺曆書，益以本省農校及試驗場觀測、老農俗諺，以天時綱維農時"；地圖方面，"採湖北局本胡氏圖、興地學會鄒氏圖、上海商務印書館中外興地局各圖、新測各縣詳圖、長江圖"；自然地理方面，"山脈注重林礦，據實業行政最近報告，河流注重疏導及舟運，據水利局最近調查"；人文地理方面，"物產據商品陳列所陳列及歷年出品協會各種報告，及《國貨調查錄》、商家製造品已著成效者，可爲直觀教育之材料，交通據京漢、粵漢鐵路各圖表，漢口各輪船公司航路價目表，郵政局郵區圖、電報線路圖、文册到省期限表，可爲旅行指南"；地方志方面，"根據各縣《鄉土志》《縣志》及各縣最近報告，並諏訪在省各縣議員、各校職教學生各舉本縣狀況，務求確實"。

可以説，"最新"與"切用"是《大中華地理志》最突出的特點。林傳甲編志注重"親來問學"，採用的主要手段是調查，包括自己實地調查，以及組織學生佐助調查。因而在內容上注重對於各地農工商以及實業開發等考察情況的揭示。人文地理側重農工商之調查以及攸關各省實業開發之交通建設，如鐵路、輪船、電信、郵政等。編寫者在描述經濟活動之餘竭盡可能將地方實業建設的成果以及富藏地方的物產、資源廣布於國民，以爲直觀教授之資料。

尤其重要的是，與《大中華地理志》愛國、共和的理念一脈相承，《大中華湖北省地理志》在地文地理與人文地理中都濃墨重彩地強調湖北作爲肇建共和起源地的特殊性。首先湖省所處的地理位置具有天然優勢：

武昌起義，全國響應。蓋京漢通軌，北出武勝可以捲中原而掃燕雲；長江列艦，東下蘄黃可以定金陵而通滬海。中華民國之成功，湖北之形勢誠足爲天下重也。強鄰如俄羅斯，大敵如德奥，亦隨從世界之潮流改造共和國體。是武昌不徒爲全國重且爲全球重也。

其次，從種族而言，漢人爲漢族的通稱，三代以前：

> 夏禹之跡在荆衡江漢者，昭昭然爲九州侯服，……殆江漢炳靈，漢學師承相繼，漢文漢詁風靡兩湖，發爲漢聲，弘我漢京，恢張漢業也。漢口商業結帳，習用'清楚'二字，故老相傳以爲亡清必楚。天意也，即真民意也，非術數讖緯所附會也。

在《大中華湖北省地理志》中，林傳甲將湖北描述成肇建共和的推手，從地理位置、漢族血脈，到地方自治、民主民權，只要對革命與共和有直接、間接關聯的綫索，都可以在湖北找到脈絡。他向民衆傳遞的意識是湖北是中華民國的湖北，湖北的功業是國家觀念之下的功業，認爲湖北人更應該有强烈的國家認同。

總之，《大中華湖北省地理志》不僅僅是有關湖北"地理"的志書，更是湖北省的簡要通覽，且能折射出林傳甲及其所處時代的思想風氣。本次整理時，除《湖北省地理志》之外，特將《大中華地理志》中其他十二種地理志的林傳甲自序收入本書附録，以更好地呈現其編寫理念與時代風氣。

周月峰

目　　录

大中華湖北省地理志序　何珮瑢 …………………………………… 1

大中華湖北省地理志題詞 ………………………………………………… 2

如指諸掌　王文俊 ………………………………………………………… 4

大中華湖北省地理志序　劉鳳章 …………………………………… 5

大中華湖北省地理志序　姚汝説 …………………………………… 6

大中華湖北省地理志序　鄧鼓翔 …………………………………… 7

大中華湖北省地理志序　陳冠冕 …………………………………… 9

大中華湖北省地理志序　馬毓京 …………………………………… 10

大中華湖北省地理志自序　林傳甲 ………………………………… 12

大中華湖北省地理志序　阮麟運 …………………………………… 14

問業姓氏録 ………………………………………………………………… 16

大中華湖北省地理志凡例 ……………………………………………… 19

大中華湖北省地理志采用書目 ………………………………………… 21

湖北三道六十九縣歌 …………………………………………………… 23

第一篇　總論 …………………………………………………………… 24

　第一章　湖北省地理志之名義 ………………………………………… 24

第二篇　位置 …………………………………………………………… 26

　第二章　湖北在地球緯度之位置 ……………………………………… 26

　第三章　湖北在中國經度之位置 ……………………………………… 27

　第四章　湖北經緯與日月朔望關係 …………………………………… 28

　第五章　湖北經緯與列星關係 ………………………………………… 29

　第六章　湖北最東經度及東界安徽江西位置 ………………………… 30

　第七章　湖北最南緯度及南界湖南位置 ……………………………… 31

第八章　　湖北最西經度及西界四川陝西位置…………………… 32

　第九章　　湖北最北緯度及北界陝西河南位置…………………… 33

　第十章　　湖北一月小寒大寒中星晷刻物候……………………… 35

　第十一章　湖北二月立春雨水中星晷刻物候……………………… 36

　第十二章　湖北三月驚蟄春分中星晷刻物候……………………… 37

　第十三章　湖北四月清明穀雨中星晷刻物候……………………… 39

　第十四章　湖北五月立夏小滿中星晷刻物候……………………… 40

　第十五章　湖北六月芒種夏至中星晷刻物候……………………… 41

　第十六章　湖北七月小暑大暑中星晷刻物候……………………… 42

　第十七章　湖北八月立秋處暑中星晷刻物候……………………… 43

　第十八章　湖北九月白露秋分中星晷刻物候……………………… 45

　第十九章　湖北十月寒露霜降中星晷刻物候……………………… 46

　第二十章　湖北十一月立冬小雪中星晷刻物候…………………… 47

　第二十一章　湖北十二月大雪冬至中星晷刻物候………………… 48

第三篇　地文地理……………………………………………………… 50

　第二十二章　湖北三道六十九縣區畫……………………………… 50

　第二十三章　湖北水陸之形勢……………………………………… 51

　第二十四章　湖北大別山脈………………………………………… 52

　第二十五章　湖北大洪山脈………………………………………… 54

　第二十六章　湖北內方山各支脈…………………………………… 55

　第二十七章　湖北巴山山脈………………………………………… 56

　第二十八章　湖北荊山山脈………………………………………… 58

　第二十九章　湖北武當山脈………………………………………… 59

　第三十章　　湖北武陵山脈………………………………………… 60

　第三十一章　湖北巫山山脈………………………………………… 61

　第三十二章　湖北幕阜山脈………………………………………… 63

　第三十三章　湖北長江巴峽水道…………………………………… 64

　第三十四章　湖北長江荊河水道…………………………………… 65

第三十五章　湖北長江與湖水合流水道⋯⋯⋯⋯⋯⋯⋯⋯⋯66
第三十六章　湖北長江與漢水合流水道⋯⋯⋯⋯⋯⋯⋯⋯⋯68
第三十七章　湖北漢水水道⋯⋯⋯⋯⋯⋯⋯⋯⋯⋯⋯⋯⋯⋯69
第三十八章　湖北清江水道⋯⋯⋯⋯⋯⋯⋯⋯⋯⋯⋯⋯⋯⋯70
第三十九章　湖北入江諸水⋯⋯⋯⋯⋯⋯⋯⋯⋯⋯⋯⋯⋯⋯72
第四十章　　湖北入漢溳水、廣水⋯⋯⋯⋯⋯⋯⋯⋯⋯⋯⋯73
第四十一章　湖北入漢陡、蠻各水⋯⋯⋯⋯⋯⋯⋯⋯⋯⋯⋯74
第四十二章　湖北入漢丹、白各水⋯⋯⋯⋯⋯⋯⋯⋯⋯⋯⋯76
第四十三章　湖北西南黔、酉各水⋯⋯⋯⋯⋯⋯⋯⋯⋯⋯⋯77
第四十四章　湖北江南各湖澤⋯⋯⋯⋯⋯⋯⋯⋯⋯⋯⋯⋯⋯79
第四十五章　湖北江北各湖澤⋯⋯⋯⋯⋯⋯⋯⋯⋯⋯⋯⋯⋯80
第四十六章　湖北各水泉⋯⋯⋯⋯⋯⋯⋯⋯⋯⋯⋯⋯⋯⋯⋯81
第四十七章　湖北氣候⋯⋯⋯⋯⋯⋯⋯⋯⋯⋯⋯⋯⋯⋯⋯⋯83
第四十八章　湖北雨雪量風向⋯⋯⋯⋯⋯⋯⋯⋯⋯⋯⋯⋯⋯84
第四十九章　湖北地質⋯⋯⋯⋯⋯⋯⋯⋯⋯⋯⋯⋯⋯⋯⋯⋯85
第五十章　　湖北之礦物⋯⋯⋯⋯⋯⋯⋯⋯⋯⋯⋯⋯⋯⋯⋯86
第五十一章　湖北之植物⋯⋯⋯⋯⋯⋯⋯⋯⋯⋯⋯⋯⋯⋯⋯88
第五十二章　湖北之動物⋯⋯⋯⋯⋯⋯⋯⋯⋯⋯⋯⋯⋯⋯⋯89

第四篇　人文地理⋯⋯⋯⋯⋯⋯⋯⋯⋯⋯⋯⋯⋯⋯⋯⋯⋯⋯⋯91
　　第五十三章　湖北人民種族⋯⋯⋯⋯⋯⋯⋯⋯⋯⋯⋯⋯⋯⋯⋯91
　　第五十四章　湖北人民言語⋯⋯⋯⋯⋯⋯⋯⋯⋯⋯⋯⋯⋯⋯⋯92
　　第五十五章　湖北人民衣服飲食⋯⋯⋯⋯⋯⋯⋯⋯⋯⋯⋯⋯⋯93
　　第五十六章　湖北人民居處器用⋯⋯⋯⋯⋯⋯⋯⋯⋯⋯⋯⋯⋯95
　　第五十七章　湖北人民之崇孔教⋯⋯⋯⋯⋯⋯⋯⋯⋯⋯⋯⋯⋯97
　　第五十八章　湖北人民之信佛老⋯⋯⋯⋯⋯⋯⋯⋯⋯⋯⋯⋯⋯98
　　第五十九章　湖北人民之清真教⋯⋯⋯⋯⋯⋯⋯⋯⋯⋯⋯⋯⋯99
　　第六十章　　湖北人民之基督教⋯⋯⋯⋯⋯⋯⋯⋯⋯⋯⋯⋯⋯101
　　第六十一章　湖北人民婚喪之禮⋯⋯⋯⋯⋯⋯⋯⋯⋯⋯⋯⋯⋯102

第六十二章	湖北人民之省議會及自治	103
第六十三章	湖北省行政官制	105
第六十四章	湖北道行政官制	106
第六十五章	湖北縣行政官制	107
第六十六章	湖北之督軍及省城軍備	109
第六十七章	湖北各鎮守使及各屬軍備	110
第六十八章	湖北沿江礟臺及軍艦	111
第六十九章	湖北警察行政	112
第七十章	湖北水上警察	114
第七十一章	湖北財政歲入	115
第七十二章	湖北財政歲出	117
第七十三章	湖北各稅關	120
第七十四章	湖北徵收局	121
第七十五章	湖北鹽井、鹽池及鹽法	122
第七十六章	湖北司法	123
第七十七章	湖北教育行政	124
第七十八章	湖北普通教育	126
第七十九章	湖北實業專門教育	127
第八十章	湖北社會教育	128
第八十一章	湖北實業行政	130
第八十二章	湖北農業	131
第八十三章	湖北工藝	132
第八十四章	湖北商務及貨幣	134
第八十五章	湖北京漢鐵路及川漢鐵路	135
第八十六章	湖北粵漢鐵路及大冶鐵路	137
第八十七章	湖北之輪船航路	138
第八十八章	湖北之電政	139
第八十九章	湖北之郵政	140

第五篇　地方志 …………………………………………………… 142
　第九十章　武昌縣 ………………………………………………… 142
　第九十一章　鄂城縣 ……………………………………………… 143
　第九十二章　嘉魚縣 ……………………………………………… 144
　第九十三章　蒲圻縣 ……………………………………………… 146
　第九十四章　咸寧縣 ……………………………………………… 147
　第九十五章　崇陽縣 ……………………………………………… 148
　第九十六章　通山縣 ……………………………………………… 150
　第九十七章　通城縣 ……………………………………………… 151
　第九十八章　大冶縣 ……………………………………………… 152
　第九十九章　陽新縣 ……………………………………………… 153
　第一百章　漢陽縣 ………………………………………………… 155
　第一百一章　夏口縣 ……………………………………………… 156
　第一百二章　漢川縣 ……………………………………………… 157
　第一百三章　黃陂縣 ……………………………………………… 159
　第一百四章　孝感縣 ……………………………………………… 160
　第一百五章　沔陽縣 ……………………………………………… 161
　第一百六章　黃岡縣 ……………………………………………… 163
　第一百七章　黃安縣 ……………………………………………… 164
　第一百八章　黃梅縣 ……………………………………………… 165
　第一百九章　蘄春縣 ……………………………………………… 166
　第一百十章　蘄水縣 ……………………………………………… 168
　第百一十一章　麻城縣 …………………………………………… 169
　第百一十二章　羅田縣 …………………………………………… 170
　第百一十三章　廣濟縣 …………………………………………… 171
　第百一十四章　安陸縣 …………………………………………… 173
　第百一十五章　隨縣 ……………………………………………… 174
　第百一十六章　雲夢縣 …………………………………………… 175

第百一十七章　應山縣 …………………………………… 176

第百一十八章　應城縣以上江漢道 …………………………… 177

第百一十九章　襄陽縣 …………………………………… 179

第百二十章　宜城縣 ……………………………………… 180

第百二十一章　南漳縣 …………………………………… 181

第百二十二章　棗陽縣 …………………………………… 183

第百二十三章　穀城縣 …………………………………… 184

第百二十四章　光化縣 …………………………………… 185

第百二十五章　均縣 ……………………………………… 186

第百二十六章　鍾祥縣 …………………………………… 188

第百二十七章　京山縣 …………………………………… 189

第百二十八章　潛江縣 …………………………………… 190

第百二十九章　天門縣 …………………………………… 191

第百三十章　荊門縣 ……………………………………… 193

第百三十一章　當陽縣 …………………………………… 194

第百三十二章　遠安縣 …………………………………… 195

第百三十三章　鄖縣 ……………………………………… 197

第百三十四章　房縣 ……………………………………… 198

第百三十五章　竹谿縣 …………………………………… 199

第百三十六章　竹山縣 …………………………………… 201

第百三十七章　保康縣 …………………………………… 202

第百三十八章　鄖西縣以上襄陽道 …………………………… 203

第百三十九章　宜昌縣 …………………………………… 204

第百四十章　長陽縣 ……………………………………… 206

第百四十一章　興山縣 …………………………………… 207

第百四十二章　巴東縣 …………………………………… 208

第百四十三章　五峰縣 …………………………………… 210

第百四十四章　秭歸縣 …………………………………… 211

第百四十五章　江陵縣 ········· 212

　　第百四十六章　公安縣 ········· 214

　　第百四十七章　石首縣 ········· 215

　　第百四十八章　監利縣 ········· 216

　　第百四十九章　松滋縣 ········· 217

　　第百五十章　枝江縣 ··········· 219

　　第百五十一章　宜都縣 ········· 220

　　第百五十二章　恩施縣 ········· 221

　　第百五十三章　宣恩縣 ········· 222

　　第百五十四章　建始縣 ········· 224

　　第百五十五章　利川縣 ········· 225

　　第百五十六章　來鳳縣 ········· 226

　　第百五十七章　咸豐縣 ········· 228

　　第百五十八章　鶴峰縣以上荊南道 ··· 229

第六篇　結論 ····················· 231

　　第百五十九章　湖北對於全國之關係 ··· 231

　　第百六十章　湖北對於世界之關係 ··· 233

大中華湖北省地理志後序 ········· 235

附錄 ··························· 237

　　大中華地理志序例 ············· 239

　　擬編大中華地理志各省各縣分纂綱要 ··· 241

　　大中華浙江省地理志自序 ······· 242

　　大中華浙江省地理志啟事 ······· 244

　　大中華江蘇省地理志編輯餘瀋 ··· 245

　　大中華地理志第三年報告 ······· 245

　　大中華安徽省地理志自序 ······· 247

　　大中華福建省地理志自序 ······· 249

大中華京師地理志自序 ······ 251
大中華民國八年十月十日十事宣言 ······ 252
大中華京兆地理志自序 ······ 255
大中華山西省地理志自序 ······ 256
大中華民國九年一月一日宣言 ······ 257
大中華山東省地理志自序 ······ 260
大中華直隸省地理志自序 ······ 261
大中華河南省地理志自序 ······ 262
大中華吉林省地理志出版之宣言 ······ 263
大中華吉林省地理志序 ······ 265

大中華湖北省地理志序

　　我國地理之書，《禹貢》最古。其辭約，其義廣，後之作者累千萬言，莫之或及也。顧世治日進，人事日繁，建置之沿革，政俗之損益，今異於昔，地理之不能泥古以求明矣。湖北居中國之中，襟江帶漢，東西上下，綿亘千八百里，奄有《禹貢》荊、豫、梁三州之域，視古區畫蓋有增損焉。辛亥之役，首唱共和，湖北之名，益爲世重。地志一書，惜尟善本。雖然，治地理之難也，非富有本土之觀念、具世界之智識者，以言地理，爲術猶疏。林君奎騰，足跡半天下，學問淹博，從事著述，而輿地尤擅專門。近有《大中華湖北省地理志》之纂，問序於余。余受而讀之，喜其取材宏富，擇語精詳，注重應用，取便學者，以備實施職業教育之助，兼供兵農工商之參考。蓋教科之善本，亦經世之宏編也。林君舊學於楚，視吾楚猶故鄉焉，嘉惠後學，用意良厚。林君志地理已成書者，有江蘇、浙江、安徽、江西、福建等省。今又去而之京，纂京師、京兆諸志，行且合各省地理志，以成《大中華一統志》，可拭目俟之矣。是爲序。

中華民國八年雙十節建始　何珮瑢

大中華湖北省地理志題詞

黃陂陳時 叔澄

吾愛林夫子，淵源衍應山。寧人周郡國，紫府著瀛寰。漢水方城跡，蘇髯馯臂顏。成編賡首義，竹帛紀斕斑。

莆田林翰 西園

布衣走天下，搖筆又成書。楚國新檮杌，吾家老蠹魚。輪蹄無棄地，江漢有歸墟。鸚鵡洲頭路，應多問字車。

中原爭戰後，武漢號名疆。地勢資王霸，官書闕職方。江湖秋意早，著述故人忙。一世操鉛槧，何如顧野王。

尺書詢鄂渚，紙價近如何。微意存操管，癡心盼洗戈。老來鄉土重，亂後劫灰多。寥落秋江上，思君託素波。

漢陽黃嗣艾 績宣

白髮相逢喜且驚，投邊歷歷歲朝更。滄桑不許名心死，嶽瀆能開老眼明。挾策景光長劍鋏，讀書滋味短燈檠。縱談故實空回首，一責何因讓後生。

高士孤山德不孤，江梅天鶴客中娛。携家逆旅齏鹽味，生子聰明冰雪膚。劬學可償徵世澤，大名能永到窮儒。兒師我亦驕兒咏，雛鳳冬郎譽自殊。嗣艾得子僅四歲，故用義山事為喻。

應山聶辛錬 戢武

奔走關山廿四秋，客心憧擾怕登樓。潮流東簸連天湧，風雨西來倚枕愁。舉目蒼涼皆幕燕，浮游身世一沙鷗。國人大夢多如醉，斫地悲歌恨未休。

江蘇柳肇嘉貢禾

倚馬當年學楚狂，蹌蹌濟濟抱冰堂。白雲望斷榆關路，一曲梅花淚萬行。

霞客芒鞋走羌海，亭林羸馬駐秦關。卅年已過悲還在，風雨孤燈寫應山。

黃陂阮麟運養格

文藻江山自古今，南陬北徼仰華簪。譚瀛健羨懸河口，問俗常虛學海心。志撰元和追吉甫，書成郡國仿亭林。憗予空有前驅意，鉛槧銷磨鬢雪侵。

如指諸掌

王文俊題

大中華湖北省地理志序

　　前清宣統三年辛亥歲，學部招集直省辦學人員赴京會議，定名曰中央教育會。比時余充本省學務公所普通科科長，得參與會事，建議尊孔。蓋以部定宗旨紛歧，忠君一節與時代思潮格格不相入，一旦陵谷變遷，無道德為之憑障，潰決泛濫，將至不可收拾，杞憂在此。當時聞者均褎如充耳，目笑存之，獨林子奎騰議及讀經案，大聲疾呼，痛哭流涕，滿座倉皇為之失色。不審與鄙意是否符合，要知其為有心人也。厥後南北分馳，各以事牽，不相聞問者八載。己未二月，與余會於鄂渚，出示所著《大中華湖北地理志》，並屬為校讎。余自揣學殖荒落，雖膺重任，乃荐同學阮君養格以自代。數月來林子迭取所著《京師》《江西》《福建》等志以相饋遺。蓋林子自矢宏願，期於十年內成《大中華二十二省地理志全書》，用功之勤，諸序言之甚悉，茲不贅。余讀林子之書有特別契合者，則以林子手著維持孔教不遺餘力。此書之成，作地理志讀可也，作修身倫理書讀亦可也。慨自滄海橫流，世變日亟，天柱已折，地維已傾，神州陸沈，近懸眉睫。林子因愛中華之深，憂中華之切，特編《大中華地理志》，使人人心中有一孔子，人人目中有一中華。孔子存則中華存，中華存則孔子存，孔子即中華之精神也，中華即孔子之軀殼也。非讀《大中華地理志》，不足以知此。是書功力較諸二顧所作未審奚若，而其志則更大，其心則尤苦矣。余本楚人，不能言楚事，林子代言之，其自愧為何如。得阮君贊助之，復自喜也。

　　至聖先師二千四百七十年閏七月二十五日即中華民國九月十八日黃陂劉鳳章謹序於湖北省立第一師範學校

大中華湖北省地理志序

　　天地以粹美中和之氣聚於方夏，而以瑰奇閎麗儲蓄於中部奧區。湖北地扼長江流域之中，南界湖南，西界四川，北界河南，西北界陝西，東南界江西，爲各省出入必經之路。溯江可達四川、雲南、貴州，溯漢可達河南、陝西、甘肅，商賈所麕集，兵家之要地。但言地理者向無專本，其經緯，其物候，其水陸形勢，其人民、言語、衣服、食用以及教化、禮制、司法、行政，至於農工、商務、輪船、鐵路、郵電諸大端，令置焉不講，甚非所以網羅舊典，昭示來茲也。閩侯林奎騰先生之尊人，官湖北應山有年，後殁於任所。先生年僅六齡，太夫人苦節撫孤，居應山十二載，以養以教，至於成立，及歸遂領鄉解。今《湖北地理志》之輯，旁搜博采，不憚詳求，皆本其親歷者，有所得，輒筆之於書，蓋所以發舒志意也。汝說生六月而孤，當先君見背時，亦避亂應山之北鄉，仰賴母氏教養之恩，茹苦含辛，劬勞備至，思之猶有餘痛，抑何與先生相類耶？先生今輯此志，舉湖北三道六十九縣之大地，五十一萬八千一百九十二里之廣，人民億萬千百之衆，概囊括而靡遺，裨我鄂人資所考鏡，其殆以愛鄉者愛湖北歟！如汝說衰朽，又遭時不幸，無可表見於世，謬承以序言相屬。讀竟欽重之不已，因不辭而綴諸簡端。

　　　　　　　　　　　　　　　　　　己未秋八月武昌姚汝說

大中華湖北省地理志序

　　吾鄰邑應山有四賢堂，爲宋郊、宋祁兄弟讀書處，有渡蟻橋、狀元坊在焉。鄉賢洪乾四先生耆年講學，閩侯林氏三子從之。傳甲儒而商，傳樹佛而醫，傳臺道而農，先生因材設教，循循不倦。今傳甲名滿天下，傳樹業重京師，傳臺拓殖塞外，而洪先生成器之訓，不徒爲楚學光矣。近日又聞毛氏言，林子傳甲六歲時，從應山楊寶書先生習小學。問之林子，則林子泫然曰："傳甲講學易水，言'日月爲易'，即楊師之訓也。楊師於傳甲領鄉解教授《大學》後，書以訓傳甲曰：'節氣傲青雲，文章高白雪。若不能以德性陶鎔，終爲血氣之私，技藝之末。'"嗟乎！林子年逾四十，猶不忘蒙師，宜乎海內尊林子爲師。江浙皖贛各校，聆林子一語無不肅然。每三月而成一省志，鞭策吾國學子惰氣，而視之易易焉。今春林子修祖墓於洪山，修父墓於漢陽，日與鄂中父老子弟相周旋晉接，逢人便問，每事必徵。應山人無不視林子爲應山人，湖北之人亦無不視林子爲湖北人。林子編纂《湖北地理志》，所得于四十年前者至深且切，於地方利害多身受之，故能言之詳，無異本省人言本省地理也。林子自丁酉後即離湖北，於近歲水道之變遷稍有未悉者，黃陂阮麟運實補正之。林子在鄂寓黃鵠山下，師範生來問業者座上恒滿，各出其本縣調查以助。正急于出版之時，以郵筒問序于余。余以鄉土攸關，勸其詳細調查，緩付剞劂。林子從余言，留稿中華大學半年，待修正也。旋因中國地學會十年紀念，《京師志》不可不出版，趣林子還京，果三月而《京師志》成。近又以林下老人勤慎有恒之訓，實施於京師二十區之貧兒，受其業者五千七百人，人作《街道記》一篇，又彙成二十册。考課之暇，仍從事於《京兆志》，將于國慶日同《湖北志》出版。堂四弟傳濤適此時挾《福建志》來京，積學而多禮，寡言而好問，八閩老宿以爲林氏四賢。余宴林氏兄弟於中央公園，林子以傳濤指日赴鄂校讎《湖北志》，又索序于余。余鄂人也，家貧親老，奔走數年，既無以增庭幃之懽，復未能窮梓桑之奧，殊滋怍焉。近雖尸位部曹，尚知日事著述，且與林子爲莫逆交，又不敢以不文辭。因於樽酒之餘，批筆以記概略，敢云序乎？

　　　　　　己未立秋前一日孝感鄧鼓翔叙于都門

大中華湖北省地理志序

　　余閱中國方域夥矣。耆古之士，侈談沿革，無當實用；通今之儒，隨手記錄，拉雜失倫。間有一二善本，又或詳於此而略於彼。即詳略審矣，亦只得之故紙者爲多；若親至其地，依然訛謬百出，不可究詰。曩昔與吾友養格嘗縱論及之，欲其有所纂述，而惜乎訖未有成功也。己未之春，歸自荊門，養格手《湖北地志》一編相示曰："此閩侯林子之所作也。林子年未五十，著書數百卷，其精力所會乃在各種地志中，毅然以亭林顧先生自任而無愧容。余幸得訂交，今吾子來而林子又北去矣。"余聞養格語，慨然而歎。憶昔耳其名，讀其文，輒欲一見其人。今可見而不得見，僅得讀其所著書，不禁神馳心駭，歎林子之學博大而精深也。余爲鄂人，生長鄂土，嘗浮漢沔，歷隨棗，達襄鄖，折而窺荊宜，下長江，薄蘄黃，全省道縣足跡所經十之七八。證以林子所述，無不鑿然悉當，且視鄂人所得尤詳，是以知林子之學博大而精深也。吾友養格平生殫心方域之學，心折林子甚至，於是書多所正補。林子亦心折吾友，未嘗有不可之色，故此書視他作尤審，然則林子洵今之亭林先生哉！嘗考湖北水道，下游一帶隨時隨地多所變易，《圖志》所載猶因仍未改，此鄂人任也。近余雖著手考查，而以人事煩擾故，成編不知尚在誰何歲年。余愧林子甚矣，林子其將何以策余也？

黃安陳冠冕石琴氏拜識

大中華湖北省地理志序

　　林子奎騰，余總角交也。六歲孤，太夫人督課嚴，經史、天算、地輿無不通。甲午學於鄂，惟先君子識其才，時人未之奇也。歲丙申，林子承母命創時務學堂於武昌，英聲始振。吾楚之有私立學堂，自奎騰始。丁酉游湖南，弟子益進。又創衡州府時務學堂於西湖精舍，常寧縣時務學堂於朱文公祠。戊戌政變，新學中輟，湘省學使吳侍郎樹梅、柯司業劭忞延之入幕，襄校試卷，得人衆多。壬寅回閩，以第一人領鄉舉，道出武昌，世人乃服先君子知人之明。是時奎騰著述已多，《湖南驛程記》《福海歸程記》尚存篋中。惟《圖史通義》風行一時，嚴子幾道尤推重之。遂膺京師大學張燮鈞特聘，教授中國文學史、中國地理，林子遂慨然有編纂全國地理志之意。南行不避煙瘴，北行不避冰雪。苗猺生徒，並列庠序。軍警教練，亦荷裁成。嶺嶠崎嶇，佐藩署策畫者尤在改土歸流，顛覆群酋以謀民治統一也。及北度龍沙，于役十年，德配固始祝宗梁，首創幼女學校以漸儲師範，徐大總統督東時蒞校褒勉。奎騰任教育行政，既創師範中學、農工商法各校，比於内地。德配於民國二年，創省立女子中學、縣立女子職業各校，則内地各省或未能舉也。太夫人晚年齒益尊，德益厚，就養龍江時，憂邊氓之男多女少也，乃創女子教養院移殖女民。上海發刊《婦女雜志》《中華婦女界》，皆以林下老人爲之主幹。五七國恥，儲金救國，以身殉焉，海内悼之。先君子稱之曰"女中孔孟"，教育家以爲知言。夫林子久居邊徼，若將終身，蓋有老親在游必有方也。及葬母卜奎，遂作東西南北之人。龍江圖志得林子始著於世，《黑龍江鄉土志》一冊，尤邊地家絃户誦者也。蒙古教育會歡迎林子創師範於張北，商校於豐鎮，亦編《察哈爾鄉土志》爲課本，印於《地學雜志》，公之海内焉。林子閩人，在閩不及三月，凡轍跡所至，雖滿蒙亦無異故鄉。中國地學會開始十年，全國地理家纂全國地理志之議，乃宣言於共和再造之時焉。林子南游於直隸，則先修《易縣地理志》爲範本，以"日月爲易"訓諸生。登泰山，謁孔林，游青島，撰《山東百七縣志序》，編輯未竟，其女德育續成之。及安徽教育會歡迎，於是《安徽志》三月成編。浙江省議會贊成，《浙江志》遂三月出版。《江蘇》《江西》遂計日程功，次第出版。世人皆以顧亭林相擬，獨惜乎先君子謝世，不克觀林子之成書。毓京於林子交最久，知最深而誼又最篤，幸得校訂《大中華湖北省地理志》，貢其管見，願與同志共研榷焉。

民國八年春漢陽馬毓京謹叙

大中華湖北省地理志自序

閩侯林傳甲撰

大中華民國八年一月一日，閩侯林傳甲纂《大中華江西省地理志》既成，將赴湖北省纂《大中華湖北省地理志》，江西省長公署教育主任京山馬君慶龍題其端。京師大學校諸學士在江西者，或爲門下，或爲後進，稱觴而祝中華民國改用陽曆大紀念，並稱頌武昌起義，歸功小學教員。傳甲自光緒丙申，創民立時務學堂於武昌正衛街，實爲武昌私立小學之始，當時所編《化學歌括》《幾何削繁》《地球大略》，早已覆瓿。惟民字出頭，及至聖紀元，關係國民之精神，則於今彌盛。傳甲廿三年以前，雖任湖北小學教員，三十五年以前實湖北小學生也。先父諱文釗，官湖北應山縣典史，治獄仁恕，緝捕勤能。上游器其才，調署平靖關巡檢。先嚴嘗指關門教傳甲曰："此伍員覆楚之道也"。是時傳甲方誦《龍文鞭影》，而先嚴已注重地理形勝焉。不幸失怙，年甫六歲，伶俜孤苦。賴先妣林下老人紡織教誨，居應山十二年。先妣師事百歲節孝婦洪楊太安人。傳甲受經於洪乾四先生者，尤重實踐。師年七十，所居曰理學街，以鄰宅錫善堂爲敬卹節婦督課幼童之所。傳甲承先人之餘澤，得地方官紳分義倉之粟以爲食，撥賓興之款以爲教。是先父不卑小官，實政在民；先妣大節凜然，教子有法，乃能如是。洪師晚年總全縣保甲，調查五十二會戶口，儲備義倉，修葺道路，凡地方公益之事，無不手定章程，力行不懈。此傳甲未出山時，早知湖北地方自治確有根本，今日民主民權，實湖北百年前耆獻之功。先父葬漢陽城西十里鋪。先祖諱寶光，自四川成都通判乞休，就養湖北，居武昌最久，年逾七十，卒葬洪山。是湖北者，傳甲祖父邱墓之鄉也，兒時釣游之鄉也，昔年辛苦讀書之地也。先君潛德幽光，鬱而未發。傳甲乃以三楚之末學，領八閩之鄉舉。然性不宜官，草創教育事業，則南行不避煙瘴，北行不避冰雪，周游十五省區，略收興學之效。近三年始知中國教育大誤，本省人不知本省，本縣人不知本縣，謂之忘本。民國七年受江、浙、皖、贛四省之教育，以教育江、浙、皖、贛。民國八年，負帙湖北，補習兒時未讀之書，以貢獻於教育界，表先祖先父之遺阡，稍盡子孫顯親之志。偶居兩月，屬稿未竟。中因地學會本部電促先纂京師、京兆諸志，匆赴春明，乃以《湖北志稿》留浼黃陂阮君麟運參訂。阮君地學深邃，賡續秉筆，細密商運。入秋竣事，醵金鋟版。《大中華湖北省地理志》以成，阮君之助傅甲多也。六十九縣地理志，尤冀阮君與諸父老兄弟努力成焉。

大中華湖北省地理志序

　　鶴樓崔顥題詩，青蓮爲之擱筆。金陵懷古，劉禹錫先得驪珠，同社因而罷唱。寧獨陸機入洛，欲賦三都，見太冲之作而歎服哉？溯自民國五年丙辰之夏，閩侯林子奎騰在京師中國地學會本部倡議編纂《大中華地理志》甲乙等編，登高一呼，衆山皆應，各省碩學專家多以分纂自任。麟運不敏，亦曾以湖北一編爲職志。叵奈浪執教鞭，日不暇給，荏苒三載，一字莫名。林子獨於客歲，手成江、浙、皖、贛四志。今春橐筆來鄂，不兩匝月，日起有功，湖北志稿衺然成帙。雖間有闕疑待商之處，而綱舉目張，涉筆成趣，壹以喚起湖北國民之精神，振興各地實業爲宗主。識荊北榭，盥讀琳瑯，如入山陰道上，令人應接不暇，特賦七律一章，以志傾倒。吁！湖北人不自纂湖北志，而待生長湖北之閩人纂之，林子之有光於我湖北者多矣哉！麟運於此既感且慙。詎橡筆未終楚書，安車又赴燕市。林子旋因中國地學會本部同人電促入都，先事京師、京兆諸志以樹風聲，而湖北志未竟之業，則囑麟運參訂之以要其成焉。麟運謬承委託，悚惕不遑，長獻徵文，補苴罅漏，審之又審，累月始竣。目混珠而乏厥晶瑩，尾續貂而遜其色澤，斯固莫能諱言者。雖然，褚少孫之補《史記》，何損古人；束廣微之補《笙詩》，猶有讀者。麟運於《湖北地志》之襄纂，倘亦功過兩無也乎！抑麟運賦性迂疏，夙具裴賈之癖，凡屬地理圖書，有必購以寓目。惜兀兀故紙，年已就衰，不克附林子驥尾周游寰宇，徧覽山川之形勢，風俗之異同，五行百產之亭毒塊扎，以擴張眼界，飽收百聞不如一見之明效耳。然樂此不疲，有聞必錄。曩嘗刺取世界重要諸國，輯爲《政治地理》一書印行。近復草成《瀛寰詳志》數卷，一俟歐洲和約簽定後，環球疆土確判顏色，當即付印，以與海內同志商榷。今林子既成《湖北省志》，併以編成湖北六十九縣地志，昴我湖北六十九縣人。麟運籍隸黃陂，請從事於黃陂地志，甚冀六十八縣諸君咸肆力於本縣地志之編輯，而一律告成。庶他日《湖北省地理志》修正再版時有翔實之藍本，椎輪大輅，亦無負林子導引之盛意云。

大中華民國八年歲次己未秋節黃陂阮麟運養格甫識於武昌中華大學之教務室

問業姓氏錄

武昌　傅嶽棻治薌　姚嘉穀叔譽　李華穟蘇青　張士瑢憲廷　駱以鑫玉階　鄭煥文蔚如　吳震東聲

蒲圻　張國淦潛勿　張國溶海若　劉樹仁覺民　鄧翔海鵬九　張堃祖培　黃兆蘭秀珊

嘉魚　李錚教鐵豪

通城　葛宗楚癡佛

崇陽　丁先赤丙炎

鄂城　張端陽恒三　高鳳藻龍墀　楊景炎燦如

咸寧　劉壽聃問山　唐祖培魯漢

大冶　皮常英企豪　劉維國藍田　張光蔭組維

陽新　劉企旦夢周

漢陽　周貞亮子幹　張蕃屏周　艾明全牲泰　呂維謙移山

夏口　高國瑛子衡　何膺恒宅誠　陳子純粹生　劉作章綱堂

孝感　鄧皷翔　李序之　鍾自毓子英

黃陂　劉鳳章岱樵　李式金扞西　陳時叔澄　金宗鼎定九　彭國珍鳳昭　彭天鐸英武　涂鳴建仲　涂允毅懈沉　金振聲

漢川　劉洪烈聘之　李熙昌國　陶樹馨馥生　涂筠字生　劉先知崇質　許祖謙品珊　林芳蒸雲軒

沔陽　王劭恂彝安　李治東少春　吳兆芳謙甫　張振華璧六　郭憲章斌丞　廖立勛西平

黃岡　孫春海潤民　陶戀樹睦卿　李振子琳

黃安　陳冠冕石琴　詹道舜哲尊　倪測天　馮德進

黃梅　廖秩道壯修　謝家琛劍青

蘄春	張四維健民
蘄水	湯丙南實含　王漸逵佛船　周志遠
麻城	汪龍蟠子弼　尹翰離少卿　毛家騏汶濱
廣濟	鍾超學志吾　崔潔蘋薦可
安陸	陳善慶安
應城	王繼昕文甫　陳敬業文山
應山	宋祖坤厚輿　洪興第奎堂　閔雄飛劍冲　魏國華海雲　孫志道子立
雲夢	熊學優連城　李德榮相廷
隨縣	毛和彰惠卿
襄陽	周鴻舉朋忱　王用中伯華
棗陽	王復運伯彥
南漳	馮開潔次狷　鍾垚伯琴　曾慶錫雨村
光化	柳榮春仁軒
均縣	勸學所
穀城	楊國相輔丞　黃貴謙益齋
鍾祥	文毅子峻
京山	熊進修佐香　余光國
天門	周樹模沈觀　周焯經方　黃祖香炳廷
潛江	祁運春曉珊
荊門	戴成龍煥文　方逢時西平
當陽	張主權伯歐　高揚勳聘三
鄖縣	趙一元畫初　何承浩小山
房縣	黃慶文雲谷　段錫三鴻軒
保康	劉賡藻笑塵
宜昌	龍永淮匯東　蕭煥象明
五峰	勸學所
興山	李序章達成

長楊	王文　子麟　覃章哲瀞生
江陵	田作硯楚荃　鄭先寬弘卿　陳祖炳文彬
公安	歐陽新春仁
石首	李鏡涵沅蘅　王貫三允若
松滋	袁介之立白　鄧先奎斗辰　秦祖培則之
枝江	王文瀛蔚白　秦賡憲子御
宜都	勸學所
監利	阮景星華甫
恩施	向天鍾子美
宣恩	周之翰鵬程　楊國威　周植之
咸豐	徐大煜煦樓
建始	吳經材慧僧　談傳道濬川
來鳳	邱維新濟成

大中華湖北省地理志凡例

一、本編依中學師範甲種實業教科程度編輯，計總論一章、位置二十章、地文地理三十一章、人文地理三十七章、地方志六十九章、結論二章，共一百六十章。每星期授一章，四年可畢。藉備政界、軍界、紳界、商界、學界留心地理者所參考。

一、本編注重實用主義，以實施職業教育。一切應用知識，務舉大綱，言必淺近，事皆平易。用講義體，規定每章字數，不繁不簡，力求賅括，自為首尾，無過多過少之弊。

一、本編遵照中華民國新定區域名稱。一切參考書籍，務取最新最切用者，分類采錄。昔年通志、縣志過繁。近年新出版書，益臻浩博，且有抄本、孤本或非賣品、保存品。今約為一冊，以省目力。與各省各為一冊，由單行本合為叢編。

一、本編天文地理，遵照教育部中央觀象臺曆書。益以本省農校及試驗場觀測、老農俗諺，以天時綱維農時。按月分章，略仿《月令》，以重授時之實踐。

一、本編采湖北局本胡氏圖、輿地學會鄒氏圖、上海商務印書館中外輿圖局各圖、新測各縣詳圖、長江圖，擬另繪湖北職業地圖，相輔而行。

一、山脈注重林礦，據實業行政最近報告。河流注重疏導及舟運，據水利局最近調查。自然地理有自然之利，不徒點綴風景。形勢要區，另徵相片，印成專冊。

一、政治地理，根據《政府公報》《湖北公報》《教育公報》《農商公報》《財政月刊》，本省各項官書所公布，舊政已改者，均不臚列。惟略舉大端，以誌緣起。

一、物産據商品陳列所陳列及歷年出品協會各種報告，及《國貨調查錄》、商家製造品已著成效者，可爲直觀教育之材料。

一、交通據京漢、粤漢鐵路各圖表，漢口各輪船公司航路價目表，郵政局郵區圖、電報綫路圖、文册到省期限表，可爲旅行指南。地名或沿舊稱，以便通俗應用。

一、地方志根據各縣鄉土志、縣志及各縣最近報告，並諏訪在省各縣議員、各校職教學生各舉本縣狀況，務求確實。一切參觀宴會，皆以原稿自隨，隨處修正。

一、本編每縣一章，但求簡要。另編《六十九縣地理志》，每縣一册。由全國教育會聯合省教育會提倡省地理志，各縣同志分纂縣地理志，由本縣教育界各負責任。

一、本編照江浙皖贛，限期成書，計日成功，原不能過於延久。因政治地理變遷迅速，必賴中國地學會同人每年修正一次，則再版、三版，彌覺精詳。

一、本編限於體裁卷帙，擬聯合同志，別撰《湖北鄉賢傳》《湖北文學史》《湖北博物志》《湖北名勝畫》《湖北唱歌集》《湖北烈女傳》，發起《湖北百科全書》，以續《湖北叢書》。

一、編者謭陋，半學半問，謹將所就各圖書館采用書目列之於前，并將問業姓名錄存其要，以明文獻之足徵。

一、湖北六十九縣縣名，不易記憶，老吏或不能列舉。編成一歌，附諸篇末，則高等小學生、國民學生皆可誦習，以普鄉土教育。

一、各縣經緯依據《湖北輿地記》原數。夏口經緯若據《水道提綱》，則與武昌、漢陽相差太遠，即《漢口小志》所引諸書，亦未能密合。茲據新出地圖爲準，以重實測。

一、各縣距省城道里數目，均以陸程計算。各縣疆域廣袤里數，係就縣治四正，以鳥里計算。各鄉鎮距縣治之遠近，則以人里計算。讀者宜明辨之。

一、新修《湖北通志》，斷自辛亥以前，此編則詳於起義之後。《通志》貴稽古，此編貴應用。不争辯古蹟，惟沿革大端，條列各章。

大中華湖北省地理志采用書目

《湖北通志》《一統志》　胡刻《一統輿圖》　《中外輿地全圖》
《新區域圖》《中國全圖》《湖北叢書》《讀史方輿紀要》
《天下郡國利病書》《萬山綱目》《水道提綱》《湖北學生界》
《禹貢注解》《兩湖師範地理講義》《中華農業地理》《國貨調查錄》
《湖北全圖》《師範地理》《本國地理參考書》《武漢三鎮街道》
《武昌商業史》《湖北明細圖》《輿地經緯度里表》《商業地理》
《武漢電話號碼簿》《湖北省立第二中學校假期修學事項表輯要備考》
《全鄂職員會萃錄》《房縣志》《湖北財政紀略》《漢口輿地全圖》
《大冶縣志》《應山縣志》《應城縣志》《均州志》
《湖北財政案牘輯要》《漢川縣志》《安陸縣志》《巴東縣志》
《穀城縣志》《鄖縣志》《湖北自治研究會雜誌》《鄖西縣志》
《光化縣志》《棗陽縣志》《當陽縣志》《楚漢諸侯疆域志》
《保康縣志》《公安縣志》《松滋縣志》《黃梅縣志》《長江圖說》
《來鳳縣志》《興山縣志》《利川縣志》《建始縣志》《咸豐縣志》
《德安府志》《黃州府志》《鄖陽府志》《宜昌府志》《荊門州志》
《黃安縣志》《遠安縣志》《長陽縣志》《竹山縣志》《恩施縣志》
《鶴峰州志》《恩施縣》《宜城縣鄉土志圖象》《武昌縣志》
《黃岡縣志》《當陽縣志補志》《長樂縣志》《嘉魚縣志》
《蘄水縣志》《黃鵠山志》《鸚鵡洲志》《大別山志》
《荊州府萬城隄志》《兩湖書院地理學》《湖北諮議局報告》
《湖北警務雜誌》《當陽玉泉志》《湖北初等鄉土地理教科書》
《新譯中國江海險要圖說》《新測中星圖表》
《湖北省議會議決民國六年預算案》《光緒湖北輿地圖》

《光緒湖北輿地記》《中國經濟全書》《中華郵政全書》
《鄂省營汛州縣驛傳圖說》《長江全圖》《最新政治地理學》
《兩湖合界》《鄂省全圖》《武漢城鎮合圖》《省城內外街道圖》
《湖北農作物種植收穫表》《楚學雜志》《輿地廣記》《京漢旅行指南》
《漢口小志》《荊楚修疏指要》《行川必要》。

湖北三道六十九縣歌

養格

湖北三道首江漢，武昌起義功超冠。南有嘉魚小雅賡，萬國咸寧大易贊。蒲圻羊峒茶業盛，大冶鐵山談礦政。通城通山兩九宮，崇陽吏治嚴張詠。楚封中子鄂城裏，陽新古名今復爾。晴川煙樹漢陽城，夏口漢鎮華洋市。黃陂橫店諶家磯，孝感澴水繞城西。漢川小別山如甑，沔陽巨埠在新隄。黃岡竹樓禹偁記，黃安天台恭簡地。黃梅四祖五祖傳，蘄水蘄春竹艾異。廣濟重鎮在田家，羅田西面麻城遮。安陸碧山棲李白，僞游雲夢六奇誇。漢東隨有季梁俙，應山楊漣傳忠藎。應城大利在膏鹽，二十九縣東南鎮。

襄陽道治在襄陽，棗陽龍起白水鄉。宜城春酒香撲鼻，和氏之璧出南漳。光化精華老河口，均縣武當名不朽。穀城高崻筑水陽，楠木鍾祥嘉靖後。京山名起京源山，山有天門縣亦然。潛江禹貢沱潛道，荊門蒙惠水潹溪。玉泉山寺當陽壯，迴馬坡向遠安訪。鄖縣地原屬古麇，房縣山如房室樣。保康古屬光遷國，堵水北源竹谿出。竹山東有上庸城，二十縣唯鄖西北。

荊南道尹駐宜昌，長陽一綫狹而長。秭歸憑弔屈原墓，興山香溪憶王嬙。大江上游是巴東，長樂而今改五峰。江陵商埠在沙市，公安虎渡洞庭道。松滋江分三派流，枝江中有百里洲。虎牙灘在宜都境，石首監利居下游。清江一帶貫恩施，宣恩舊本長官司。須知建始溪名縣，利川齊嶽自嶔巇。咸豐二仙岩高聳，玉屏山下城來鳳。漊水上源導鶴峰，屬縣二十西南控。

第一篇　總論

第一章　湖北省地理志之名義

　　大中華民國內務行政分二十有二省，湖北其一也。湖北之名，始於有清之湖北巡撫。然民國紀元以前，宣統之末，則湖北巡撫已裁。湖廣總督駐節武昌，仍遙領兼圻，以控湖南，但清季公私文字習稱兩湖而不稱湖廣。因元時湖廣行省版圖兼控嶺南，兩湖舉湖北、湖南並稱。民國開創伊始，各立都督，無節制鄰省實力，湖北之名益彰，湖廣遂為歷史舊稱矣。夫湖北楚地，而楚地廣大，實跨長江下游各省，北過河南。惟楚人根據地則在湖北境，是以湖北人自稱楚人。江蘇之吳，浙江之越，曾并於楚，未嘗稱楚人也。楚澤有七，洞庭最大，至今湖北、湖南別稱楚北、楚南。楚人建國較久，言道德則有《楚寶》，言文章則有《楚辭》。《楚書》《檮杌》，代遠年湮。三戶亡秦，實具有立國精神。湖南之岳澧實在洞庭湖之北。所謂湖北、湖南者，舉其大勢而言，非以洞庭湖為兩省之界也。湖北省城當江、漢合流之會，故詩人詠歌江、漢者尤早。今人以江、漢兩大流域在湖北交通最便，或以江漢為湖北之別稱。若夫《禹貢》舊蹟，荊州實苞括湖廣數省。近代荊州名義僅存於江陵，視古人為狹。且荊人有蠻荊之嫌，清代以八旗駐防，隱然以上游制下游，但交通不如武昌之便，故未有以荊字括全省者。武昌舊府治江夏縣，近人至湖北省城者多不稱江夏而稱武昌，是以用府名為縣名，從其便也。下游武昌縣不得不改鄂城矣。國人名稱樂於簡易，如湖北，如江漢，如武昌，皆用二字。於電報省文，猶嫌未便。乃以鄂王之舊國為省會之簡稱，并用為全省之簡稱，鄂省、鄂人遂明見於公牘，鄂垣、鄂渚遂飛馳於書翰。

民軍起義有《鄂州約法》，自改省爲州之議不行，無復稱鄂州者也。京漢通路，漢幟再張。夏口爲長江中樞，或用漢字代漢口二字，至於漢人則爲漢族所有通稱。光復以來，大漢興漢，卓然爲五族之冠，武昌起義足以代表漢業之中興。漢賊不兩立，凡殃民之賊或稱漢奸，吾民所聲討者是也。湖北三道六十九縣之大，有地五十一萬八千一百九十二方里，人民夙號三千四百三十三萬九千五百二十四有衆，今且倍之。地不加廣，遺利尚多，經營四方，足資憑藉。務民義，厚民生，拓民權，是在吾民。

第二篇　位置

第二章　湖北緯度在地球之位置

　　地球周三百六十度，與天相應，其中腰爲赤道。自赤道至北極凡九十度，皆爲北緯度。凡在赤道一度者，即見北極高一度，中華全國皆在赤道北。湖北當中華腹地之中，緯度南自二十九度，北訖三十三度之北。南限於湖，北限於山，南北幅隕，長不及千里。今依緯度定其南北位置如左：

　　二十九度至三十度：

　　通城　崇陽　通山　陽新　蒲圻　咸寧　嘉魚　監利　石首　公安　鶴峰　來鳳　咸豐

　　三十度至三十一度：

　　黃梅　廣濟　蘄春　蘄水　羅田　黃岡　鄂城　大冶　武昌　漢陽　夏口　黃陂　孝感　漢川　應城　天門　沔陽　潛江　江陵　荊門　當陽　宜昌　松滋　枝江　宜都　長陽　五峰　秭歸　巴東　建始　恩施　利川　宣恩

　　三十一度至三十二度：

　　麻城　黃安　雲夢　安陸　應山　隨縣　京山　鍾祥　襄陽　遠安　南漳　保康　興山　宜城

　　三十二度至三十三度：

　　棗陽　光化　穀城　房縣　均縣　竹山　竹谿　鄖縣

　　三十三度至四十度：

　　鄖西

湖北省城正北正南，緯度皆短。正北惟夏口、黃陂二縣，即交河南界。正南惟咸寧、通山二縣，即交江西界。即京漢鐵路稍偏西北，所經只孝感縣城。即北出應山縣境，武勝關之名與武昌正北之武勝門相應。而粵漢北段鐵路稍偏西南，亦只經咸寧、蒲圻二縣治。若北緯最北之點，當河南、陝西三省之交。北緯最南之點，當湖南、四川三省之交，且近於貴州焉。是以西北、西南斜距之弧綫，則皆當周天緯度六度以上也。

第三章　湖北經度在中國之位置

大中華民國中央政府以京兆之教育部中央觀象臺爲中綫，在其東者爲偏東經度。湖北全省皆在中綫之西，最東者在偏西一度之東，最西者在偏西八度之西，橫列長約八度而強，蓋湖北東西相距殆倍於南北相距也。今自東而西依次列其位置如左：

中綫至偏西一度：

黃梅　廣濟　羅田

偏西一度至二度：

蘄春　蘄水　陽新　大冶　鄂城　黃岡　麻城　黃安

偏西二度至三度：

武昌　夏口　漢陽　黃陂　孝感　應山　安陸　雲夢　漢川　咸寧　通山　嘉魚　蒲圻　崇陽　通城

偏西三度至四度：

應城　沔陽　天門　潛江　監利　京山　鍾祥　隨縣　棗陽

偏西四度至五度：

石首　公安　江陵　松滋　當陽　遠安　荆門　宜城　南漳　襄陽　穀城　光化

偏西五度至六度：

枝江　宜都　長陽　五峰　宜昌　秭歸　興山　保康　房縣　均縣　鄖縣

偏西六度至七度：

鶴峰　巴東　竹山　竹谿　鄖西

偏西七度至八度：

建始　恩施　宣恩　利川　咸豐　來鳳

偏西八度至九度：

大沙河等處。

湖北最東毗安徽、江西，最西毗四川，東西延長，長江如帶。

第四章　湖北經緯與日月朔望關係

湖北人對於日月，其觀念可分爲二系。

陽曆系：以日爲主，地球繞日一周爲一歲，原於日躔者也。

　　農民：占國民大多數，按節氣，應天時，實行陽曆。日用而不知，受天寵，屢豐年。

　　官廳：承中央之正朔，公牘年、月、日均以陽曆計。

　　學校：學年紀念悉用陽曆，留學海外，尤中外一致。

陰曆系：以月繞地球，復合於日地之間爲一月，原於月離者也。

　　商民：華商能營國外貿易者已改陽曆，惟內地仍三節收賬，鄉鎮朔望大集。

　　術士：四民以外，江湖游食，藉星命選擇以餬口，爲人民之少數。

湖北人對於測驗日月之感覺：

晷景：湖北省城立表一丈。夏至"日晷短，尺六寸"，冬至"日晷長，丈三尺五寸"。

朔望：江、漢雖無潮汐，月魄晦朔弦望，可舉頭即見。

交食：時分不同，方向食分不同，可證經緯不同。

湖北之經緯與日月相應者，蓋經緯既各有不同，則節氣時刻之差異，亦自不同。大抵東經在先，西經在後。武昌省治，經綫偏西二度五分。

武昌節氣時刻在北京後八分四十八秒。

是以每年頒曆必列各省節氣時刻，湖北即依此率計算。例如：

京師正午十二點鐘，武昌則午前十一點鐘五十一分一十二秒。

武昌正午十二點鐘，京師則午後八分四十八秒。

湖北各縣，亦因經度不同，則節氣時差各異。又因緯度不同，則晝夜永短各異，其差甚微，殆不易覺。今以一月一日爲例，舉其各度日出日入之差如左：

二十九度　省南幕阜山　日出六點五五分　日入五點十二分

三十度　宣恩縣南關　日出六點五八分　日入五點九分

三十一度　雲夢、京山　日出七點正　日入五點七分

三十二度　襄陽　日出七點二分　日入五點五分

三十三度　鄖西　日出七點五分　日入五點三分

第五章　湖北經緯與列星關係

湖北緯度全在赤道北，惟見北極終古不動。惟各縣所見各不同，蓋由北緯之長短各不同也，詳見各地方志之端。北極定而後可識恒星之位次。恒星位次有定，行星位次無定，其行度遲速順逆伏見，湖北疇人可以算數得也。先辨兩極以便學者。

北極測望之簡法：北極無星，附近有句陳大星，冬至夜測句陳最高、最低兩數，折半爲北極真高。俗以北極星爲北極，非是。學生日課天文地理，夜間宜實驗之。

北極與北斗動靜：北極常靜，北斗常動。湖北俗傳《北斗經》，誤用衆星共之。私塾師誦"譬如北辰"之文，不知北辰即北極者尤多，教育家、科學者宜矯正也。

南極星非南極：北緯以北之地，終古不見南極。湖北、江南一帶所見老人星，或以爲南極壽星，或誤以爲南極，不過南方最明最遠之星而已，距南極尚遠也。

湖北明經、明算之士多習天文，二十年前已視爲普通之學。爰述舊文，以諗先覺。

《步天歌》：湖北書肆刊在《三才略》之中，張文襄用爲初學讀本，熟誦此歌，仰觀天象。

一天星斗大文章，羅列胸次矣。今學生多不識星名，宜於夜課補習。

湖北人所見恒星，約分三類：

終年常見者：舊名紫微垣，北斗七星尤易辨。

半隱半現者：二十八宿，周黄道南北，在地平上者只見一半而已。

終身不見者：近於南極之星，如十字架之類，《步天歌》亦未列也。

湖北人所見行星，約分二類：

目力能見者：金星即長庚，土星，木星，火星，惟水星不易見。

遠鏡能見者：天王星、海王星、穀女等小行星，土星光環，木星月食。

湖北舊志皆有星野，易涉迷信。詞人屬文，或以爲潤色鴻文之藻飾。不知古昔聖人仰以觀象於天，何勞勞瘁，無非敬授農時，如《七月·豳風》，見之歌詠，後世佞臣姦慝，侈語災祥。舊志或列之《五行志》，或稱災異，藉彗星見而弄兵以毒吾民。不知星象中列國之名，古人用爲符號。如長江輪船，以地名爲船名，其船與地方並無關係也。

湖北西人所設學校，每於高處設天文臺、時辰鐘。吾國學校設天文臺者極少，甚至時辰鐘亦自爲風氣，不合天行。非中曆不如西曆，吾人不守法不惜時者獲罪於天也。

第六章　湖北最東經度及東界安徽江西之位置

湖北最東之向家洲，在中綫偏西十二分。

東北界於安徽各縣：

羅田：東接英山，以落梨河爲界。

界上要地多雲司。

蘄水：北接英山。

界上要地鷄鳴河。

蘄春：東北接英山，有石嶺，正東接太湖，有界嶺。

界上要地鴛鴦河。小隘嶺山脈由縣境迤於宿松。

黃梅：東界宿松。

界上要地源感湖。

東南界於江西各縣：

黃梅：南毗九江。

界上要地孔壠。

廣濟：南界瑞昌。

界上要地武穴。龍坪司等處南臨大江，以江爲界。

陽新：東南界瑞昌，南界武寧。

界上要地永城鋪。富水以南富嶺綿亘至通山、崇陽、通城，以山爲界。

通山：南至武寧。

界上要地黃荊巓。

崇陽：東南界江西修水。

界上要地鎚子邱。

通城：東南界江西修水。

界上要地磐石鋪。

省東界上之洲地由江西、湖北兩省人民開墾承領，有兩姓向兩省具領，經兩省官廳發給執照。嗣後兩姓私爭，致成兩省界互爭。有至今未定者，因潯陽九派常遷變也。

第七章　湖北最南緯度及南界湖南位置

湖北最南之天岳關，北緯二十九度八分。

正南界於湖南各縣：

通城：南通平江，西通岳陽。

界上要地幕阜山、楚門界山。

崇陽：西南近臨湘。

界上要地樂菇山。

蒲圻：西接臨湘。粵漢鐵路北段由羊樓峒出界。

嘉魚：西接臨湘。大江南岸有草洲，黃蓋湖一角在境內。

沔陽：南接臨湘。

界上要地汪家洲。江北螺山已入湖南界。

監利：南接華容。塔市為界上之標準。

界上要地以大江為界。江南有廣興洲市一隅插入湖南。

石首：東南界岳陽，正南界華容，西南界安鄉。

界上要地焦山、江波渡。

公安：西南界澧縣，正南界安鄉。

界上要地界溪橋、牛浪湖。

松滋：西南界石門，正南界澧縣。

界上要地湲水街，界澧山迤於東南。

五峰：東南界石門。

界上要地長嶺、將軍山、剪刀山。

鶴峰：東南界石門，西界桑植。

界上要地四羊隘、雁平市、天星山。

宣恩：南界來鳳，東南界龍山。

界上要地分水嶺、野熊關。

來鳳：近接湖南龍山。

界上要地為天門山。

第八章　湖北最西經度及西界四川陝西之位置

湖北最西麂子嶺，偏西八度十六分。

正西界於四川各縣：

來鳳：西南鄰酉陽。石井關爲要衝。

界上要地智勇關、石板關、仁育關。

咸豐：西南鄰黔江。

界上要地張家坪、深溪關。

利川：正西鄰石柱，官營山綿亘界上。正北通萬縣，界上有船山、軟耳箐卡。

界上要地麂子嶺、石門坎。

恩施：北出雲陽，以五龍關爲要衝。

界上有風流溪、石乳關。

建始：北出奉節有大林口。

界上有大嵓嶺、三角椿。

巴東：西接巫山大江流入。

界上要地龍口山、黃鶴嶺。江北積山烏雲頂，遙望巫山十二峰。

竹谿：南接奉節縣。

界上要地官山口、高家坡、界嶺、雞心嶺。

西北界於陝西各縣：

竹谿：西接平利縣。

界上要地銅錢關。

竹山：北接白河、洵陽縣。

界上要地萬興砦、聖母關、吉陽關。

鄖縣：西接白河縣。

界上要地石板寨、左吉關。

鄖西：西接洵陽縣。

界上要地湖北口關、郭家山。湖北口爲陝、豫、鄂三省之交點。

第九章　湖北最北緯度及北界陝西河南位置

湖北最北之十八盤山，北緯三十三度一十八分。

西北界於陝西各縣：

鄖西：北接山陽，漫川關爲界上之要衝。

界上要地有光明山、牛頭山。

鄖縣：北接商南，梳洗樓在界外。

界上要地有城牆埡、石門關、劉家山。

正北界於河南各縣：

鄖縣：東接淅川。

界上要地天井山、人和寨、官亭鎮。

均縣：北接淅川。

界上要地白厓山。

光化：北接鄧縣。

界上要地有茅草埡、老泉埭、陳家樓、薛家集。

襄陽：北毗新野，黃渠河爲要衝。

界上黑龍集亦要汛。

棗陽：東北毗沘源，唐子山爲要衝。

雙河鎮、赤眉山並爲界上要地。

隨縣：北接桐柏，以桐柏山爲鎮。

界上東北一帶，畫淮水爲界。

應山：北通信陽。武勝關有京漢鐵路隧道，鑿山而過，爲天然之界，在縣東北。平靖關昔爲南北朝戍守重地，合武勝、黃土二關共號三關。

孝感：東北毗羅山，九里關爲分界重地。

界上有黃龍山、牛頭山、白雲山。

黃陂：北接羅山。

界上馬吼嶺自孝感東迤爲界山。

黃安：東北毗光山。

界上有天台山、清風嶺。

麻城：北毗潢川。

界上穆陵關、黃土關、修善關均爲扼要地。

羅田：北毗商城。

界上青苔關、果子關、銅鑼關、松子關均爲扼要地。

第十章　湖北一月小寒大寒中星晷刻物候

中華民國南京臨時政府成於民國元年一月一日，是爲歲首，寰球萬國所同慶，即地球繞日橢圓軌道之最近點也。是日也，武昌起義之地升國旗、唱國歌，公署、學校放假，人民宴會，慶祝尤殷。最合於國情，足以表見民情者爲新年對聯，最適用者如：

中華萬歲

民國元年

此聯二、三、四、五、六、七、八、九、十等年皆可推而用之，百年、千年亦可推用。

中華億萬歲

民國十一年

此聯十二至二十年皆可推而用之，廿一年至三十年亦可推用。

中華億萬兆歲

民國三十一年

此聯三十二年以上皆可推而用之。

武昌革命應天順天，大易之革象也。《象》曰："澤火革，君子以治曆明時。"南京政府首以施行陽曆爲第一大政，今政府、學校咸知世界趨勢，上合天行，遠孚萬國。偏陬愚民，多有仍沿陰曆者，亦昧於大易之革象，不知春秋之正朔。宣昭大義，教育先覺有責焉。

湖北小寒一月六日，下午四時二十九分。

中星：辰正房宿中，酉正婁宿中，日躔丑宮十五度。

晷刻：日出六時五十七分，日入五時十三分。

溫度：結冰之時，呵凍作字。重裘輕暖，手則覺寒，多用銅手爐、瓦手爐，惰者或縮手。

氣候：雪飛江上作六出花，北山一帶多雪子。

生物：臘菜以臘月成，白菜、青菜皆用鹽醃之，冬筍尤應時。孟宗哭竹，可以勸孝。

湖北大寒一月二十一日，上午九時五十八分。

中星：辰正大火中，酉正胃宿中，日躔子宮初度。

晷刻：日出六時五十七分。日入五時二十五分。

溫度：結冰點下五度至七度，廚房水缸、室中水煙袋亦皆冰合，泥濘之道亦凝結。

氣候：大雪深尺許，或至二尺。兒童搏作雪人、雪獅，冬日可愛。

生物：常綠樹有松、柏、冬青、黃楊、櫻樹、桂樹，皆碧葉。蠟梅花、南天竹爲新年插瓶用。

大寒時大江大漢終古不凍，居其地不覺其暖，客自黃河、白河、黑河歸者覺天厚我矣。

第十一章　湖北二月立春雨水中星晷刻物候

湖北人民於二月新春乘天時以發展新事業者甚多，最重各日足以紀念也。

南北統一紀念日：二月十二日，清隆裕皇太后不忍南北同胞相殘殺，明詔遜位，武昌起義乃告成功。帝運既終，民權始盛，於是五族共和，萬象皆春。八年以來，政局數變，南北隔閡，權利自私，有愧此女中堯舜多矣。

立春：湖北語"新春大似年。"建寅之朔，恒在立春點前後。民國以前立春前一日有迎春之禮，辛亥以後遂廢。星命家以立春爲歲首，隱然有用陽曆之意。然立春前一日生子，次日即稱兩歲，於學齡兒童就學及選舉資格制限，殊覺未合也。

春節：建寅之朔，是爲元日，行夏之時，遵孔子之聖訓久矣。孫中山號爲共和元首，知外情而不知國情，遽以命令代法律，改行陽曆。雖沿江各省程度開明，仍重視舊曆。湖北學校寒假延至月餘，國立武昌高等師範、商業專門皆於五日內開課。

雨水：雪期已過，春雨潤物，以利農時。農人所依者惟天而已，雨水調則年歲豐。北方猶積雪，湖北已先得雨。水田儲水，以利水稻。一雨而百卉爭榮矣。

湖北立春二月五日，上午四時十六分。

中星：辰正箕宿中，酉正昴宿中，日躔子宮十五度。

晷刻：日出六時五十分，日入五時三十九分。

溫度：迎春之際，舊以白出風狐裘為尚。在華氏表四十度上下。

氣候：或有雨無雪，是為春雨。風向多自西北來，陰天較多。

生物：蕓薹有華，春韭尤腴美。宜於植桑，因此時桑葉未發也。

湖北雨水二月二十日，上午零時二十四分。

中星：辰正南斗中，酉正參右足中，日躔亥宮初度。

晷刻：日出六時三十七分，日入五時五十一分。

溫度：富室亦脫大毛，普通人多著小羊羔裘。在華氏表五十度以內。

氣候：雨水漸多，或聞雷聲。諺曰："雷打驚蟄前，今年大有年。"

生物：桃花盛開。茶商皆雨水後二日入山。

二月恒為二十八日，閏年則加一日為二十九日。

第十二章　湖北三月驚蟄春分中星晷刻物候

湖北於三月中氣春分，正當舊曆二月，謂之仲春。驚蟄前或先聞雷。紀念祭日列左：

上丁：釋奠於至聖先師孔子。春秋享祀，本吾儒事神祭祖之古禮，儀式繁重，三獻、九獻佐以音樂六律、八音。各宗教尊崇教主，不如是之盛也。今制稱為祀孔日。國教為國學之本，非聖無法，國必亂，民必困。禮樂化民之重如此。

上戊：昔年祀武廟者，今則祀關岳。季漢關公守荊州，雖失敗未能成功，而殉國以死，大義昭然。南宋岳公號曰"鄂王"，氣懾黃龍，英聲赫奕。吉日維戊，本吾儒禡祭之，期詩禮之風有尚武氣象焉。西教之宣戰祈禱亦此意也。

社日：《月令廣義》以立春後五戊爲春社，謂之社日。蓋社爲土神，湖北各村落皆有土地廟。鄉社由祀事而結合，地方各社會團體於此日祀鄉賢名宦焉。

春分：晝夜平分，湖北與全球一致。今歐美最新之曆法，有議建春分爲歲首者。是日也，太陽正照赤道，即黃道、赤道之交點也。特古人以爲日躔，近始悟地球繞日也。陽曆在中國爲新曆，在歐美已爲舊曆，改革之期當不遠矣。

湖北驚蟄三月六日，下午十時四十二分。

中星：辰正河鼓大星中，酉正參左肩中，日躔亥宮十五度。

晷刻：日出六時二十二分，日入六時一分。

溫度：餘寒未盡，富室多著灰鼠。華氏表五十度以內。

氣候：風向多自東北，雨不甚多。

生物：室內見蠅蚊，宜洒掃。接桑以此時爲最宜。林場種松、柏、杉，農場種茄、椒。

湖北春分三月二十一日，下午十一時五十六分。

中星：辰正牛宿中，酉初五車大星中，日躔戌宮初度。

晷刻：日出六時五分，日入六時十一分。

溫度：華氏表五十度以上至五十五度。

氣候：風向正東或東南。

生物：早蠶出。種菜豆、龍爪豆。林場種油桐、油茶、梧桐、椰、榆、槐、柘、栗、櫟、銀杏甚多。

三月三十一日，與一月同。地球周天四分之一謂之象限，已過三宮也。

第十三章　湖北四月清明穀雨中星晷刻物候

　　湖北應山之諺曰："清明要晴，穀雨要淋。"南皮張樞乃築課晴問雨之軒。蘄黃之間諺曰："清明浸早種，穀雨撒遲秧。"此農民上律天時者也。湖北清明氣象可略舉焉。

　　植樹節：楚字從林，啓山林而建國。惟楚有材，其來古矣。就氣候言之，宜在清明尤宜。附近省城洪山一帶墓門未樹松楸，即如黃鵠山盤亘省城，圍墻以外無喬木，隔岸龜山亦復童禿。林學未講，林政未修，林業久遠之利，無人過問。近歲學校請官荒爲紀念林，教育團亦設公有林。苟歲歲造林，久則棟梁可成，水旱可弭矣。

　　掃墓：子孫追遠，歲必修墓。時當春暖，宜爲郊外之游，呼吸新鮮空氣。即兒童游戲所放紙鳶，亦粗具飛機原理，合御風之要術焉。

　　四月一日：學校春季始業，是以特放春假，湖北各校往往將此假期併入寒假。兒童入塾多在春季始業之期。三學期之制，殆有名無實。各縣署錢糧上忙始開征。

　　四月八日：中華民國北京國會政府完全成立之紀念。京漢既通，漢族雖盛於內地，今多移殖東北。湖北各縣北門多有"拱辰""拱極"之稱，擁護中央，共圖統一焉。

　　湖北清明四月六日，上午四時六分。

　　中星：辰正虛宿中，酉初井宿中，日躔戌宮十五度。

　　晷刻：日出五時四十五分，日入六時二十一分。

　　溫度：華氏表平均五十五度以上。

　　氣候：風向多自東南。

　　生物：早稻、糯稻、高粱、瓜莧已種。桑葉發，春蠶出。林場植樟、樫、女貞、枇杷、常綠樹。

　　湖北穀雨四月二十一日，上午十一時三十六分。

　　中星：辰正危宿中，酉初南河南星中，日躔酉宮初度。

晷刻：日出五時二十七分，日入六時三十分。
溫度：華氏表六十度以上至七十度。
氣候：風向多自東北，陰雨恆兼旬。
生物：春蠶初眠再眠時期。農場種稻、麻、棉各大宗，收穫蠶豆、豌豆、大小麥、油菜子。

湖北清明有插柳之俗。糖雞廠設廠孵雞。

第十四章　湖北五月立夏小滿中星晷刻物候

湖北本江夏，夏者大也，吾國本稱華夏。日文譯泰西名詞，謂我國爲支那，是不承認我中華民國也。民國四年，日人以"二十一條"要挾我國，實我國民公認之國恥，願我青年發揚自奮，以湔雪之也。

五月七日：是日爲"二十一條"紀念，舉南滿、東蒙、山東之利權囊括無遺。國民儲金救國，林下老人殉焉。湖北學界、報界每年必揭以爲警。

五月九日：袁世凱承認條件之始，亦國民所紀念，宜於七、八、九三日舉行運動會以鼓勵民氣。某藥房所售之仁丹清快丸令人成癖，無異鴉片，且多私售嗎啡，尤顯干萬國公禁。

立夏：周天三百六十度，分析之爲四象限，各九十度。地球自立春點，行九十度爲立夏點，謂之一季。立夏以前爲春季，湖北好學之士送春時惜餘春焉。

首夏：立夏後猶清和，舊曆四月也。鄉村四月閒人少，纔了蠶桑又插田。湖北蠶業沔陽、天門頗盛，而各縣樹桑者亦多。

湖北立夏五月六日，下午九時五十九分。

中星：辰初北落師門中，酉初柳宿中，日躔酉宮十五度。

晷刻：日出五時十三分，日入六時四十分。

溫度：華氏表七十三度最多。

氣候：蒲圻老農諺曰："立夏不下，犁耙高掛。"占年往往有驗。風向多東南。

生物：春蠶四眠之期，可結繭，計三十餘日成熟。農場種黃豆、綠豆、豇豆。杜鵑始鳴。

湖北小滿五月二十二日，上午十一時十六分。

中星：辰正土司空中，酉正軒轅大星中，日躔申宮初度。

晷刻：日出五時二分，日入六時五十一分。

溫度：華氏表至七十五度。

氣候：風向正東。

生物：收大小麥、辣菜、莧菜。蠶蛾生種，月底可見夏蠶。果物有杏、李上市。

湖北紙店製國恥紀念箋。

第十五章　湖北六月芒種夏至中星晷刻物候

湖北於陽曆六月，應舊曆五月之節氣。五月五日爲端午節，今爲夏節。關係天時如左：

夏節關於農業者：鄂北二麥已收，一年農功已得其半，故又名麥秋。

夏節關於商業者：商人因麥熟，結束春季所放之賬甚便。

夏節關於政治者：國家開徵謂之上忙。

夏節關於歷史者：屈原沈湘，全國哀悼，楚人尤甚。國人愛國良俗，不可禁遏。

夏節關於民情者：南人使船，長江乃爲天塹。競渡龍舟有尚武精神，以奪標決勝。

六月節氣關係農時尤重。

芒種：農家播種植物，以芒種爲標準，不以端午爲標準。老農皆深諳朔望不如節氣，陰曆不如陽曆也。沔陽諺曰："過了芒種趕三朝。"言及時也。

夏至：天氣之晷刻最長，而日影最短。古人以爲日行黃道最北之一點，謂之黃赤大距，今譯文或稱迴歸綫。湖北當夏至時日光雖近，未至天頂，故暑期不酷，居溫帶之正中，得天時之中和焉。

湖北芒種六月七日，上午二時三十四分。

中星：辰正婁宿中，酉正五帝座中，日躔申宮十五度。

晷刻：日出四時五十七分，日入七時零分。

溫度：華氏表至七十五度。

氣候：風向多東南。雨量最多，名曰黃梅雨。

生物：農家種黃豆、芝麻、靛藍。蔬菜有胡瓜即黃瓜。石榴、梔子盛開。洪山辣椒先熟。

湖北夏至六月二十二日，下午七時三十分。

中星：辰正天囷大星中，酉正軫宿中，日躔未宮初度。

晷刻：日出四時五十八分，日入七時五分。

溫度：華氏表至八十度上下。

氣候：風向西風為多。

生物：蔬菜有瓠子、莧菜。上市果物有桃子及林檎，俗名花紅。

湖北夏至天長，圖書館、藏書家皆曝書，民間皆造醬。

第十六章　湖北七月小暑大暑中星晷刻物候

湖北省財政出入，遵國家豫算年度，以七月一日為始。

豫算年度：自七月一日為始，至次年六月三十一日為止。省議會議決本省歲入歲出，國會議決國家歲入歲出，大抵豫算於先，決算於後，重立法也，世界良法無過於此。乃時局靡定，有非國民所能豫算者，全國經濟恐慌大可懼也。

暑假：湖北在大湖之北，雖有暑氣，尚不如湖南之熱，更不比嶺南之酷。工廠照常作業，學校遵部令放暑假，大抵學級愈高，時期愈長。學年之終期，畢業生歲有增益，不能建新事業，人愈多鑽營，排擠之風愈熾。如能趁暑假考察社會狀況，編輯本縣地理、博物等書。甲種農業學校蠶科學生不放暑假，以資實習焉。

七月十二日：武昌起義，清室遜政以後，民國六年七月一日有復辟之舉，十二日而敗。今政府定七月十二日爲討逆紀念日，是爲共和第三紀念日，或以爲後清末日焉。世界潮流趨於民主，英君賢相亦莫能挽。討逆以後，南北愈梦，鄂當中樞。有事之時，人民尤殷盼和平焉。

湖北小暑七月八日，下午零時五十七分。

中星：辰正昴宿中，酉正大角中，日躔未宮十五度。

晷刻：日出五時三分，日入七時六分。

溫度：華氏表八十五六度之間。

氣候：風向東南。

生物：蔬菜有竹葉菜，俗名蓊菜，及辣椒上市。玉蜀黍已先成熟。苧麻頭麻已割。

湖北大暑七月二十四日，上午六時二十一分。

中星：辰正五車大星中，酉正貫索大星中，日躔午宮初度。

晷刻：日出午時十二分，日入七時一分

溫度：華氏表至八十七度。

氣候：風向東南。

生物：蔬菜豇豆，俗名豆角，及絲瓜上市。南瓜、西瓜初熟。早稻成。洪山珠蘭盛開。

舊曆六月二十四日俗名雷祖生日，有雷祖會，嘗新穀，漢陽米店於是日設席爲慶。

第十七章　湖北八月立秋處暑中星晷刻物候

湖北因天時和暖，教育部令所訂八月一日秋季始業尚未能實行，因北京亦未實行。

學年始業：專門以上假期較長，有遲至九月一日者。其在八月以內開課者，則各縣小學校而已，亦大抵在十五日後。自爲風氣，以致教員遲到，學生遲到。開學而不開課，開課而人數寥寥，養成學生玩愒誤期之惡習，無法懲治，國是以不治也。

末伏：民國八年八月十五爲末伏，各年伏期大抵如此。伏期之內，西人有避暑山中者。觀漢口租界，洋場樓閣之高，公園之廣，衛生者猶嫌空氣之濁。況內地隘巷窮門，生活程度之低，衛生不注意。國民無高尚之思想，亦得於天者薄也。

立秋：秋字從禾，湖北農作物以春種秋成者爲多，民國所以用嘉禾爲瑞也。但湖北人滿，秋收或不足食，而沔陽、天門一帶人民流徙實多，移殖黑龍江訥河縣之鄂民秋收亦豐。流氓不耐耕作，殊負當事者之苦心矣。

處暑：湖北俗言"秋後熱"，蓋暑之餘也。夏至日極長，夏至後日雖退，而地面之熱仍增進無已，秋後而熱退未盡也。

湖北立秋八月八日，下午十時三十五分。

中星：辰正觜宿中，巳正心宿中，日躔巳宮初度。

晷刻：日出五時二十一分，日入六時五十分。

溫度：華氏表至八十五度。

氣候：風向東南。

生物：蔬菜收苦瓜。苧麻二麻再割。池塘湖澤已結蓮蓬。茉莉花盛開。

湖北處暑八月二十四日，下午一時六分。

中星：辰正東井中，酉正箕宿中，日躔巳宮十五度。

晷刻：日出五時三十一分，日入六時三十四分。

溫度：華氏表至八十二三度。

氣候：風向正東。

生物：蔬菜有蛾眉豆上市。農家種蕎麥。池塘魚秧已成鱗。洪山香桃，京名代代花。

湖北當秋後，川陝湘黔等省之水建瓴而下，隄防維謹。伏醬秋油，農家製造甚便。

第十八章　湖北九月白露秋分中星晷刻物候

湖北於九月一日，中等以上各校無不正式上課。各縣下忙，是日開徵。夜觀天象如左：

天漢：當係古時漢水流域疇人定此名稱。《詩》曰："倬彼雲漢，爲章於天。"或作銀漢，色似銀也，實無數小恒星集合而成。漢上於舊日七夕有乞巧之俗，烏鵲填橋之神話。不知月朗星稀時，雲漢之光即斂，非俗所謂填河也。

牛女：牛女爲二十八宿之二。然牽牛非牛宿，一名河鼓，比牛宿更朗。織女非女宿，亦比婺女更朗，秋宵常見。古人以課男耕女織也。後人附會神仙男女，而不注意於民生實用，失天垂象之本旨矣。

秋分：湖北晝夜平分，與全球同。秋分以前日長夜短，農人利之。秋分以後日短夜長，志士惜之，焚膏繼晷，以彌缺憾。武漢官商間有俾晝作夜者，是棄天時也。

秋節：秋分平分秋色，仲秋中氣，月到中秋分外明。黃帝使羲和占日，常儀占月，皆疇人測天者。儀字古通俄，一誤爲常俄，再誤爲嫦娥，三誤爲姮娥。湖北家庭童話社會俚談中秋拜月，演劇中或有嫦娥奔月之妄談，特舉經史正義糾正之。

湖北白露九月九日，上午一時五分。

中星：辰正北河南星中，酉正帝座中，日躔巳宮十五度。

晷刻：日出五時四十分，日入六時十五分。

溫度：華氏表至八十度內外。乾濕計差數最大。

氣候：風向自東北，間有西風。

生物：黃孝一帶開始檢棉花。葵花亦結子。收靛藍。洪山種紅菜薹。

湖北秋分九月二十四日，上午十時十二分。

中星：辰正鬼宿中，酉正織女大星中，日躔辰宮初度。

晷刻：日出五時四十九分，日入五時五十八分。

温度：华氏表至七十五度上下。

气候：风向自东南。

生物：中稻、糯稻、绿豆成熟。池塘家菱正熟。芝麻亦熟。

湖北俗谚："春分秋分，昼夜平分。"

第十九章　湖北十月寒露霜降中星晷刻物候

武昌起义，十月十日为国庆日，即双十节，大中华民国最大纪念，正式大总统就职。每于是日举行民间嫁娶，商家新张亦多于此日举行庆典焉。或与寒露同日，或在寒露后一日。吾民渴望共和幸福所望于国家至厚。自政客营私，武人干政，时局纷纭，民生涂炭，公署张彩，学校升旗，乡民漠然，市民淡然，此吾国隐忧也。

大成节：在国庆日前后，至圣先师孔子圣诞，夏正八月二十七日也。至圣纪元二千四百七十年于兹。湖北孔教会人士诣阙里，谒孔林，今已定为庆祝之日。春秋无义战，圣人出而平天下有道，实和平之极诣。春秋享祀而外，国民崇国教之圣人，新增典礼亦前古所未有也。

霜降：旧俗武官迎霜降如文官迎春，今此礼已废。但秋高马肥，国庆日有大阅之礼。各学校遇国家休假之时，正宜举行运动会，以作童子军之气，勖青年以御侮。惟各校未一致，凡庆贺纪念之日皆舍业以嬉。而号为开通之青年日，以踢球技击为事，荒废文科理科正课，亦偏于尚武，将来有不戢之忧也。

湖北寒露十月九日，下午四时十分。

中星：辰正张宿中，酉正河鼓大星中，日躔辰宫十五度。

晷刻：日出五时五十八分，日入五时三十八分。

温度：华氏表七十二度以下。

气候：风向自北来。

生物：蔬圃芹菜熟。苎麻三麻割毕。

湖北霜降十月二十四日，下午六时五十八分。

中星：辰正軒轅大星中，申正織女大星中，日躔卯宮初度。

晷刻：日出六時八分，日入五時二十一分。

溫度：華氏表六十九度以下。

氣候：風向自東北來。

生物：蔬圃菠菜熟。湖蟹正肥。菊花正盛。洪山黃米黏正熟。

湖北霜降前後，舊曆九月九日謂之重陽，有登高之俗。

第二十章　湖北十一月立冬小雪中星晷刻物候

湖北十一月已有初冬之意，爲四序中最蕭索者，猶勝於中原，更遠勝塞外也。

立冬：天氣驟寒，湖北更甚於昔年，官場之羔裘、灰鼠裘且應候而出。北方人南來者所用禦寒之衣，南方亦習用之矣。晝短夜長，白晝吸收之熱不敷夜間所散之熱，故入冬多寒。

小雪：江以南或未見雪。應山之北山及武當以北、施南以西多見早雪，蓋漢之上游近於中原，而江之上游高拔海面，故見雪比省城較早。或由緯度更北，或由高度更大。

冬日：古人言"冬日可愛"，"野人負曝"，亦知天之待人者厚。三冬之時，一歲之餘正好讀書。校中既有棟宇以避風雨，飽食暖衣，不飢不寒，誠學校上課全盛之時。近歲慶協商國勝利亦放假三日之久，良可惜也。

北風：自朔漠來，經過中原，得空氣中熱度相調劑，已迥異塞北朔風之寒冽。且有大別山武勝各關爲障，是以北風不如河南之烈。

湖北立冬十一月八日，下午六時四十九分。

中星：辰正翼宿中，酉初女宿中，日躔卯宮十五度。

晷刻：日出六時十九分，日入五時八分。

溫度：華氏表五十度以上。天寒乍寒。

氣候：風向自東北。

生物：晚稻已熟。蔬圃紅菜薹之早者已上市。

湖北小雪十一月二十三日，下午四時二分。

中星：辰正軫宿中，酉正北落師門中，日躔寅宮初度。

晷刻：日出六時三十二分，日入五時零分。

溫度：華氏表五十五度以下。或較立冬時忽暖。

氣候：風向自西北。

生物：黃豆正熟。

湖北近於河南各縣，雪後兒童能搏雪獅、雪人。鄉民農隙多作榨油、軋花等工事。

第二十一章　湖北十二月大雪冬至中星晷刻物候

湖北政令遵中央觀象臺曆書以十二月爲常，然市井鄉曲之民未嘗以爲結束期也。

大雪：湖北之雪，或比關東、塞北尤大。蓋雪爲雨所化，雨大則雪亦大。若夫獨釣寒江雪之簑笠翁，則黃河、白河、黑河流域未有之景象也。沿江魚期以冬日爲盛，一則濱江而居之農民始得以農事之餘兼漁業，二則民間度歲必先醃魚，三則冬令水退，澤竭魚肥，四則設箔比撒網爲逸，故長江漁業冬日倍盛。

冬至：晝短夜長，至此而極。冬至以後，日晷漸長，故歷代治曆皆以冬至爲曆元。由冬至至次年冬至，謂之一歲實，早有陽曆步算之意。是日也，國民齋戒，昭事昊天上帝以祈年焉。內務部定名冬節，與春、夏、秋三節並重。是夜最長，可測句陳大星，知北極出地高度也。孔教祭天以上帝爲主，耶教、回教莫能外焉。

共和復活紀念：十二月二十五日，即雲南護國之紀念也。湖北爲共和首義之地，國體經再造而益固。耶教徒亦於是日慶祝耶穌生日。苟天眷中國，篤生英雄，救此世界之危局，大中華萬萬世之鴻基長治久安矣。

湖北大雪十二月八日，下午五時八分。

中星：辰正角宿中，酉正營室中，日躔寅宮十五度

晷刻：日出六時四十四分，日入四時五十九分。

溫度：華氏表四十七度低至四十五度。

氣候：風向西北。

生物：蔬圃耐寒者爲黑白菜、芹菜、大蒜、葱。凡北方繁生之物，湖北終年有之。

湖北冬至十二月二十三日，上午五時四分。

中星：辰正氐宿中，酉正東壁中，日躔丑宮初度。

晷刻：日出六時五十四分，日入五時四分。

溫度：華氏表三十五度以下。

氣候：風向正北極寒。

生物：農家種煙，收黑菜。洪山梅椿凡五年而始成。製烘魚、臘肉、封雞爲卒歲之資。

湖北俗本通書誤用前清萬年曆，致冬至日時錯誤，經教育部通飭嚴禁以重授時焉。

第三篇　地文地理

第二十二章　湖北三道六十九縣區畫

　　湖北省因自然地理之大勢，析分三道，東西一千一百六十里，南北八百里。區畫如左：

　　江漢道：民國初元鄂東道，前清鹽法武昌道、漢黃德道，當江漢之下游。

　　襄陽道：民國初元鄂北道，前清安襄鄖荊道，當漢水之上游。

　　荊南道：民國初元鄂西道，前清荊宜道、施鶴道，當長江之上游。

　　湖北省六十九縣分隸三道。而舊日各府區畫，習慣上有時沿用，亦因自然地理接近成爲自然團體也。酌古準今，區畫如左：

　　江漢道：道尹治武昌，轄二十九縣。

　　武昌_{原名江夏}　鄂城_{原名武昌}　嘉魚　蒲圻　咸寧　崇陽　通山　通城　陽新_{原名興國州}　以上舊武昌府屬。

　　漢陽　夏口_{即漢口原名夏口廳}　漢川　黃陂　孝感　沔陽_{舊州}　以上舊漢陽府屬。

　　黃岡　黃安　黃梅　蘄春_{原名蘄州}　蘄水　麻城　羅田　廣濟　以上舊黃州府屬。

　　安陸　隨_{舊隨州}　雲夢　應山　應城　以上舊德安府屬。

　　襄陽道：道尹駐襄陽，轄二十縣。

　　襄陽　均_{舊均州}　宜城　南漳　棗陽　穀城　光化　以上舊襄陽府屬。

　　鍾祥　京山　潛江　天門　以上舊安陸府屬。

荆門_{舊直隸州}　當陽　遠安　以上舊荆門直隸州屬。

鄖縣　房縣　竹谿　竹山　保康　鄖西　以上舊鄖陽府屬。

荆南道：道尹駐宜昌，轄二十縣。

宜昌_{原名東湖}　秭歸_{舊歸州}　長陽　興山　巴東　五峰_{原名長樂}　以上舊宜昌府屬。

江陵　公安　石首　監利　松滋　枝江　宜都　以上舊荆州府屬。

恩施　宣恩　建始　利川　來鳳　咸豐　以上舊施南府屬。

鶴峰　以上舊鶴峰廳。

縣佐共三十三，缺分見各縣地方志。

第二十三章　湖北水陸之形勢

武昌起義，全國響應。蓋京漢通軌，北出武勝可以捲中原而掃燕雲；長江列艦，東下蘄黃可以定金陵而通滬海。中華民國之成功，湖北之形勢誠足爲天下重也。強鄰如俄羅斯，大敵如德奧，亦隨從世界之潮流改造共和國體。是武昌不徒爲全國重且爲全球重也。蓋自神農起於厲山，早以民生爲大本。陳涉張楚、徐壽輝亡元，皆前驅也。

論湖北形勢者，必推荆襄。荆爲全楚之都會，江漢之上游也。有清以將軍統八旗兵駐防荆州，蓋因吳三桂舉兵西南，故置重鎮以當其衝。顧祖禹以爲荆州可以控全楚，其實控制西南，貫苗疆以達土司邊境，皆於荆州啓其榛莽焉。今日江陵商況，集於沙市；而入蜀之道，輪船直達宜昌，是以上游形勢，荆州不如宜昌尤重也。襄陽當南北分裂時爲界上互市地，北朝用以席捲東南，南朝用以爭衡中原，誠爲扼要。今則因河流深而沙不定，輪船不能達，形勢亦不甚便利。顧祖禹讀史重其地，今日形勢已大異。他日荆襄之間鐵道交通，形勢庶較便利也。

夫今日形勢異於古人者，一通一塞而已。長江天塹，畫江而守，臨江而不敢渡者，且以爲天之所以限南北。自長江輪舶通行，狎風濤如衽席，則古人因水以爲塞者通矣。冥阨三關，周平王戍申以防楚者。中條山脈一帶，凡有險阨之區，無不設關以爲要隘。自京漢鐵路開通，鑿大隧以成坦道，則古人因山以爲塞者通矣。

武昌、漢陽、夏口三大鎮，天然形勢，鼎立乎江、漢之滸，蓋由江水、漢水合流以結成都會，爲九省通衢。近則鐵路交通，形勢又由水而陸，京漢成則北京呼吸相通。黃河且可以建橋梁，馳驅中原，捷逾八駿。粵漢北段成，洞庭已失其險。他日南段成，五嶺亦失其險矣。川漢終有告成之期，巴峽又何足爲險乎？況京漢以北，聯京奉、京綏以通滿蒙，漢民移殖塞外者日衆。他日支軌愈多，形勢愈稱便利矣。

漢口水道深闊，重洋軍艦亦可深入。東西洋各國租界在漢口及沙市、宜昌者，已據我腹心，每藉口保護商務，駐軍艦於其間，主權不完，政治不修，紳商或徙居租界，視爲桃源。如此形勢，誠前古所無。英人握長江商權，日人更投資江西之南潯鐵路，將擬延長至福建三都，並由九江延長至漢口，蓋處心積慮於閩漢鐵路，以聯大冶鐵廠焉。嗟呼！京漢、粵漢、川漢、閩漢四大幹，亦詩人經營四方之遠猷也。

第二十四章　湖北大別山脈

湖北之北，中條山脈以大別山爲最大，高拔四千五百尺，江、漢、長、淮由此分瀉，故曰大別。楊守敬釋《禹貢》謂：自松子關延袤至大崎山，皆古大別山。由漢口下黃岡，沿江皆見之，實江、淮間之大分水嶺。俗從西譯列於北嶺，不知其爲崑崙正東三大幹之正中，由六盤、終南、伏牛而來，自河南桐柏入界。其正脈如左：

平林關：隨縣東北上明鄉，即古平林縣地，當楚豫之交，最爲扼要。與順義關、仵水關鼎列，絡繹相連。設關處皆山脈低落較爲坦平之處，行人猶視爲艱險。

厲山：隨縣北三十五里，一名烈山，亦名重山，又名麗山。《禮記注》："厲山氏，炎帝也，起於厲山。"有一穴相傳爲神農氏所生。有九井爲神農氏鑿，汲一井而衆井動。

黃土關：應山縣東北，與平靖、武勝共號應山三關。

平靖關：應山北東七十里。古名冥阨，一名黽塞，一作鄳扼。戰國時、南北時均為攻守要害。因山為障，不設濠隍，故名平靖關。有大小石門，皆鑿山為道。《呂氏春秋》九塞之一。先君子守此，禦捻匪，安行旅。巡檢弓兵，功在緝捕，今日警察宜繼美焉。

武勝關：應山東北八十三里。一名禮山關，又名武陽關，即古大隧三關之最東者也。《左傳》謂之大塞。後魏元英謂："三關相須如左右手，若克一關，兩關不攻自破。"今為京漢鐵路山洞。武昌北門曰武勝門，與此相應。其他百雁關、鳳現關稍僻。

九里關：孝感北二百三十里，盤踞山險。一名黃峴，即古直轅，與大隧、冥阨稱為義陽三關。

大勝關：黃陂北一百二十里，宋末忽必烈南寇取道於此。

金竹關：黃安西北九十里。一名金局關，為赴河南光固要道，附近有大城關。

雙山關：黃安東北百里，兩岸萬仞，一竇九折，怪石欲墮，驚濤如雷。

穆陵關：麻城北百里。梁夏侯夔克此，唐李道古出此，皆進規中原要道。

陰山關：麻城東北百里，在穆陵東百里，互為犄角。長嶺關、修善關鼎列并峙。

松子關：羅田西北一百八十里，接河南商城縣界。銅鑼關在縣西北百四十里。

栗子關：羅田北一百八十里，產板栗。

青苔關：羅田東北，近於安徽六安，東迤為霍山大幹。班孟堅、鄭康成謂大別在此。

甕門關：羅田東北一百八十里，近接六安。石門關在東北，近接安徽英山。

第二十五章　湖北大洪山脈

湖北大別山脈自桐柏入界，東亘於界北。其迤南一大幹爲大洪山，直至天門山，又分小別山一支。明楊漣取大洪爲號，以孤秀著。

大洪山之主峰：在隨縣西南一百二十里，四面陡險，絕頂有湖，湖旁風景極佳。《水經注》：大洪山盤基所跨，廣圓一百餘里。峰曰懸劍，爲諸峰之秀。山下有石門巖，高皆數百仞許。入石門得鍾乳穴，滴瀝不斷。時人以鄖水所導，又名鄖山。南朝劉宋時群蠻大動，鄖山蠻最強，沈慶之剪定之，亦古昔民族競爭之跡也。

分水嶺之來脈：自桐柏界牌口以南有分水嶺一道，綿亘連屬於大洪山，又名界嶺。舊日德安、襄陽之府界，今日隨縣、棗陽之縣界也。三界山在鍾祥雲臺山之北。嶺以東爲溳水、溠水所匯，嶺以西爲滾河所匯。近於大洪山，則東有均水源，西有枝水源，南有敖水源，東南大富、小富二水源，建瓴四下，益見大洪之大也。

小洪山之支脈：自三界嶺分支折西北爲瀴源山、萬家山至小洪山，舊名蘇嶺。襄陽侯習郁立祠，刻二石鹿於神道。後人以廟爲山名，詩人、文人多用以爲號。

大洪山之南支：大支自黃仙洞、辦頓嶺至鶯子山，又分爲五支：

東支：柏山、長山、馬耳山，可造林。

東南支：京源山，因爲縣名。田山亦平衍。九龍山、青龍山、林泉山至皂角市。

西支：偏頭山在三光嶺之南。西迤爲鍾祥東之楠木山及翠屏山、聊屈山。

西南支：大尖山、虎爪山、老虎坡、胥成嶺。

最南支：潼泉山、瑪瑙山，引長至佛指山。最南至鄧洪山，近接天門山。

大洪山之東支：大支牛角尖當富水、漳水之源，分爲四支：

南支：太陽山、騎龍山在大小二富水之間。又有五台山。

東南支：崎山自毛家砦延長於富水及漳水之間，南至胡家山石膏關。

正東支：土山、慈山東南之分水嶺迤為太平砦、白兆山、石梁山。慈山之北有三爪山，東北有珠寶山、鼓山、大宿山、君子山。

北支：大尖山、明中觀山、大浪山、魁峰山皆由花山砦迤北。山地可產棉花，異於尋常野花，徒以顏色芬芳悅人也。

第二十六章　湖北內方山各支脈

湖北內方山有三，沿《禹貢》舊稱。今圖以荊門之東漢水西岸內方山當之。其他二處：

安陸縣東四十里。

漢川縣西南五十里至九十里。《尚書孔傳》：內方、大別皆漢水所經。

蓋內方山脈亦自桐柏入界，至平靖關分析南迤成一大幹。京漢鐵路即循此山脈之東，而應山為此山脈之鎮。漢川西南山脈似斷仍連，雖為漢水所隔，而四圍皆水。有山在四方之內，故曰內方也。蓋所舉內方皆從今日之名。附近山峰卓立平原，無大脈也。

龜山：漢陽城北。三國時因魯肅登此名魯山，其陰有肅墓。山當江、漢之衝，宋儒以為即《禹貢》之大別，俗復訛為大鼇，今從通稱曰龜山。附近之梅子山北臨月湖，有石刻"靈鷲飛來，海闊天空"八大字。女郎山在十里鋪西，孝女林桂馨墓在其麓。

小別山：《左傳》：楚子常濟漢而陳，自小別至於大別。顧祖禹以為小別在漢川。山形如甑，一名甑山。漢川赤壁山因崖岸赤色附會，陽臺山亦未確。此類小山百數不成山脈，殆昔年雲夢澤中之島嶼耳，謂為小別，名義最允。

內方以東，江北各支脈，皆連屬於中條大別之正幹。

大孤山：自武勝門關東迤於京漢鐵路之東。東有天台山一支。

大魁山：南迤為八斗坵。又東大悟山、雙尖山衍成一大支，而九嶬、木蘭尤著。

九崚山：一名九宗山、九崇山，環阜叠嶂，林麓深杳，不減長安九崚。在孝感東北。

木蘭山：黃陂北，舊木蘭縣由此名。今山東麓有木蘭川，山巔有木蘭廟，朝謁者香火極盛。上有白雲洞，下有黃石洞，左挹蓮湖，右倚玉屏，壯孝女北伐之軍容焉。

清香山：南迤爲小城山、獅子山，中有益山寨。

三角山：由穆陵關南迤至於岐亭，有光祿山、龍王山、白山一支，南至道婆桂花山。

雲霧山：由穆陵東南迤於麻城，東有小界嶺迤於蛇山。

龜峰山：南迤天井山、天台山、白羊山，西有東山店一小支。

平安嶺：由安徽英山界上迤西南爲長嶺，有大靈山、小靈山、長嶺。

茅山：由安徽界上西迤經土坡山、虎盤山至於江濱沿江一帶，孤峰特立者亦衆。

虎頭山：由安徽界上西迤於黃梅、廣濟之北，有觀音巖。

第二十七章　湖北巴山山脈

湖北西北巴山，江、漢由此分瀉，西起川陝，東迄荆山，竹木既饒，林礦亦富。蓋大巴山在陝西之南境鎮巴縣，巴水南流入四川境，巴山正幹屹爲川陝之界嶺。由鶴心嶺入界，未入界已分支於西北界，蟠爲竹谿、竹山、鄖縣等山，故先述支脈，次述正脈。

西北界上支脈：自火龍埡入界，南爲鬧陽坪，東爲大峪山、誥軸山，北至老陽山。

青華山：在銅錢關北。山脈由此折東至沈家營萬興砦，稍曲折東至聖母山。

左吉關：自此東迤，皆在境內，爲東界嶺。滄浪山爲鄖縣、竹谿分界，西有大佛山。

分水嶺：東北迤爲青峀山、天旗寨玉皇頂、金華寨，西北至石盤山。

蛟龍關：在吉陽關西南。又東南迤於菜子山，其西有擂鼓臺山，當聖母山南。

西界正脈之支脈：自雞心嶺入界，北迤爲小關子，至竹葉關，皆在界上。

萬佛山：由竹葉關東迤，又東北至還定山，又西北有雙竹山。

安峪寨：由雞心嶺東迤，經蒲包山至此。又東北至牛頭砦，東南有查峪一支。

正西界之正脈：界嶺東南迤爲官山口，南至鳳皇嶺，東至陰條嶺，南至烏雲頂。

高家坡：東北迤於向家壪，由界嶺分支。

平峰砦：由鳳皇嶺東北迤，有中柱山南天門。

茅坪山：由陰條①東北迤。又有洪坪山。

界内自西徂東之正脈：由烏雲頂東迤爲長峰、天地埡、神農山、石燕洞、橫山、四郎山。

神農山南支：清風嶺、龍門山、黃龍山東南迤於湖家岩。西南仙女山、紫陽山、太陽嶺至巴東北岸之巴山驛。

神農山北支：西北沙子嶺一支，東北磩砂崖分青羊山、黃龍山、獐子山、五台山、三尖山、九峰山、房山等支。

神農山南各支：古木嶺、龍虎山、四郎山南支、峰池山、許家山、吳家洞。

橫嶺北支：望夫山、歐陽店山、五道峽、大石腦、筆架山。

巴縣限於漢南。若漢北諸山，鄖西、鄖縣、均縣者。若鄖西鐵鶻山、天心山、光照山、牛頭山、雞籠山等支，鄖縣之左台山、石門關、風火山、天井山各支，均縣之二龍山、玉筍山、西峰山、白崖山各支，皆屬於秦嶺支脈，即終南之山麓也。

---

① 條，疑應爲"嶺"。

第二十八章　湖北荆山山脉

　　《禹貢》：荆州自荆山爲界。在今南漳縣西南，其脈來自武當，爲江、漢之分水嶺，至南漳城西八十里。群峰競舉，荆山獨秀，三面絕險，惟東南一隅纔通人徑。頂上有池，爲上古火山噴口。喬松翠柏，列繞其間，俗名馮家嶺。漳水出其東，縣南百里。金厢坪有石室，相傳爲卞和宅，抱璞嵒即昔時得璞玉處。全楚名山當推第一。今坊間《湖北省全圖》或不載其名，或從俗稱李家大山。荆門、荆州之名，皆出於此。群山萬壑，何遜衡嶽七十二峰耶！

　　荆山之群峰：荆山之鎮，實在南漳。自保康南之分水嶺與巴山別行，來脈由寒山埡、司空山、大岐山、老龍洞、老衲洞至此，蔚成大山嶽。群峰之名，附近則有平定山、金牛山、青羊山、騄羊山、久安山、七里山、白馬山、屏風砦、雲風巖、羅圈嵒。

　　隆中山支脈：荆山東脈由走馬嶺、鶴子山、土門山至隆中山。諸葛亮隱居於此，又名草廬山，有抱膝石隆起，可坐十數人。下爲躬耕田，距襄陽西二十里。東有萬山。

　　峴首山支脈：襄陽南九里。晉羊祜鎮襄陽有惠政，每登峴山置酒。祜卒，後人立碑於故處，望者悲感，謂之墮淚碑。附近有望楚山。

　　荆山各支脈：

　　雲岐山：沮水之西，迤爲雞鳴山、百井山、金牛埡。西隔黃柏河分水嶺。東南有王虎山、松山、大木嶺、紅土山、楓香嶺、三界嶺。西分珠寶山一支，至於西陵。南分虎牙山、鳳皇山、黃金山、明月山數支。

　　許由山：沮、漳之間，自界山對頭山至玉印嵒、雲霧嵒、武安山至此。

　　四望山：分水嶺正東分支，經蓬萊洞、三峽洞至大府山，當南漳南三十里。東望襄陽，西望房縣，南望荆門，北望穀城，故云四望。東迤爲石梁山、雞子山、夫子埡。

雞頭關：漳水之東，亙以長阪，有八叠山、天保寨、太平山、白龍山，直赴荆門。

百頃山：自太平山東迤仙女山，由青龍砦迤南至此，南有雨霖山等小支。

白家山：北接長岡，東帶松林，東北迤爲周家嶺，其南有七寶山等支。

八嶺山：由荆門南迤於江陵之北，蜿蜒如龍，附近有龍山。晉孟嘉九九登高，風吹落帽即此，今猶爲重九登高處。

第二十九章　湖北武當山脈

湖北西北武當山脈自秦蜀間終南來脈，由川陝二省入界，巴山之北脈也。

武當之主峰：在均縣城南二百里，高二十餘里，週迴八百餘里。

異名有六：太和、太嶽、仙室、嵾上、參嶺、謝羅山。

山形之數：七十二峰，三十六巖，二十四澗，五臺，五井，三泉，三潭，三天門，三洞天，一福地。

最高處：天柱峰，亦曰紫霄峰，巖曰紫霄巖，明永樂中建宮殿。

房山之來脈：房山爲巴山之北支，自此迤於西北。

獅子嵒、望佛山、九峰山：迤邐房縣之西。

界山、化峪：迤邐竹山之東。

佛泉山、馬息山、界牌埡、太和山：由房縣北界入均縣南界。

武當以西各支：

賽武當山：南由分水嶺接佛泉山，北有觀音山、白浪山、青嵒寨至飛鳳山。

雞鳴山：東北至迴龍山。

獅子山：雞鳴山西北，有獅子塔。北迤爲牛頭山、四方山、天馬山，西支大嶺山。

相公嶺：雞鳴山西，南有岳家關，北有白馬山。

武當以北各支：

九龍山：武當西北，東爲錦屛山、照面峰二支。

龍巢山：武當東北，有橫山相連。其山峻峭，林木經隆冬不凋。

武當以南各支：

香耳山：米花山迤於正南。

毛家山：南迤於青峰汛。

盤龍山、木盤山、大薤山：皆迤乎東南，直至穀城山。

武當以東各支：

大界山：東北有象鼻山，正東有孤石嶺。

大墨山、小墨山：二山相連。

第三十章　湖北武陵山脈

湖北西南施山山脈，童氏《圖》作武陵山脈，山高谷深，跋涉甚困。清江以南五峰、鶴峰山脈自四川來，與湖南犬牙相錯，爲南條大支，以利川齊嶽山爲最峻，咸豐二仙嚴、星斗山與之鼎列。暑日積雪不融。北支散恩、宣、建一帶，南支入來、鶴一帶。支脈如左：

野熊關之分水嶺：湖北、湖南分界，即酉水、澧水之分水脊也。西有勝水關，北有雪落砦，東引爲青龍山、金龍山、天星山，爲澧水、溇水之分水脊。

容美界北之分水嶺：容美界在青龍山西北。北爲奇峰山、將軍嶺，即溇水與清江分水嶺。有春潮洞、仙人洞，巖谷深邃。挂榜山、筆架山各肖其形。

虎鷯嶺東北支脈：虎鷯嶺崛起武陵山脈中，溇水發源於南，五家河發源於北，茶寮河發源於東。其東北至連天關一支最爲奇峻。

七星臺之分水嶺：虎鷯嶺以東，長望岡、石寶山南迤爲八峰山，東北迤爲閻王鼻、七星臺山、分水嶺、白峰埡。又東北至中嶺、白嵒根實長陽河、長茅河分水脊也。東有剪刀山、白竹山一支盤迴於湖南界上，又分迴龍山一支至山羊隘。

五峰之分水嶺：五峰舊爲長樂，高據三水之源。北爲縣河，南爲黃連河，東爲楊家河。東南月朗山，直至將軍山，又東有長嶺，亘於湖南界上。其北有顯應山、楊橋山爲正脈，又北有橫嶺，轎頂山一支。

株栗山之支脈：五峰東北麒麟山，北至株栗山，昔爲汛守要地。其西有黃柏山一支，又東有垠山一支，皆北近江濱。

石鷹山之支脈：五峰正東爲石鷹山。又東爲栗樹腦，爲老鴉嶺，東爲九龍山。

真武山之支脈：自楊橋山以北經天台山至此。

黃家嶺之支脈：自天台山東至金字山。東南有聚兒嶺，西南有起龍山、張家山。又東北由雙泉山至此，近於江濱。此山脈中有鐵鑛。

以上各脈，皆統由野熊關來。惟松滋以南、公安以西，若白馬山一帶有四明山、台山、望雲山、界澧山，則與湖南澧縣以北界上群山相連。至於湖南桑植各山，又由鶴峰南迤一大支。蓋苗疆山重水複，鶴峰之平地且高於省城洪山塔頂，是以大江東下，不舍晝夜也。

第三十一章　湖北巫山山脈

湖北正西山脈在大江之南岸者，與四川之巫山相連，清江與長江分水之脊也，本省與四川分界之界嶺也。山麓之石爲江心各灘，蓋巫山與巴山兩脈夾峙而相礱也。武陵西支宣恩、恩施、利川、建始東至巴東。先述正脈，次述支脈如左：

油煤界之分水嶺：自武陵山之奇峰關以西，北爲長潭水源，南爲酉水源。芭蕉湖三眼泉湧出，是爲油煤界。西北爲獅子關。又西有大寒山、小寒山，當宣恩忠建河之南，其陽爲酉水高羅河、穿箭河之源，亦爲分水之脊也。

龍角山板栗關形勢：自小寒山折南關山逶迤，其南有朝霞嶺，東南有滴泉山、白巖山、三尖山一支。

滴水關之分水嶺：東南爲羅三溪入酉水，西即忠建河。又分爲石邑、上砦各支。

深溪關之分水嶺：酉水、黔江之脊。東北有小平原曰張家坪，又北爲將軍山。

黑山北之火山：忠建河西爲鸚子岩，在瑪瑙河東。其北爲火尖山。又東北爲火山，有噴火之遺跡，山石皆火成巖。東南有大青山、中峰山兩支，在恩施之南。

金字山之響水洞：自火山西長崁綿亙至金字山，南分馬鬃山、轎頂山一大支。正脈北過響水洞，清江伏流其下。北至窖金堆、小桃源，亙於四川界上。

大邑山之界嶺：自小桃源以東有金樓山一支，近於四川界上。又東有石乳關，又東北爲文殊山，又東爲水晶邑，又東北至大邑嶺，正東爲黃鵲嶺，又東北爲關口山綿延界上。以大邑爲峻，巫山、巫峽皆大邑之北麓耳。

野山關之支脈：自黃鵲嶺南迤爲馬虎山。又南至野山關，爲宜昌赴恩施之要道。

天寶山之正脈：自馬虎山迤東北經石井岩，又東經柳家山，又東爲天寶山，又東爲中嶺岩、野猪山，又東爲銅寶山、文佛山、荊門山，在清江北、長江南，勢如橫障。

巴山支脈：石井岩以北爲金家砦，又東北爲香子嶺。又東北至巴山，巴東縣由此得名。有虎頭埡。

黃牛山支脈：自中嶺岩東北迤於北岸崛起黃牛山，有黃陵廟，下有灘曰黃牛灘。南岸重嶺疊起，最外高崖間，有色如人負刀牽牛，人黑牛黃，成就分明。人迹所絕，莫莫能究焉。此岩既高，江岸迂迴，經信宿猶見，故有"朝發黃牛，暮宿黃牛"之諺。

第三十二章　湖北幕阜山脉

　　湖北東南幕阜山產茶甚饒，北幹即大冶鐵山。凡大江以南，昔日武昌府所屬各縣之山無不括之於此，赤壁、黃鵠名蹟尤多。分列如左：

　　幕阜山之主峰：省城正南，通城東南五十里。東接江西修水縣，西南接湖南平江縣。周五百里，跨連三省。吳太史慈拒劉表從子磐，置營幕於此。

　　富山之略嶺：自幕阜山東北迤於湖北、江西界上，爲幕阜山大幹。當富水東南，是爲富山。其在江西界內各山，已詳《大中華江西省地理志》。境內著名各山如左：

　　南樓嶺、苦竹嶺、大盤山、大湖山、金紅山、將軍山、五里尖、石艮山、太平山、黃土嶺、木魚山、山棗嶺、陽烏山、橫立山、鯉魚山。

　　富山之支脈：由界嶺迤入界內者：

　　九宮山、雲蓋山、三陽嶺、居北山、白馬山、八甲山、蛇嶺、牛頭山。

　　鐵山之正脈：自界嶺之界首山屹立通山、崇陽間，爲富水、陸水分水脊。東平山北有界頭塘，又北至白羊山、蓮荷嶺，東至金雞山、桃花尖、小梅山。又東北經雙尖山、石潭山，北至象山，西北至三角山。東北經大茗山、西野山、犢山至鐵山。

　　鐵山之近支：東爲高峰山，又東爲黃荊山，又東爲江濱西塞山，北爲白雉山、鷹山。

　　鐵山之東南支：自象山東爲卓金山、雲霞山、五峰山、龍角山。又東爲白闉山、牛頭山、父子山，北爲鳳翔山。又東爲九頂山，至江濱之半壁山，在陽新、大冶間。又由小梅山分白家山、大尖山一支。

　　黃鵠山之正脈：自鐵山正脈金雞山正北至盤山、黃牛山、茅山、孟家山、輞山、馬鞍山、岳公山、鴿子山、錦繡山、東湖壩一脈，蜿蜒於左右二湖間，寔梁子湖、斧頭湖之分水脊。再由豐禾山、油坊嶺、卓刀泉山至洪山高觀山，亘於省城，勢若長蛇起於大澤，今通稱蛇山。蓋肖其遠勢，不徒近在省城一帶也。黃鵠磯突出江干爲蛇首。

赤壁山之正脈：自鐵山正脈白羊山，西北苦竹嶺、大竹山、洪口山，西北白雲山、石塔山、丁卯山、南嵒山至江濱石頭峽、石頭磯，即古之赤壁也。

楚門之界山：自幕阜山西北有玄鳥嶺、張師山、相師山、印洪山，爲楚門界山。又北爲馬頭坳、羊樓洞，界內之金紫山、白石嵒至石門山。

第三十三章　湖北長江巴峽水道

長江自四川合金沙江、岷江而下，東出巴峽，航行者自古稱爲奇險。今設局鑿石開灘，水盛時宜昌小汽船可上溯至嘉定，平時小汽船亦可上溯至重慶。昔年峽江《圖說》但得大概，今峽江灘務委員由沙市商會請派專員以重責成。報告如左：

巫峽：在巴東縣西。《漁父歌》曰："巴東三峽巫峽長，猿鳴三聲淚霑裳。"蓋三峽綿長七百里，兩岸連山，略無缺處，重岩疊嶂，隱天蔽日，非亭午夜分，不見曦月。入界之處爲萬流驛，江心有新崩灘。

門扇峽：巴東縣西三十里，漩渦極險。入界已八十里，有門扇灘，爲入蜀門戶。

巴峽：巴東縣西二十里，猿啼最多處。下游十里，清水灘最險，覆罄、坳頭、掉尾、板橋、龍堆、虎怕、赤石、銅錢諸灘幷著名。

東奔峽：巴東縣東二十里，東奔灘及橫梁灘幷奇險，石亘水中。又東十五里有石門灘，巨漩自石縫溜下。

破石峽：巴東、秭歸接界，兩崖峭壁如刀破狀。

兵書峽：即棺材峽，在秭歸東南三十里。石壁萬仞，飛鳥不及之處，有洞穴，累棺槨，或大或小，歷歷可數，完好如新，不知何物爲之。或云諸葛武侯藏兵書處，至今望之若書卷然。又名鐵棺峽。此類石壁，大抵洪水襄陵時，浮舟所泊，結巢穴居，水退人迹不能到，故傳會神仙，未考其實也。

黃魔灘：秭歸郭下，長石截然，據江三之二。水盛時潰淖極大，有雷鳴洞，又名叱灘，是爲中叱。並以官漕口爲上叱，黃牛口爲下叱。東南有白狗峽、石碣灘。

牛肝馬肺峽：秭歸東三十五里，有石下垂如肝肺，故名。其旁有獅子巖。

空舲峽：秭歸東南四十里。山頂奇石如人形，端急艱於上挽，必空其船中之貨而後得上，故曰空舲。三珠石尤險。明吳守忠鑿之，改名通舲。有達洞灘，五色石甚奇。

西陵峽：宜昌西北二十五里。一名夷山，言峽江至此而夷，故曰夷陵。蜀人守峽口，以此爲門户。峽中虎頭灘、狼頭灘距宜昌百里。上游使君灘亦險，峽口有黃牛灘亦紆曲。松門峽、明月峽爲峽江之盡處，風景宜人。經下牢關折南大石灘，水始就平地，安流而東焉。

第三十四章　湖北長江荆河水道

長江自宜昌以下俗稱荆河，是以岳陽城陵磯對岸稱荆河口。此段江流，大段皆舊日荆州府境，惟虎牙山以上五十里屬宜昌，監利南岸屬湖南。荆州地勢稍低，江自峽中建瓴下，懼其橫溢，故隄防周密。自西而東分述如左：

魯家陂隄：宜都東北三十三里，長二百七十丈。此外有王家、任家、易家合族營之。

毛家堰：宜都南二里，長三百丈。此外如鄒公堰，則賢有司遺愛也。凡十有七。按宜都爲清江入江處，水量驟增，清江傾斜大，下注之力亦猛，不讓長江也。

古城腦隄：枝江東北。自董灘口土臺古城腦而下，至灌子灘皆有隄，而古城腦尤爲要害。

百里洲隄：枝江之東，大江分流，南經松滋縣治對岸之大洲，周百餘里，故曰百里洲。歷陽林洲、賽磚灘、蔣斗灣、鷁子口至流店皆有隄，而蔣斗灣尤要。計分上、下二洲，沿洲築隄，以防水決。萬曆置閘，又續修護浪小隄，至今不時修築。

五通廟隄：松滋五通廟、胡思堰、清水坑、馬黃岡等堤凡十五處，而大堤尤固。

金堤：江陵城東南二十里，一名黃潭堤。《水經注》："江陵城池東南傾，故緣以金堤"。昔桓温令陳遵造之，梁王澹復修之。縣西有寸金堤爲高氏築。新開堤、李家埠堤、文村堤皆與金陵相接也。郝穴南臨大江，亦北通漢水，爲扼要地。

大江禦水隄：公安縣東，上接江陵，下抵石首，長一百里。宗孟琪築之，元明清屢修，計一萬二千五百餘丈。其間雷勝、旻灣、窰頭鋪、艾家堰、竹林等，二聖寺、江池湖、狹隄、淵沙隄、郭家淵、施家淵諸隄十一處尤爲要害。又東沙隄調絃口四千一百餘丈，其間藕池長頭尤爲要害。又有斗湖隄、油河隄、橫隄、倉隄、趙公隄、楊公隄、黃家灣隄、太子廟隄，多爲孟琪所築。

黃金隄：石首南五里，元人薩題勒密什所築。去洞庭百里，防湖水入江。

臨江大隄：石首北，亙九千三百丈。又有萬石隄、風火隄、百家隄、白洋潭隄，並鞏固。

新冲隄：監利西南五十里，稍北十里爲黃師隄，關係闔邑利害最大，隄工亦最鉅。蒲家臺隄爲清順治時添築。監利之東有朱家阜隄、瓦子灣隄、車木隄，皆捍江水上游，防洞庭外溢，關係要害。

第三十五章　湖北長江與湖水合流水道

《禹貢》："九江孔殷。"胡氏據《山海經·水經》知即洞庭湖。孔殷者言其吞吐壯盛，浩無津涯之勢甚盛也。此段大江南北湖澤極多，蓋沮洳之場也。江流向東北去，東南岸舊爲武昌府地，西北岸舊爲漢陽地。

簰洲附近，江流屈曲作三折，江心洲地日廣。由於長江水量古大今小，是則雲夢作乂之陳迹也。官徵蘆課，此爲大宗。略述如左：

湖南臨湘入界：自湖南岳陽城陵磯以下過臨湘，入境東流爲嘉魚縣界，北岸爲沔陽界。與臨湘對峙者則有白螺司、新關分卡、螺山汛，均屬監利縣。沿江一綫隄埂，界洪湖之南。

新隄鎮：沔陽之南，爲輪船上下客貨處。江隄名曰長官隄，上起監利，下訖漢陽。

島口：即張舜民《郴行録》之新打口，有新店水會黃蓋湖諸水來注。

石頭關：即古之赤壁，與北岸烏林磯相對。江心有洲，近代所漲。

陸溪口：爲陸水淤口。迤西三里爲新口，乃咸豐間太平軍所掘，陸水由此入江。

嘉魚縣：西北臨江。江中有護縣洲、永泰洲、歸糧洲、復原洲，連爲一貫成嘉魚夾。

簰洲：上簰洲距嘉魚東北相近，下游有下簰洲。此段江流曲折，因調元洲漲大。其西有古江湖，即古時江流，今變而爲湖之遺跡也。

新灘口：當簰洲之西。調元洲連大江西岸，簰洲連大江東岸，形如太極圖，皆如江岸突出半島狀。新灘口適當其中樞，沔陽湖由此入江，《江海圖誌》定名農灣。

金口：斧頭湖諸水入江之口。有金口長隄，一名部隄，起赤磯山，至嘉魚縣下田寺止，長一百二十里。

沌口：赤野湖諸水入江之口，在小軍山下游，所合十四湖之多。

鸚鵡洲：在漢陽城南里許，大江左岸。漢黃祖爲江夏太守時，因客獻鸚鵡，禰衡作賦，故名。洲有衡墓。今爲竹木商業屯集之所。

金沙洲、白沙洲：在省城南，與鸚鵡洲隔江相對。土壤甚沃，竹木貿易亦盛。

鄂渚：省城西江中。《楚辭》："乘鄂渚而返顧。"

江隄：自省城望山門外王惠橋起，至武勝門外土地磯止，正岸共長二千七百丈。保安門外蕎麥灣有月隄千丈，老隄頭月隄四百七十丈。

第三十六章　湖北長江與漢水合流水道

《禹貢》："江漢朝宗於海。"孔氏言："朝百川以海爲宗。"鄭氏言："其流遄疾，又合爲一，共赴海也。"《詩》言"江漢之滸""江漢滔滔""江漢浮浮"，自古以爲"南國之紀"也。海舶可泝流至此，交通便利，不讓海口也。名城大市，比上游尤密。

夏口江岸：漢水入江爲龍王廟碼頭，江、漢間過渡之要津也。下游江岸招商局碼頭及各國租界、京漢鐵路亦直達江岸，並擬建造大橋。此段大江東北流。

瀶口：合黃陂、夏口之水入江，南岸爲青山，過此則大江東流。

陽邏：大江至此折南流。

白滸山：武昌、鄂城分界處，大江至此折而東流。

峥嶸洲：大江中，分屬鄂城、黃岡。一名得勝洲，晉劉毅破桓玄於此。

新生洲：在峥嶸洲下游二十里。

蘆洲：在新生洲下游二十里，伍子胥遇漁父處。

團風鎮：安、麻諸水由其西近之鵝公頸入江，大江向南流。

黃岡：南臨大江。

鄂城：北臨大江，上游樊口爲梁子諸湖入江處。

巴河：羅田諸水由此入江，大江折向東南。

蘭溪：蘄水縣浠水由此西入大江，下游有回風磯。

黃石港：保安湖與華家湖水由此東入江，輪船恒於此上下客貨。

潭源口：潭源湖諸水由此東入大江。

蘄春：西臨大江。

海口：海口湖由此東入大江。

田家鎮：爲長江下游形勢地，對岸半壁山，互相犄角。

富池口：陽新縣諸水由此東入大江。

武穴：南臨大江，南岸入江西界。下游龍坪等處皆以江爲界，新開鎮以下兩岸皆入江西界。

清江鎮：南臨大江，東爲劉左口，江心有向家洲。

第三十七章　湖北漢水水道

湖北漢水自陝西漢中嶓冢東南流，入湖北界舟運始盛，土名襄河。自發源處至入界處已經一千三百餘里，自入界處至入江處又一千六百里焉。茲舉所經要地如左：

仙河口：北岸由陝西洵陽入界，爲鄖西地。北岸金蘭山、甲河關與南岸白河對峙。

木瓜溝：南岸由陝西白河入界，爲鄖縣地。分界處有紅石河，北流入漢，合而東流。

天河口：漢水合將軍河、南豐河、半里河，皆北入漢，惟天河合鄖西水南注頗盛。

堵水口：竹山、竹谿諸水合而北流，一名陡河。下游有清水河、先生河，南流入漢。

鄖縣：南臨漢水，有小河口。下游南會神定河，北會楊溪、白桑河，南流會遠河。

均縣：北臨漢水。上游有仇家河，對岸有响河、板橋河。縣東爲曾水口，又東鹽池河。

小江口：一名丹河口，由河南入陝要津，源流八百里。

光化縣：上游有安樂河、六股泉河、青龍河、黃龍河、縣河至老河口，曲折如弓形。

南河口：由穀城匯保康、房縣之水來注，東岸有龔家埠，下流廟灘分流，至茨河合。

襄陽：北臨漢水，而樊城夾峙。白河、唐河合河南南陽唐、鄧諸水來會。

東津灣：漢水折而南流百里，有羅家河西流來注。
宜城縣：蠻河西北，自南漳縣合八都、清涼二河東南流來注。
豐樂鎮：有豐樂河西南流入漢。下游有金家灘、利河、直河。
鍾祥縣：西臨漢水，下游斜向東南折西折南作曲拐形，有塘港水自西來注。
石牌鎮：竹陂河之南，灘河之北，東合漢水至內方山折東。
沙洋鎮：小江湖由此東入漢水，沙洋隄與紅廟隄緜亘漢濱。
多寶灣：漢水東流折南作直角狀，至長腦鎮折東，至吳家改口，有支津夜汊河。
興隆鎮：漢南大澤口向爲分洩漢水要道，今已淤涸。騎馬隄實爲防漢之衝要。
岳家口：西南臨漢水，其北各支渠縱橫如網狀。
仙桃鎮：沈湖之南水勢最盛，自此以下吐納各湖，便於轉運，折向西北，至脈旺嘴。
漢川縣：東至涓口，俗名新溝，溠、涓諸水來會。
蔡甸：漢陽要鎮，在漢水南有金牛港。
橋口：漢口南端，漢水流域民船泊此，必習江上風濤者乃渡江也。

第三十八章　湖北清江水道

湖北入江巨川，漢水而外，莫若清江。古之夷水，源流六百餘里，受數縣小水，由宜都入大江，舟子或呼爲宜都河。又因其通施南，呼爲施南河。上溯利川、建始、宣恩三源，下合五峰、長陽衆流。分條列左：

中源：四川界上石龍關，東南山麓曲折百餘里。
初伏：大跳敦河至齊岳山北伏焉，水由地中行，至利川之北小河會入。
再伏：利川東北響水洞，水伏入洞，北逾重山又湧出成河，東會黃連溪、木貢河。

恩施：正流自西北來，東北納龍馬河至縣治，西南又納紙房溪諸水合而東流。

南源：出咸豐縣東。分水嶺之西北與西水別，西與黔江別。

忠建河：自咸豐朝陽山發源，東北流經白果壩出境。

宣恩：忠建河自西南來更東北流至花栗堡，南納新司河，迤東轉北會中源。

石心河：中南二水合而東北流至沙子地，東南與北源會。

北源：出建始東北大岠嶺南麓山中，名曰小溪，是爲龍溪河，一作蒲潭溪。

桐木溪：會小溪爲兩溪河又西南流，木瓜河亦自西北來會。

建始河：西北、西南二水合於縣治東流入小溪，是爲馬水河。

東洛河：源較長，南會崔家壩水，西流會小溪。

龍駒河：建始西，源出石乳關。東流會小溪，南入清江，爲龜山河。

正流：三源合，自西而東，略與大江成一平行直綫。其所會支河如左：

五家河：出虎鷯嶺之北麓東北流，至清江堡塘而合。

野山河：在巴東西界野山關之西，二水合而南流入清江。東有班良河、馬房河。

長潭河：鶴峰北境咸盈河，西會茶寮河，又西北會龍巢河，北入清江。

故縣溪：在故縣之西，勸農亭之東。一名栗子水。

咸池河：有東、西二源，又東納一小水，南入清江。南岸有四楊溪、沙河。

天池河：五峰縣西，一名縣河。西有長茅河，源流益遠。

後河：又名丹江，出野猪山，東南流至長陽縣西，入於清江。

漁洋河：出五峰東之黑虎山，南會楊家河，經百年關、漁洋關北至宜都同入江。

第三十九章　湖北入江諸水

湖北入江諸水，自漢水、清江而外，除湖澤另列外，分舉如左：

清江口以上：

萬石河（北入江），元渡河、平陽河（合流南入江），皆在巴東上游。

紅岩河、思陽河（合流東北入江），在秭歸南岸。

洪河、深渡河合流過興山縣治，由新灘入江。又名香溪。

九畹溪、南林溪（北入江）。

古城河、板倉河（合流名羅佃溪，南入江）。

紅石河、黃柏河合而南流至宜昌縣入江。

白沙老溪（合三水源西南流入江）（一名臨江溪）。

荆河口以上：

白水港即芭芒河。由枝江西南境東北流入江。

滄茫溪合五溪南流至枝江西境入江。又名瑪瑙河。

沮、漳：沮水自保康發源經南漳、遠安，東南至當陽河溶鎮西南兩河口。漳水自南漳經鍾祥南流來會長四百餘里。下游支津由鷁子口入江，本流至筲箕窪入江。

虎渡河：洞庭由公安北入江，支津西有涴口，各支津與各湖通。

漢口以上：

陸水：出通城爲雋水，至崇陽合大東港，至蒲圻合赤馬港，西北由陸溪口入江。

金水：出金雞山，又名塗水。合六小水入斧頭湖，又北由金口入江。

沌水：漢水支津，有長河及南河、北河、黃絲河、夆河，湖汊繁多。新隄、新灘皆通江。

漢口以下：

灄水：有三源，中、東二源出黃安，西源出羅山，合爲黃陂幹流，下分二派入江。

倒水：自白沙關西南流，貫黃、安而南，至黃岡入張渡湖，東會舉水入江。

舉水：有界嶺、上馬、閻家、汝陰四源，西南掠岐亭，入黃岡合倒水，由鵝公頸入江。

巴水：出多雲司西南流，右會石版河，左會長河，經但店，由巴河西入江。

浠水：自安徽樂利河、雞兒河入界，經蘄水城南，西南至蘭溪入於江。

蘄水：上源爲鴛鴦河、講禮河，經大同司西南流合諸湖，至蘄春西掛口南入江。

富水：長河二源，東北流至通山城東南納縣河，又東會寶石河、寶塘河、龍港三溪至陽新會各湖水，東由富池入江。

第四十章　湖北入漢溳水、廣水

湖北入漢之水距漢口以溳水爲近，凡源流五百里。東有廣水，長亦四百餘里。全省河流文明發達，此爲最早，今日交通最便。詳述如左：

溳水：

溳源：出大洪山西北。大洪山一作鄖山，故曰鄖水，今通作溳。西有雙源相會。

溠水：出雞鳴山，南經唐縣鎮西，又南百里至安居店，溳水西自梅邱來會。

均水：溳、溠合流東注，北會一小水，南有均水合小溪四，西北流來會。

溮水：源出合河司，南流經古城岡、厲山鎮爲金家港，南注。爲神農氏耕地。

隨縣：當溳水、溮水合流，早具大國之風。又東流，北納漂水，南納浪水等小水。

馬坪港：應山西鄉臨水要市。上游守溪水，下游白鶴子河、白竹港西南入涢水。

安陸：合諸小水至安陸縣城西。因昔爲德安府治，故俗名府河。

雲夢：涢水分爲二，雲夢在其東支，分而復合。西支因合漳水一大支，較爲深闊。

長江埠：應城東鄉臨水要市。下游經劉家隔薪溝入於漢水。澴水有支津通此。

廣水：

汶水：澴水別源出應山東北營盤山，鄉人盛稱之，擬於泰山之汶水。

寶林河：自應山之南界嶺流下，合諸水西南入於澴水。別源。

三里河：澴水別源，至應山城東三里名此。齊召南以爲總稱未允。

左家河：三里河下游太平鎮多左姓，故以下河流名左家河。

廣水河：出武勝關南流經廣水驛，京漢鐵路循此修造，頗足以代表全水名稱。

小河溪：自河南界來過九里關西南流，有耿家河、余家河、柳林河、大麥河等支。

澴水：小河溪之古名。孝感人多自署澴溪、澴川。今圖或以澴水爲全水之總稱。

花園：廣水自西北來，澴水自東北來，交會於此。

澤水：或作淮水。出白馬石岡南，合官納溝、雙泉寺、棗園三小水爲東源一大支。

孝感：澴水之狀，環流交通。西南有支津，由雲夢通涢水。東南又有支津通灄水。

湖水：桑臺湖、貓兒湖皆自西來會。

拕路口：爲入漢之正口。

第四十一章　湖北入漢陡河、南河、蠻河

湖北入漢諸水在上游者，陡河長六百餘里，南河長五百餘里，蠻河

長四百餘里，皆在境内。分列如左：

陡河：

西北源：竹溪出竹谿縣與陝西白河縣分界銅錢關，東南青華山。

北水：即西達河。東蓬河西水即縣河，皆西北源二支。

竹谿：東經縣城有洛家河自北來注，又東流，有文峪河、尖山河合流南注。

西源：柿河出陝西平利縣南之營盤山，三源北流相合，又會一小河，折東入界。

堵水：柿河入境，會萬家河，又東與西北源相會，又合白沙河、石板河爲堵水。

南源：名洛陽河。會東溝及二小水，又北經九道梁河，納洪坪河，出白河口。

兩河口：南源會公祖河、查峪河、平口河、瓦桑河、鐵峪河、官渡鎮，北出兩河口。

竹山：上游納苦桃河、深河、霍河，下游北向，納北里河、磚峪河、余河，至黃龍灘。

陡河口：陡河、堵河皆一音之轉。水口頗陡，亞於漢水，故舟人呼爲陡河。

南河：

南源：神農山北溫水河、流下水、苦水河三支，東會橫河、臺口河曰粉青河。

西源：峪河出房山，北會一小水，至縣城西會西門河，又會高堰河曰筑水。

南河：筑河至青峰汛會劉家河，南流與南源會，折東北納蔣峪河曰南河。

板倉河：出司空山經保康縣城西，北流來會至榖城界。

榖城河：榖城西南納東河、西河，過龍灘又納白石河、黃土河，經榖城南東入漢。

北河：自房縣流入穀城境會臥佛河、汪家河，各支東注，昔合南河，今逕入漢。

蠻河：

官洞河：即今清涼河。出南漳西北老龍洞，東南經龍門集，至武安鎮會榨浴河。

榨浴河：出保康縣南分水嶺曰深溪河，東流納莊南河、白峪河、白路河。

南漳縣：榨浴河經其城南又東流，南會八都河，東與清涼河會曰蠻河。

宜城縣：蠻河正流，東經朱家嘴。支流東有長渠、木渠，西會黑河一支。

倒口：爲蠻河正流入漢處。

第四十二章　湖北入漢丹水、白水

湖北西北入漢各水，連絡關中者，則有八百里之丹江，連絡中原者，則七百里之白河，不盡在境內而關係較重。分別如左：

丹江：

丹源：陝西藍田縣藍關，即秦嶺之南麓。

龍駒寨：爲丹江上游通舟之要鎮。漢貨由此登陸，以達西安。

荊紫關：爲河南、陝西交界要地。自此以下，丹江南岸入湖北界。

淊水：自陝西東流，趙河會青崑河、大柳樹河北入，又東會東溪溝、梁河。

官亭鋪：自此東南，丹江兩岸皆入河南淅川縣境，並北會淅水至黨子口入界。

白石河：繞白崖山東南流。

均水：丹江別名。均縣昔名均州，即以此名。

小江口：即丹江口或作均口，但此口之商場則在此口下流之老河口。

一路由丹江入長安，一路由漢水入漢中也。

白河：

白河源：河南嵩縣南伏牛山分水嶺東有白河鎮，東流至李青店折南。

白河灣：北會南召之鴉河，南流經南陽爲栗河，分流經新野爲白河。

湍河：內鄉縣、鄧縣之湍河，鎮平縣之洪河合至新野，納刁河，南流入界。

唐河：方城縣南之賒旗店，爲通舟之極點。經沘源縣會栗河，仍名唐河。

紅沙河、倉龍河：自唐子山西南流入唐河。

南長水：自三尖山西南流，二水相合，至雙溝鎮入於唐河。

劉家集：其東北五里爲白河、唐河合流處。

呂堰河：一名港河，自西北來注。

滾河：東北源曰瀘水，出桐柏山西，經柳家集、棗陽縣城、璩家灣西入白河。滾河南有二支，一正東曰華陽河，一正南曰車家河，亦曰白水，合流會於璩家灣。

白河口：正當漢水之曲、襄陽之北，是爲淯水。酈道元謂爲宛口。其西有木柴河、排子河合流至北河觜塘入漢。以上舟楫小而遲，只可運貨，行人則以車馬也。

第四十三章　湖北西南黔、酉各水

湖北西南入四川者曰黔江及彭水，入湖南者曰酉江及漊水。自西而東，先列彭水，次黔江，次酉江，次漊水。分述如左：

彭水：

前江：出利川西，官渡汛北，齊岳山西南流，建南鎮二水源相合，南流來會。又南至忠路底，東北有孫家溝水來會。又南至下道子，有南河西流匯焉，入於後江。

後江：出建南鎮西，經掛子山東，南流折東，與前江會爲龍嘴河。

至沙溪鋪西，有沙溪來會，南至雲頭山東納一小水，經石牙關東入四川界，下達彭水。

黔江：

瑪瑙河：二源出火山，合於兩河口。南至馬鬃嶺，東至桅桿堡三折至下營壩，西南至七里塘，會龍潭河、清水塘河，皆東南流來注。

唐崖河：西會馬河水南流至唐崖汛，有中塘水東南流來注，與瑪瑙合爲大河。又西南有小南海、氽水洞兩水合而東南流來注，合大河入四川界，下達黔江。

酉水：

酉源：二源，北出將軍山，南出容美界。西流至油煤界而合，會高羅河出乾壩，三折如玦。穿箭河會冉大河，自西北來注，南至勝水關西，掠龍山境繞來鳳縣城。

來鳳河：客砦河三源次第併合，至散毛司，東南流經城南入酉水。南流納紅嵒河，又南納羅三溪水，爲三溪所合。又南納紡車溪，又南納漫水河。

卯洞：爲酉水伏流經山洞而復出者，深如大隧。木排自上游放之，穿洞而出，木商各檢其牌號以收束之。西北受安撫司一水，南流西受怯道河一水，出智勇關之東入湖南界。

漊水：

漊源：出虎鷴嶺爲中源，會麻水堡之西源、石寶山之東源至鶴峰治，西會鶴溪。

回水：出奇峰關東南流小水湄伏流，會二溪。大水湄伏流，東入漊水。

灣潭河：出五峰西南，橫河深溪相會，伏流再見，西出爲霧江，西南入漊水。

漊水：由青猴城東南流，會水流溪，復會大典河，由江口市下達湖南慈利。

第四十四章　湖北江南各湖澤

湖北各湖澤在大江之南者，以梁子、斧頭、漳源爲最大。今自西而東，分列各湖如左：

淤泥湖：在公安，與大扁湖、陳家湖、癸巳湖及松滋之張伯湖、天鵝湖、鄒老湖相連。

大羅湖：在蒲圻西北。其東近有小羅湖，俱北注於陸水。

盤石湖：在蒲圻西北。其東近有郎當湖，俱南注於陸水。

梅湖：在蒲圻西北，梅湖山西。匯東北之水，接里湖、錦湖，以西注於陸水。

松柏湖：在蒲圻西北，小松山北。湖形略如人字。北連柳山湖。附近有郭公湖、左湖、滄湖、橋頭湖、冷水湖、黃蓋湖，東北隅俱由島口入江。

蒲圻湖：在蒲圻西北。湖多蒲草。吳立蒲圻縣，因湖命名。一名西良湖。北連老阬湖、赤城湖。附近有烏獅湖、山門湖、畢家湖、後湖、蜀湖、茶湖。

大雅湖：在嘉魚西南境。北注起水支津港水，東流迤北會蜜泉湖、北湖、七星湖，逕縣城西，魚躍山東，注入嘉魚夾。

黃塘湖：環咸寧縣西北。北連斧頭湖，波濤頗壯。附近有關陽湖、紫潭湖、谷口湖、香庚湖、灣湖。

斧頭湖：武昌縣南百二十里。匯咸、嘉、蒲三縣之水，北注金口入江。附近有魯湖。

南湖：在省城望山門外。舊名赤欄湖。外與江通，長隄爲限，街衢貫之。附近有八分湖、清寧湖、黃家湖、湯孫湖、賽湖、廟山湖、榜湖。

北湖：在省城東北四十里。附近有嚴東湖、嚴西湖、郭鄭湖、余家湖。

梁子湖：在省城東八十里，分屬鄂城、大冶兩縣。春深冬涸，水由樊口入江。毗連之張橋湖、牛山湖、浮石湖、吳塘湖、鴨兒湖、彭白湖、保安湖、河涇湖、三山湖、石碧湖，皆有支港相通，闊狹不一，面積、水量爲江南各水之冠。

華家湖：在大冶東北，由黃石港入江。與琵琶、彭塘、走馬、黃山、石頭諸湖相連通。

漳源湖：在大冶、陽新間。西接金湖、南湖及下袁、新橋、六鐘諸湖，東南通馬家湖。

海口湖：在陽新東北，合蝦蟆湖由海口入江。

富池湖：在陽新東南，由富池口入江。附近有網湖、舒婆湖、夾節湖、明湖、戎湖、西湖、歐家湖、南湖、沫寨湖、東春湖，均注富水匯入之。

第四十五章　湖北江北各湖澤

湖北各湖澤在大江之北者，比江南尤巨。自西而東分列如左：

長湖、瓦湖、馬子湖、海子湖：在江陵東北。太白湖名尤著。

豉湖、三湖、荻湖、白鷺湖：在江陵東，皆有支渠相通，下達監利白灘湖。

洪湖：在沔陽西南，包舉周老湖、鯉魚湖、九龍潭，有喬家嶺、曾家墩、吳家坊如三島。

大同湖、洋圻湖：在洪湖東，二湖相連。其東有鍋底灣，象地形之最低也。

排湖：在沔陽西北，近於漢而防水患。

大興垸湖、鱖魚湖：在沔陽東，有耕墾養魚之利。又東南則爲大沙湖、鄧老湖、鷥鷥湖，有支津由新灘口入江。

赤野湖、汆湖、楮山湖：均注入沌水。

旋海湖、黃連湖、官湖、南湖、下十湖：江漢間之藪澤，亦與沌通。

月湖：分東、西二部，中界長隄有橋以通湖水。東月湖在龜山之陰，今已填平大半，爲鐵政局與兵工廠所在，僅留近隄小部湖身。西月湖在梅子山陰，一泓清淺，山色拖藍。春夏時隄柳含煙，湖荷映日，頗饒風景。

雲夢澤：即雲夢縣地。古時水面廣闊過於洞庭，今大江南北諸湖澤皆其遺跡。

青山湖、安瀾湖：在天門西北。湖小且淺，水至不能容則溢而爲患。

北湖、石家湖、華嚴湖、松石湖、鴛鴦湖：在天門東境。

沈湖：連於鴛鴦湖，當汊屬仙桃鎮北面。東南注入漢。有萬福閘以便蓄洩。

黃金湖：西連楊林湖，東連中柱湖，南連三南湖，北連三台湖、賽湖，西北連白羊湖，其中狹處曰五當湖。

大松湖：由五當湖東迤爲曲湖、曹湖。北爲草湖，東北爲瓜子湖，東南爲濫泥湖。

西湖：在夏口之西。南連桑台湖，西連貓兒湖，東注入淪水。

十洋湖、蒲湖、白水湖、後湖：在孝感及黃陂境，均注入淪水。

武湖：黃陂東南，以漢黃祖閱武習戰得名。附近有陪嫁湖，盛漲則汪洋一片。

張渡湖、古渡湖、連湖、策湖、赤西湖、赤東湖、武山湖：皆距江頗近。

感湖：本省東界，與涉湖、張家湖相連。

第四十六章　湖北各水泉

湖北泉水宜於飲料者極多。茲錄其最著者如左：

卓刀泉：武昌省城東十里漢昭烈郊壇下，世傳關聖卓刀於此。張世準品爲第一。

異泉：大冶東回山。唐元結有《異泉銘》，顏真卿書。

蜜泉：嘉魚縣南，其水甘如蜜。

醴泉：鄂城縣署堂左。相傳令賢則泉湧出，蓋間歇泉之靈者。石首縣治有廉泉井。

摩陂泉：孝感東北八十里。泉湧陂中，灌田千頃，流入澴河。

陸羽泉：天門縣城西北隅。又名茶泉，爲陸羽試茶處，今題曰"陸子泉"。

珍珠泉：京山縣大蹟山，沸出如珠。

滴水泉：應山東北石龍山，巖高數丈，流泉飛瀉而下，又名滴巖泉。

六眼泉：松滋西南六十里，分六眼湧出復合爲一。

蘇泉：保康縣後山。明弘治中知縣惠和憫民取水之勞，導山泉繞城，故名。

金沙泉：宜城東一里。造酒極美，謂之宜城春，又名竹葉春。

湖北各溫泉多火山之遺跡，彙列如左：

湯池港：應城西南，周二十餘丈，狀如釜，有硫氣，翻沸不息，是爲上池，可資灌溉。池南數丈復有沸泉，出土中熱稍減，是爲下池。甃石以浴皆可愈疾。

梅坵溫泉：隨縣大洪山下，流入㵐水。

冬溫泉：嘉魚石頭港。其水常溫，冬月可浴。

潛山溫泉：咸寧縣南，浴可愈疾。

湯泉：蒲圻南十里，澄澈愈疥。蘄春東北六十里，凝冬之月，蒸氣上騰，人可以浴。

龍頭山湯泉：崇陽東北十里城岡嶺上，泉眼周四五丈，沸熱如湯。

惠泉：荊門西蒙山下，蒙泉常寒，惠泉常溫。東二十里伯夷山三峰有溫泉、冷泉。

硃砂泉：房縣東十里有湯泉，洪邁《夷堅志》："泉中有硃砂。"

大湯池：房縣東十五里土地嶺下。小湯池在縣南十里青崖山下，四時常燠。

太和溫泉：光化縣南五里太和鄉。

東湖溫泉：宜昌縣西。

第四十七章　湖北氣候

湖北居溫帶之中，大抵四時和平，惟天時地勢之殊，所以各異。

關於天時者：

春：立春以後如冷，俗名"倒春寒"。

夏：夏日最熱時達華氏表百度以上，宜昌達百有七度，佔全國最高度。

秋：立秋以後加熱，俗稱"二十四個秋老虎"。

冬：冬日最寒時，應山以北三關附近有凍死者，施鶴山中亦然，溫度至結冰點。

關於地勢者：

山：施鶴一帶，夏日苦瘴癘。近於四川山阿，積雪融解最遲。

水：濱江湖之處，夏秋水漲，常苦潮濕。

高原：夏日亢燥。

平原：平日多溫和。

氣候差異，各縣不同。《中國江海險要圖志》所測漢口、宜昌溫度校訂列表如左。

	漢口最高度	最低度	平均	宜昌最高度	最低度	平均
一月	五八	二七	四二・五	七二	二二・六	四一・六
二月	五九	三〇	四五・五	六〇・二	二二	三九
三月	七八	三七	五七・五	七八	四〇・九	五三・六
四月	八八	四八	六五・□	八二	四六・五	六二・五
五月	九二	五八	七五・□	九六・八	五五・一	七一・五
六月	八八	六四	七六・□	九八・五	六四・二	八〇・五
七月	九八	七五	八六・五	一〇七・二	六九・三	八三・六
八月	一〇〇	七八	八八	一〇一・五	七二・七	八三・一

续表

	漢口最高度	最低度	平均	宜昌最高度	最低度	平均
九月	八七	七〇	七八·五	九七·四	六一·二	七五·八
十月	七二	六二	六九·五	八七·四	五〇·四	六七·□
十一月	六七	四八	五七·五	七六·四	四四·一	五六·七
十二月	六一	三一	四六	五九·九	三六·一	四七·四

第四十八章　湖北雨雪量及風向

　　湖北雨雪量，大抵東南多雨，西北多雪。大寒之時或陰雨連綿，大暑之時則暴雨挾風霆並至，但比湖南之雨量稍小。是以尋常雨具，以湖南琢傘爲多。木屐前半如履，後如靸鞋，下有二木齒頗高。潛、沔等處，多著以行泥淖。

　　江漢之廣，風之順逆關係民船甚大。俗以大風爲風暴，且於各定期名之以神，如雷祖暴、觀音暴之類。諺云："三月三，九月九，無事莫到江邊走。"以經驗考察得來，原非臆造。長江輪船通行，迷信亦漸破除。風信自有定期定向，當由科學實測也。

　　颶颱之力雖猛，允不如電力之速。教育部中央觀象臺氣候預報及氣候圖之製作，悉以各處氣象報告爲準，關係至爲重要。湖北各處測候機關到達常遲，已由交通部電飭各電局隨到隨發，勿稍稽延。

　　各縣知事於得雨得雪，亦照例按期具報。久旱而祈雨，仍禁止屠宰。鄉民聚衆祈禱，戒殺致齋，以養天和。至於造林以涵水源，則又人事所宜修，不可專聽之神也。

　　據《江海險要圖志》所測雨量、風向修正如左表。

	武漢雨量	宜昌雨量	漢口風向	宜昌風向
一月	一寸八二	二寸五二	東北而正東而東南	東南

续表

	武漢雨量	宜昌雨量	漢口風向	宜昌風向
二月	三寸一五	一寸六八	東北而西北	東南
三月	四寸三九	三寸六一	東北而正北	東南
四月	八寸六三	五寸一〇	東北西北而東南西南	東南
五月	九寸三	四寸四〇	無定	正東
六月	二十三寸二六	二寸〇二		東南
七月	六寸六七	七寸二〇		東南
八月	三寸六四	六寸七		東南
九月	十二寸三九	七寸五六	東北與正北	東南
十月	九寸四	二寸六四		東南
十一月	三寸三一	〇寸六二	東北與正北	東南
十二月	一寸九九	〇寸七四	東北	東南

第四十九章　湖北之地質

《禹貢》：荊州雲土夢作乂。《漢書》作"雲夢土"。雲夢方八九百里，今大江南北卑下之地皆是。夏秋潦集皆澤，霜降水涸爲藪，有湖有土。而江、沱、潛、漢灌注其間，洪水時固一大澤也。中有平土高丘，水去可以耕作矣。乂，治也，治其田疇。今江、漢附近諸湖，居民築圩，與水爭土，湖漸縮而①漸多。經所謂"土作乂"者，亦如是耳。

鐘乳洞：係地層内含有炭酸鈣，被水溶解流去，遂成空洞，故石壁往往光滑如龍鱗。天門北境龍尾山曾有是洞，土人稱曰烏龍，内深數里，今尚存。

石龍洞：係上古動物化石，長二十餘丈。龍本上古之動物，明見於經籍，蓋蛇類之最大者。宜昌此洞可考見遺蛻，俟《湖北地質學》詳

---

① 而，後疑闕"土"字。

考之。

火成巖：大冶石灰窰一帶，時見火山噴出之罅隙，此等花岡巖在全省不多見。長陽縣之西南，大山已熄。巴西北五十里之火峰，東北百里之火洞，皆火山遺跡。

水成巖：佔全省之大多數。省城蛇山即見波狀，其傾斜之度可證造山力之變動，沿江石巖如積布者皆是。

化石爲地質考察之資料。吾國最奇者，如陽新縣西南八十里望夫山之望夫石，《武昌記》言昔有婦人送夫出征，至此化爲石。神話歟？亦精誠結爲金石歟？茲記化石之最確實者，由各校學生采得標本考察焉。

直角石：咸寧柏墩最多，太古海底也，斧頭、梁子湖乃海之最深處。

團石：棗陽團石山，石白而團，蓋上古水力所磨盪而成。

石笋、寶塔石：即直角石，宜昌上游石龍附近最多。梅花石產恩施一帶。瑪瑙石宜昌瑪瑙溪產之，大者可製煙嘴、戒指。

湖北之土壤，省城附近東鄉洪山等處皆沙質壤土。北鄉青山一帶，隄內多粘性壤土。南鄉一帶多粘土，粘性最重。巴東、興山上游黃土層幷含沙性，粘性最少。

湖北地震疊見於《通志》《縣志》，不及備列。最近則有民國六年、七年陰曆元旦以後兩次大震，在省城附近，則漢口震盪較重於武昌。以全省計之，則襄陽爲最重。蓋震心起於汕頭，直向西北，再烈於安徽之英霍，三見於湖北之襄樊，長江一帶僅爲過脈所波及而已。其歷年地震時自然地理之變遷不可詳考矣。

第五十章　湖北之礦物

《禹貢》：荊州之貢惟金三品。今發明礦物繁多，先括其要，俟別纂《湖北礦物學》詳之。

礪砥：礪即磨刀石，砥其精者。今漢陽石亦可磨刀。

銀：鄂縣、陽新、大冶皆有，龍角山最著。

金：黃岡北百四十里淘金穴皆深數丈。

銅：黃安、竹山、建始、鶴峰皆有之。

鐵：大冶而外，陽新亦有之，最近創辦者以象鼻山為要。

錫：鄖縣成效亦著。

銻：鶴峰產銻甚多，開採頗著成效。蒲圻南鄉芙蓉坡亦多產之。

鹽：應城係取石膏廢礦中鹵水熬成。

石膏：應城特產。

磁石：大冶磁湖山。

水銀：恩施有硃沙溪。

硫：建始山中。

硝：應山古墻中可取。

明礬：漢陽、房縣、竹山。

煤：武昌、大冶、陽新、荊門、當陽等處有煤田，恩施七縣山中極富。

著名礦山，詳晰調查，分別列左：

大冶鐵礦：

鐵質：磁鐵、褐鐵、赤鐵，材質精良。

產額：每年五十萬噸，輸出日本者十二萬五千噸。

礦區：面積約二百方里。

礦山：得道灣之獅子山與鐵門坎之鐵山。

運路：自礦山東達江濱石灰窰，有輕便鐵路約八十里。

公司：合漢冶萍為一，所采鐵質運往漢陽鐵廠，用萍鄉煤煉之。借有日款。

炭山灣煤礦：

批銷：漳源口。原由武穴局分卡徵稅，今改為就廠徵稅。

煤稅：歲收七千三百四十元。

湖北工廠繁多，人民輻輳，每日消耗之煤最多，所謂銀板炭巴者，多來自湖南之耒陽，炭店買煤所製成。至工廠、輪船所用，則江西萍鄉煤爲大宗，近來井陘煤運銷日多。

湖北官礦公署設於平湖門外武昌丙棧，規模閎敞。日人亦設礦業分析局覬覦牟利。

第五十一章　湖北之植物

《禹貢》：荆州杶、榦、栝、柏、箘簵、楛爲著。今材用益繁，先括大要，俟別纂《湖北植物學》詳之。

杶：椿木也。

榦：柘也，可爲弓榦者。省城弓箭街廿年前弓箭製造最盛，自武科廢而此業遂歇。

栝：檜也。松身柏葉。

柏：桐柏山脈以南多有之。

箘簵：美竹中箭笴。竹山、竹谿皆以竹得名。

楛：木類中矢幹。

菁茅：古人用以縮酒，香色不變，故齊桓公以包茅責楚也。

湖北農產植物最爲重要者如左：

米：江漢之交產米最富。民食不足，由四川、湖南運米補助，故曰川南米莊。

雜糧：漢水上流多種之。應山等縣已半年食米，半年食麪，半似河南南部風氣。

薯：施南山地皆植之以代米，崇、通、新、冶種植亦盛。

豆：漢水沿岸，歲穫二百二十餘萬石，蠶豆出口數量甲於全國。

麻：綫麻最佳推鄂城、陽新、通山三縣爲第一，蒲圻次之，嘉魚、咸寧又次之。

棉：產地占六十九縣之五十，武昌、鄂城、漢陽、黃岡、黃陂、黃安、沔陽、陽新、鍾祥均甚有名。而雲夢、孝感稱爲第一，品質優良，幾與南通棉無少差異。

煙：漢水上游多有，均縣一帶尤美，所謂均州葉也。每年多輸出日本、朝鮮。

茶：蒲圻羊樓峒茶市山場最盛，咸寧之馬橋柏墩，通山之楊芳林，崇陽之白霓橋、大沙坪、小沙坪，嘉魚之島口，陽新之龍港亦盛，通城、鶴峰、宜都亦佳。其他駿岸栗樹虎爪口、西鄉、桃樹凹亦多出產。

芝麻：近年多出口，應山麻油尤香美。

蕓薹：一名油菜，以產於洪山者爲佳。駱家灣、涂家嶺菜根香美，他處莫及。

木耳：漢水以西山地產之，爲森林副產物。

植物種類以漢水西方山爲多，不但溫帶植物已備，且多半熱帶植物及高山植物約計當五千種以上，故著名世界。

第五十二章　湖北之動物

《禹貢》：荊州九江納錫大龜。今武當宮亦多畜之。動物充牣，先括其要，餘詳《湖北動物學》。

水產：

水母：宜昌水母俗名桃花魚，新發明。

魴：即鯿魚。金口、樊口、梁子湖產，極美。

鮎：鮎魚套由此得名。嘴大、尾尖、青色，市上極多。

鯉、鱖、鰱、鯽：並爲武昌魚之佳者。應城、雲夢魚麨爲他省所未有。

銀魚：細小香美，漢水上游甚多。武湖分南、北二湖，南湖白眼者良，北湖則眼黑。

蚶：天門縣河一名義河，蚶體扁長，肉味鮮美，曰義河蚶。

獺：長二三尺，全體黑灰色，尾長，四肢有蹼，善游泳。食魚類但飲其血。襄、鄖多有。

畜產：

牛：水牛力大，可供犁耕。宜昌以上多黃牛。馬則用以駕車，驢則用以轉磨。

羊：山羊多，綿羊少。南部牧業不盛，多由襄陽運來。童山多草，宜於牧羊處甚多。

猪：家字從豕，鄉民家家畜之，零食、廢料、糟糠餵肥出售，頗有儲蓄之意。

雞：山農副産。近年雞蛋大宗出口，養雞者多獲利。孝感雞宜於婦科補血。

鴨、鵝：近水處多畜之，沔陽沙湖爲最，鴨棚多至萬頭。鹽蛋紅心，因鴨食紅草。

鸕鷀：沿湖漁人多畜之，以爲捕魚之用。鸕鷀堰由此得名。

蠶：湖桑移植，以沔陽、漢川爲最先，蠶業亦以二縣爲盛，他處則尚待提倡。

蜂：釀蜜之利，視爲自然。

野物：

雉：山雞多出西北山中，冬日獵之。一名野雞，又名金雞、錦雞，文采華美可愛。

鳧、雁、鷺：江湖之濱多有之。

雀、鵲、鴉、鷹：多於城鎮附近覓生活。

虎、豹、狼：施宜山中，或出而傷人。

麝：産恩施北之香城山。

野猪、豪猪：襄、鄖山中多有。

猓狸：京山味最美，因其食果子也。

兔：野生者，冬日易得，應山人謂之山貨。

猿：巴峽多有，今漸減少。恩施猿啼山、咸豐猴子嶺聚居尚盛。動物之近於人者。

第四篇　人文地理

第五十三章　湖北人民種族

　　武昌起義，漢幟重張，大漢民族尚武之精神，有三户亡秦之氣焉。蒙古入主中原，施南山中人民遂爾獨立自治。清初猶奉永曆正朔，漢之興也，以排滿始，種族革命終成政治革命。當時用黄帝紀元，麾白旄而流血。漢口商場且化爲焦土，以致南北鬩牆，自殘同種。嗟呼！五族黄人，皆黄帝子孫也。滿蒙入主區夏，以漢人制漢人，漢軍亦編八旗，以忠於異族。滿漢筵席、滿漢冠服，揭標於市。一旦滿運既終，大漢筵席、大漢冠服一致改稱。殆江漢炳靈，漢學師承相繼，漢文漢詁風靡兩湖，發爲漢聲，弘我漢京，恢張漢業也。漢口商業結帳，習用"清楚"二字，故老相傳以爲亡清必楚。天意也，即真民意也，非術數讖緯所附會也。五大民族，漢爲最大，楚雖南服不無蠻河夷水，然華夏人民實先移殖，江夏、夏口可見華夏民族發展。三代以前謂之夏，夏禹之跡在荆衡江漢者，昭昭然爲九州侯服。齊楚之爭、晉楚之爭、桓文圖霸，以黄河流域爲中原，視楚人如夷，以啓後世南北之分裂。元人乃以中原爲漢人，漢水流域之人且指爲南人，謬矣。

　　湖北大革命之役，總督瑞澂棄城先遁。瑞澂，滿人也。革命以排滿爲幟，其激於滿人獨攬政權乎。滿清之盛，將軍統滿蒙八旗勁旅駐防荆州，祿餉雖優，不得干預督撫司道之用人行政，確有軍民分治、軍區獨立精神。滿蒙之兵不敢擅離以謀剽竊，又不至退伍解散流而爲匪，是以除荆州而外，湖北各縣幾不知有滿漢之厚薄。蓋滿兵之虐民猶不及今日匪徒，假借名義以害同胞之甚。今荆州駐防多已冠漢姓，執業如平民。

而鄂民移殖滿洲者，如天門周公，坐鎮窮荒，黃陂王氏，躬耕致富。化滿人以昌漢學，兩湖群賢有力焉，豈不勝於空談排滿，爲日人所離間。復九世之讎，忘五七之恥，不亦慎乎？湖北回族尚自成一團體，雖宗教習俗不同，婚姻不通，言語狀貌已毫無區別，且譯姓均從漢姓，尤近於漢俗。漢人既多，回人不及十之一，是以化於漢俗至易。藏中喇嘛來游甚少，湖北鄉民多信佛，罕見藏人。施鶴土司，蠻獠雜處，近亦同化於漢族焉。

總之五大民族并爲華族，海外之華僑、華工皆以華字爲民族之代表。漢口開埠以來，白種狎至租界洋場，日人亦黃種支裔，實逼處此。合五族以禦侮，猶懼不足，豈有皇皇大漢自分南北，以中日人之狡計乎？

第五十四章　湖北人民之言語

湖北之言語最通行者莫若漢調，可通行於京師、中原及西南川滇黔桂、東北奉吉黑及熱綏察各省區，東南江浙閩廣亦公認漢話爲官話。今舉湖北言語特異者如左：

武漢落地：疑爲武漢樂地之訛。

六：讀樓入聲。京旗讀若劉，革命時因以受禍。

你家：即你老人家之省文，尊稱也。

稀客：猶他省之言貴客、遠客也。

菲菲：指不解事之愚駿而言。

下河：諱倒糞桶而用爲代名詞也。

爹：尊人曰某幾爹，如洪三爹爲應山耆宿。若漢陽獨以三爹爲賤稱，以太爹爲尊。

日：讀爲兒字之入聲。若依京師、四川讀之，則爲市井罵人之醜語。

湖北歌謠以麻城爲最妙，兩五字句，一七字句，自成一格調，不可視爲鄙俚。民國起義紀念、時務學堂同學會歌、湖北歌即用此調，通俗教育家以爲可補楚風。錄如左：

太陽滿天下，我愛我中華，中華就是我的家。

美洲美國美，歐洲法國法，亞洲民主大中華。

十月初十日，雙十雙桂花，雙雙堂上拜爹媽。

湖北言語因毗連鄰省，亦近於鄰省者。

河南語：應山土語近於信陽、光黃之間，語多普通。應山謂漢口爲腳下，尤切地勢。

四川語：宜昌一帶多四川語，較武漢尤爲平易。

江西語：九江多用湖北語，黃岡一帶皆合官話。

湖南語：岳陽已多用湖北語，惟沿江舟居者多操南音。

湖北言語最特異者略舉如左：

崇陽語：最難解。陽新語亦大異。通山、咸寧出外者均應改習普通官話。

容美語：鶴峰土司舊操土語，近於苗語，今日改革殆盡。

湖北俗諺關係最重者，林下老人常舉以誨後學，可以徵國民性矣。

男降女不降，生降死不降。湖北婦女纏足，亦漢族守國俗圖光復一原因。

小時不動，大來無用。應山百歲節孝婦洪楊太安人論兒童游戲，深合體育原理。

天上九頭鳥，地上湖北老。外省人譏湖北人語，有昂首雄飛氣象，毀之適以譽之。

堅黃陂，華孝感。俗語"奸"改"堅"，"滑"改"華"。二縣人才最盛，遭他縣妒嫉益甚。

第五十五章　湖北人民衣服飲食

湖北人民生活程度與歲俱進，由儉入奢，踵事增華，經濟因以困難矣。

衣服：

軋花：舊爲家庭工藝，有木棍代飛輪。近歲產棉各地多已設軋花廠，改用機器。

彈花：棉絮捲花。昔年多用男工，紡緩用棉條則成於女工。今紡紗廠改用機器。

紡緩：昔年應山、孝感婦女紡緩稱爲打賺閒。自洋紗輸入，女紅爲其所奪。

織布：江北一帶有"機三口"之諺，母女同織可供六口之家。今愛國布或用洋紗。

染布：青出於藍。應山舊日加缸青布，染數十次，故久洗亦不變色。

縫衣：裁縫以女子爲宜，市井成衣，皆男子憚於力作者爲之。勝家機器頗流行。

鞋襪：省城橫街頭向多鞋店。斗級營可乙齋爲老襪店。今製襪機器頗發達。

禮服：官紳著民國大禮服者極少。人而無禮，君子懼之。軍警服裝則國帑大宗。

制服：學生入校，罕著制服，或但以爲體操、開會、歡迎之用，失制服精意也。

女服：蘇滬新妝，必趨時髦，良家婦女及女學生，奈何效之。

飲食：

茶：黃鶴樓品茶早成風氣。國貨名產分銷五洲，爲崇陽、通山、蒲圻、咸寧之大利。

酒：漢口大通巷集盛興酒棧汾酒、碧綠酒。明萬曆時，漢口只十三家糟坊。

牛乳：鄉人畜牛，飲牛乳者甚少。近日新學研究衛生，武漢城市飲者日多。

紙煙：吸之傷腦，兒童吸之，虧損尤甚，其毒過於鴉片。英美煙公司無愧強盜牌。

罐食：西法之適用者。漢口擬仿泰豐公司，就地製造。

水煙：省城司門口有三善條絲，來自福建龍巖，清香有味。

藥店：省城司門口同德和、漢口葉開泰，揀選道地藥材，信用夙著。

點心：省城青龍巷抄手水餃，糧道街湯糰。

茶食：省城山海珍雲片糕、雞蛋糕、核桃酥，皆薄脆。

包飯：三十年前每人膳費月制錢千文，值一元。今旅館至少日費二百四十文。

酒席：省城鴻磐樓蘇菜，同慶樓徽菜，杏花天則兼辦華洋菜，設置頗壯麗。漢口多閩菜、豫菜，福建小有天尤佳。

第五十六章　湖北人民居處器用

湖北城市都會進化，摹五洲萬國之新式。鄉村僻壤猶存三代以前淳穆之風焉。

居處：

穴居：巴峽巖壁間多穴居遺跡。今山洞多由寺觀修飾。避暑者或以巖穴爲樂。

野處：夏日瓜熟，守者恒搭棚野處以防竊。童子軍亦練習郊外結幕露宿之事。

茅舍：黃土築牆茅蓋屋，鄉間多此野趣。竹籬柴扉，以樂天真，農家之居室也。

瓦屋：城郭鄉鎮多有之，必用磚牆石階。商家土庫門面，惟水火保險，利權外溢。

洞房：院宇太小，開窗太少，屋內光綫不足，舊式之應改良者。

樓居：漢口舊多木樓，隔板亦用木片，是以火災多而浩劫重，應注重改良。

隘巷：大街既不大，小巷尤小，湫隘不適衛生。鮎魚套營業蕩婦尤應取締。

浮家：沿江沿湖漁戶、船戶以水爲鄉。天門、沔陽一帶常繫船爲救生寶筏。

洋房：西式建築，日新月異。公署、學校、工廠各當其用。漢口新市場七層爲最高。

旅館：省城限定斗級營、大朝街、撫院街、糧道街。漢口大旅館價昂而設備華侈。

器用：

農器：犁鋤皆用舊式，但與沿江及他省不同。各縣亦小異，皆由經驗習慣而成。

廚具：鍋、釜、刀、剗、勺皆鐵匠製。銅火鍋、錫水碗惟富家用之。江西磁爲洋磁所奪。

工作具：木工斧鋸，今日亦多用洋貨者，本國自製機件亦多適用。

女紅器：洋針、洋綫之微，深入腹地，昔日琢針工人未能合群改良。

家用器：省會商埠，棹椅漸用洋式，適於坐臥，但不如舊式之耐久。

文房具：湖筆、徽墨皆本地自造。近日洋筆、洋墨、洋紙流行，國人甫經仿造。

雨具：雨傘工人多自湖南來。近日洋傘流行，或用以爲雨具。潛、沔多著木屐。

陳設具：古董店居爲奇貨。昔日陳設屏鏡，今名改爲時辰鐘及洋式花瓶。

玩具：兒童、泥人、木刀多於朝山趕會買之，今多購自洋貨店。乳兒有搖窩車椅。

舟：渡江用划。官船有杷杆、滿江紅，民船有釣鉤鴉稍、艑子、艈子。今有輪船。

轎：省城四轎已少，外縣猶用之。上長路有籐轎、竹轎。

車：人推車有二把手。商埠人力車、馬車、摩托車皆備。土車左載人右行李亦便。

第五十七章　湖北人民之崇孔教

　　湖北孔教根本，在《大學》二語。《楚書》曰："楚國無以爲寶，惟善以爲寶。"是楚學即聖學。神農起厲山，見於《禮記》。大禹導江、漢，詳於《尚書》。先聖代興，孔子集群聖之大成，南游於楚。今聖蹟昭著者，猶見至聖之道深入人心，爲大同世界之先覺也。

　　孔子山：黃岡縣北九十里。《明紀志》①："孔子自衞適楚登此。"山上有曬書臺，下有孔子河、顏子港。北有迴車坡、子路問津處，有洗墨池。元人龍仁夫常作書屋於其麓。

　　大聖山：麻城西四十里，山不甚大，因聖蹟而著。黃安北有聖人湖。

　　大聖山：廣濟南一里。故老謂博施濟衆之語，即發於此。

　　聖人嶺：京山南五十里。《名勝志》："孔子適楚經此。"又聖人山在崇陽西南頓旗山旁。

　　孔山：應山東三十里，有風洞，故名。故老謂孔子適楚經此。又云禮山爲習禮處。

　　夫子山：黃陂境，孔子遇項槖處。宜城縣有夫子堐。若巴東之夫子洞，則未知何人。

　　滄浪州：均縣之北。有孺子歌曰："滄浪之水清兮，可以濯我纓。滄浪之水濁兮，可以濯我足。"孔子曰："小子識之。清斯濯纓，濁斯濯足矣。自取之也。"

　　孔子之徒傳教於湖北者，其地亦著。

　　漢陰山：在漢陽西漢水之北，漢陰丈人以此得名。子貢游於此，遇丈人講桔槔之法。湖北工商實業得孔教之實用，自漢陰始。

　　顏子山：陽新縣東南三十里，三峰相連，狀如筆架。相傳顏淵於此講克己復禮之學。至今湖北商人廣告必稱格外克己，尤深合商業道德焉。

---

①　《明紀志》，應爲《明一統志》。

回山：大冶東九十里，在西塞之右。上有飛雲洞，上洞出雲，中洞出水，下洞出風。唐元結讀書之所，亦相傳爲復聖講學處。顏氏子孫之貧者居其旁，署曰"簞瓢廬"。

湖北人民信仰國教精神，可於地理名義見之。

仁義禮智：漢口有居仁、由義、循禮、大智四門。今火車站在大智門，民智尤猛進。

旌表節孝：各縣均有節孝牌坊，或表其門閭，或植立大路，以表懿德，名節孝坊。

文廟學宮：各縣皆有之。學前街恒爲士商所集。近設奉祀生。

湖北孔教支會分會多躬行實踐之士。兩湖書院楚學祠，舊祀楚之師儒及宦楚寓楚之師儒。至於米商之后稷公所、裁縫之軒轅殿，皆合儒家報本之義焉。

第五十八章　湖北人民之信佛老

湖北人民信二氏最篤。洪楊刼後，恢張寺觀，俾反側之子，遁入空門，懺悔前愆，甚有益也。比年新知日啓，迷信破除，人心益壞，乃知古人圖治之本，不外吾儒神道設教也。

佛教：佛教東漸，三傳蘄水青獅山，四傳黃梅雙峰山，五傳黃梅東禪寺，分南北宗。

寶通寺：洪山寶塔，高標武昌絕頂。其他各縣治亦多有塔，爲印度建築流通中國者。漢陽歸元寺，放生戒殺，大刼之後所皈依也。中元盂蘭會，各寺並盛。

正覺寺：食堂之整齊嚴肅，爲各學校所不及，齋戒亦合於素食衛生。

觀音坡：應山南界。先平靖公勸居民守望相助，五百人同一心，即是千手千眼觀世音，可以救人。先覺共和自治之要旨，即孔子集大成之道。

觀音巖：京山東二十里。瀑布分流四派，灌田數百頃。巖穴奇詭，洞高於屋。

楞伽峰：當陽西南玉泉山東，夾道植松，名七里松。又有羅漢松。

華嚴洞：鍾祥東七十里，空曠如屋。

華嚴湖：天門東五十里。今誦華嚴者少。

紫雲山：黃梅北七十里，縈紆壁削，其頂平曠。寺僧植茶曰紫雲茶，亦收實利。

道教：老聃、鶡冠，哲學大家皆屬楚產，道德高尚，書義精深，非今日道士所能窺也。

長春觀：在省城大東門外。蕭然在城市之外，富貴權利之徒，厭世界紛華，即此是道。可以延年，可以養生，於衛生原理、哲學精微皆可契合。

黃鶴樓：省城黃鵠磯頭，臨鵠灣鵠岸。相傳昔人乘黃鶴去，頗有航空之志。或以騎鶴者爲王子安、費文褘、荀瓌，吹笛者呂純陽。舊樓已燬，今爲警察警鐘瞭臺。

玉虛洞：陸游入蜀過白狗峽至秭歸玉虛洞，洞門才衺尺。既入，宏敞壯麗如入大宮殿，中有石成幡蓋、幢旗、鳥獸之屬。東湖龍王洞，老龍洞，恩施大龍洞，大者容萬人。洪憲時，宜昌藉以獻諛，近於黔蜀尤多。道人崇飾雕琢，遂夸爲仙境。

木蘭山：木蘭山在黃陂，爲奇女木蘭生地，代父從軍，忠武過於男子。山上寺觀壯麗，奉祀祖師。黃帝爲道教之祖，用玄女兵法，邑於涿鹿，可作國民正氣也。

女媧山：竹山西。道家附會煉石補天處，爲修煉之祖。林下老人言所補者爲天球。球字從玉，璿璣以前，知煉石先於煉銅。黃道、赤道、白道皆五色球圖之遺也。

仙人洞：宣恩縣境。又有二仙崖在咸豐西。修養以入山愈深愈妙。

第五十九章　湖北人民之清真教

湖北人民回族皆信仰回教。漢人間有娶回婦從回教者，名曰會通。

回教徒自信力頗堅定，不輕勸人入教，團體益固。

湖北回教俱進會：各省皆有，與京師聯成一致。實力團結，非尋常黨會、學會所可及。武漢回教徒凡千餘家，以省城保安門外十字街聚居爲最盛，門首或署回文。

清真寺：省城金龍巷、青龍巷、保安門外十字街共有禮拜寺三處。省城回民之著名者則以馬人和香粉店爲最久遠。近年由保定、太原移來之回民日多。漢口花布街亦有清真寺，計分本籍、客籍兩幫。回民之著名者則以馬公亮香粉店爲最久遠。漢口第一製革廠所製各種牛羊皮，多回民所萃也。

清真學校：附於清真寺，課程均照部令。孔教以洒埽應對爲小學之本。回民尚清潔，則當自洒埽始；尚真實，則當自應對始，皆不出孔教之範圍。

回子城：在利川縣忠路之西北。回回具有獨立之性，西北回疆、回城與漢城判然□。此城亦回子所築，因以爲名。

回回館：金陵回民，以板鴨著。在漢口者亦以金陵爲著，號南京館。又有陝西館，則多以牛肉麪爲著。如包子、鍋貼之類不但回民所嗜，即漢人無不嗜之。且多爲中流社會充饑之食品，異於官僚徵逐之豪侈矣。

清真廚房：長江輪船亦有之。回民信教篤實，雖負販滷雞、滷蛋、滷牛肉者，亦於所提木盒上標舉"西域回回清真教門"等字樣，可謂不忘本也。

回回墳：省城大東門外二十里馬寨，漢陽亦有之。回教喪禮與佛道教大異，其葬地皆聚於一處，次弟整齊，繚以長垣，便於防護。無風水之迷信，有園寢之規模，子孫便於修墓，亦可取也。

考回族在内地者凡五千萬，陝、甘、新爲盛。湖北西北近於陝西者爲回教徒赴回疆要道。今某國人著書挑撥漢回惡感，鼓吹陝回自立，亦如十數年挑撥留學生排滿，近數挑撥南北用兵。實因懼我五族真共和，則彼萬世一系，將忽焉以亡，是以遣同文學生僞爲回教徒以鼓煽之。一旦漢回決裂，禍不忍言。此日人利用間諜以擾華夏，惟恐我有一日之安也，湖北回教同胞慎勿爲其所誤也。

第六十章　湖北人民之基督教

湖北因交通便利，歐美教士傳教者分新、舊二派，而新教尤盛。

新教：

福音堂：省城長街，最便宣講。凡各縣設福音堂者多在熱鬧街市交通便利之處，是以近於社會，能實施通俗教育。循道會尤奮進焉。

青年會：省城撫院街、漢口俄租界合爲武漢青年會省城會所，請總統督軍爲名譽贊成會員，會務頗發達，學生亦多入會，特別會員多服務於政學界。有夜課英文、設備游藝室、書報室。

大學校：文華大學在武昌省曇花林，創始近三十年，經濟獨立，不爲時局動搖。博文大學在大東門外，與文華略相似，二十年前均稱書院。

中學校：三一中學在芝麻嶺，文學中學在候補街，漢口私立中學尤多。

醫院：漢口同仁醫院創始最早。四十年前再生子於此割瘤，爲文張之。人民信西醫之博愛，遂信西教。武昌同仁醫院在百春院，分男、女二院，就診者甚衆。

舊教：

天主堂：在省城花園山最高處，十字架高標，有鐘塔矗立，以報時刻。昔省城未有午炮以前，所用標準時多以此鐘爲法。西教敬天之主，皈依吾儒之昊天上帝。又精於測量星曆之學。西教敬天畏天，惜時如金，亦可法矣。

各縣傳教：天主最早，教民恃外人爲護符，昔年得罪地方官紳，冤抑不伸者入焉。近年兵亂，外縣富戶視教堂爲租界，依托其保護，因以入教者日多。

醫院：省城仁濟醫院在曇花林。各縣亦多西醫施診。昔日生理之學未明，民間有因解剖誤會而危及教堂者。民國成立以後，此類教案頗少。

民教相安矣。

至於瑞典行道會建築生命堂爲省城最近增設者，附有生命小學校，並有瑞典文書報，湖北前此所未有也。西人適異國，不但保存本國之文教，而且發展本國之文教，如福音堂之教英文，天主堂之教法文。吾國人不思中華之文教爲中華之根本。貧苦者即入教夜班，紳富亦多入青年會，或徙居租界，子弟入教會大學。淵漁叢爵，誰之咎歟？吾不忍堂堂民國之國民，夷爲租界領事、教堂牧師所保護矣。愛國者其自安民始乎。

第六十一章　湖北人民婚喪之禮

湖北人民禮節，冠禮久廢，祭禮已詳歲時。惟婚喪爲禮節之大者，分別如左：

婚姻：

童養：俗名小媳婦。有襁褓中抱養者，可補救貧民溺女。但無子先養媳者，非是。

早婚：有男兒十五、女兒十四即成婚者。童養媳謂之圓房。女長於男，尤不合禮。

合婚：黃鶴樓上江湖術士以合婚爲營業，大抵以八字五行生剋論之。

聘禮：最初曰過庚，送庚帖互換。富貴者多珍物，貧者或計錢財。

搶婚：鄉民無力備禮，有搶婚之俗。本夫搶本妻，或因爭婚，或致逼孀，往往搆訟。

親迎：俗謂之登門求親。必備儀仗，今代以國旗，佐以國歌，或以花車代花轎者。

交拜：交拜天地，禮極平等。西教亦同拜上帝。今以鞠躬爲文明結婚者，非禮也。

回門：三日回門，不待暮而回。惟贅婿則從其婦居岳家。

納妾：納婢者求嗣續，納妓者縱聲色。應山俗謂妾曰"橫頭"。或置二房以承兼祧。

生子：生長子長女，外祖家贈以衣物，謂之小賠奩。

喪葬：

三日：父母沒三日內，封檢成服。或以紙馬、紙轎、冥幣焚而送之，謂之送三。

七日：七日有延僧道誦經者。雖貧人每七日必燒紙上供，沔語謂之"應七"。

百日：舊俗百日內或不薙髮。荊州八旗穿孝百日，遂開短喪之例。

開弔：富家或士族始有致訃告哀之文啓，親朋有輓聯、祭幛，今或贈花圈。

出殯：客籍或殯於寺觀，或於郊外修厝屋以待歸葬。久則易暴露，不若速葬也。

殃煞：俗延道士算回殃日期，謂魂必回家，舉宅外避，然究未一見也。

堪輿：自以爲堪天輿地，通人或以弧三角算太陽到方，或與經緯相應也。

風水：相地之陰陽，避風避水亦自有理。安爽穴也，若因以求利，地理詎合天理？

形家：今日擇地，須謹避不爲礦山所掘、鐵路所經、商場所拓，以免改葬。

追悼：起義以後，國慶日猶追先烈其餘有功民國、有功地方者，後人亦多追悼。

祠廟：烈士鄉賢爲公祠，各族姓宗祠、支祠爲私祠。久而論定，祠祀益盛。

借服：服未滿而賀他人，則從吉服，歸家仍著素服，謂之借服。

第六十二章　湖北人民省議會及自治

湖北省議會在省城閱馬廠前清諮議局舊址，門前地勢軒敞，空氣清鮮，後倚蛇山，如凭几然。今東北已闢武昌路，穿山洞至山後，交通尤便。當武昌起義之後，陽夏失守之時，北軍據龜山礮擊諮議局，全城震懼。革命成功，殆有天幸，非戰之功也。《鄂州約法》爲《南京約法》之先聲，實出於此。今省議會當地方自治未成之時，代表人民以謀共和幸福，其任不亦重乎。其職員如左：

議長一員：月支二百元。

副議長二員：月支各一百五十圓。

議員一百零四員：月支各百元。到會每不足法定人數，休會前已早散，君子悲之。

全年經費：通共一十九萬零二百一十二元，月需一萬五千八百五十一元。

今日生活程度日高，議員又增加薪俸，輿論訾議，乃真民意所在也。議會爲神聖之事業，豈容以金錢運動勢力指派之惡名加諸我國民代表，致失我立憲公民之道德乎？願議員激發良心以謀國利民福，亦議員子子孫孫百世之利也。

湖北地方自治之名，自清季始。然務名而不覈實，轉爲守舊者所訾議。自民國成，民氣囂而民益不安，政府乃停止自治。然湖北先民自治之精神不可磨滅，有其實不必居其名。謹述應山縣先儒洪乾四先生萬貞保甲實蹟，爲自治模範，以立共和根本焉。

尚齒：洪先生年最尊，學最通博，爲之長。韓幼華次之，曹英亭、李沐卿皆以齒爲佐。

無給：先生服務社會，辦地方公益，未嘗受薪水，視爲當然。有英國議員無給美德。

久任：先生年六十至七十二服務十二年，勤慎有恒，精神健全，無厭無倦。

戶册：先生座右列五十二會戶口册、全縣丁口生業，無所不知，尤注重於學童。

門牌：知縣南皮張樞捐廉發給，不取民間分文。文襄督鄂，張樞迴避去，民皆思之。

節費：先生視公事如家事。公款由他人經手，其節費自不染官場惡習始。述如左：

不設局所：先生在自設學堂內課餘辦公，公餘授課，歷辦賑捐、育嬰等事極多。

不設員役：册籍皆兒孫學生抄錄，洒掃皆學生任之。童子將命，實習應對。

公議：凡鄉人疑難之事、興革之端、爭執之件，得先生一言而服，學生咸服其公。

嗚呼！自治不在法令而在實行，不在經費而在道德。共和國民其取法先正典型乎！

第六十三章　湖北省行政官制

湖北省行政，前清督、撫同城。人民謂巡撫爲二品教官，大權集於總督，以胡文忠才智，必委曲結納官文恭，乃得行其志。民國以來，軍民分治，亦略相似，名屢變而實未變。今省長公署即前清布政司衙門，俗稱爲司門口，面對南樓，誠省垣中樞繁盛之地也。

總督時代：巡撫。

都督時代：民政長。

將軍時代：巡按使。

督軍時代：省長（或由督軍兼任）。

省長公署：庶政總於政務廳，蓋有承宣布政之全權，分設四科如左：

第一科（總務）科長下置機要、司法、稽核、庶務四股科員，外有收發、監印、派報、統計。

第二科（內務）科長下置民治、警備、土木三股科員，外有校對。

第三科（教育）科長下置學校、社會二股科員。

第四科（實業）科長下置農商、工礦二股科員，電報房有電報生。

湖北省長：負地方治安責任，應設警察隊。今將警備處官制述如左：

警備處：處長一、副官、餉械官、執法官、文牘員、司號長等。第一區司令亦駐省。

第一營第二營新兵三營：營長各一、營副、連長、排長、司務長等。

輪船紅船：專供本處調遣，歲支六千餘元。

教練所：所長一、隊長、教練官、助教、餉械官等。

省公署職員有高等顧問、名譽諮議、秘書長秘書，原有巡捕改為承啓官，又有偵探長、執法官，至各科書記、收掌、繕校、管卷皆為錄事。至於用人行政，以吏治研究所為重，教授本省利弊，一年畢業。縣知事在所畢業者八十餘人。

湖北省行政由中央派人專辦者，莫重於財政。財政廳而外，獨立之局處尤多。

清理官產處：武昌甲棧。

煙酒專賣局：武昌甲棧。

印花稅分處：武昌甲棧。

造幣廠：省城墩子湖老銀元局。

第六十四章　湖北道行政官制

湖北各道在前清時，或兼鹽法，或監督稅關。對外則兼洋務交涉，對內或專巡警勸業，且名為兵備。其權重於提鎮，即候補道亦具萬能。民國以來，道行政權微矣。述如左：

江漢道：道尹公署在省城三道街，舊日鹽道衙門。歲支二萬九千元，列為一等。

襄陽道：道尹公署駐襄陽。歲支二萬五千二百元，列為二等。

荊南道：道尹公署駐宜昌。歲支二萬五千二百元，列為二等。

道尹公署掾屬略如左：

秘書官：每道一人，略如省公署政務廳長。

內務科：科長一人，科員二人或三人。
財政科：科長一人，科員二人或三人。
教育科：科長一人，科員二人。昔設道視學，今奉部令裁撤。
實業科：科長一人，科員二人。
技正技士。

湖北起義之初，曾稱鄂州。紀元伊始，有廢省分州之議，即每道一州。亦有因州名已微，有建議析道爲省者。姑錄以備考焉。

鄂州：即江漢道，或擬名鄂省。
襄州：即襄陽道，或擬分襄省。
荆州：即荆南道，或擬分荆省。

道尹無行政實權，亦無考核實權，是以近人有廢道之議，不過文書多一照例之承轉而已。況四科之職掌，各有專官考察，則官制益覺如骿拇枝指，令飭三道出巡考覈焉。

內務行政：各縣警佐，由警察處委任。
財務行政：收入、支出徑達財政廳，道署均無道庫。
教育行政：道治師範早歸省立，今教育廳成立，各縣統計亦歸教育廳辦。
實業行政：各縣實業無可著手，況實業廳成立，已有專官考察。

湖北只設三道，分省任用道尹日多，簡任職尤衆，漸有前清候補道氣象，或有委充稅差者。

第六十五章　湖北縣行政官制

湖北自民國改革以來，裁改府廳州舊日名稱，一律改縣。又因避重名，改定重名。但縣知事之秩似比於昔日之府廳，但權不專而任不久。中央各部譯各國法令及調查表册皆責之縣知事，所用人員既不如上級官廳之多，祿亦較薄，求其能維持現狀者已不易得。若夫興利除弊，或不易旦夕謀也，考成首重催科，遑言撫字耶！錄如左：

縣署約分三等：

甲等：武昌、漢陽、夏口、宜昌、江陵五縣。武、漢、夏號三首縣，共號五大縣。

乙等：鄂城、蒲圻、陽新、大冶、荆門、孝感、鍾祥、黃陂。素爲富庶。凡中縣二十六。

丙等：鶴峰、五峰最瘠苦，咸豐、來鳳、興山亦苦缺。昔爲特別小縣，共三十八。

各縣開支經費：

甲等：每月共一千元，知事月俸三百元。椽屬分四科及技士一人。

乙等：每月共八百元，知事月俸二百六十元，椽屬分三科、技士一人。

丙等：每月共六百元，知事月俸二百四十元。椽屬分二科、技士一人。

各縣幫辦財政委員：湖北單行法。爲全縣財政之監督，皆以候補縣知事任之。每收款盈千，即日報解。因獨立時，知事有挾款逃者，有虛報搶失者，有放債難收者。今據宜城財政幫辦吳知事暘所擬整頓各節，錄如左：

田賦：遵功令徵收八分以上，並將歷年積欠，一併催徵，用符年度豫算。

契稅：責成發行所調查員廣爲勸導，委股員會同各區團總就近密查。

屠稅：禁止私宰，嚴拿漏稅，按章罰辦，提成充賞。

牙稅、牙捐：繳稅雖緩，尚無違抗。牙捐如無帖私充，或頂替冒充，照章罰辦。

當稅、當捐：歲納七十五元，如期繳訖。

印花稅：城市飭警檢查，鄉鎮由勸導員及團紳認直稽徵。

煙酒糖稅：出產無多，且乏客商採辦。

煙酒牌照稅：凡收歇新設，繳領牌照，細登簿記，按期收取。

至於地方附稅爲學校及地方自治之用，今自治未辦，移作警費，另有鋪捐爲警察專款。間有雜捐如棉花捐、布捐、茶捐、麻捐，各因本縣收稅爲學、警之用，仍多不敷之象。

第六十六章　湖北督軍及省城軍備

湖北督軍公署在省城望山門，前清湖廣總督署舊址。昔日曾以督軍爲總督之別稱。民國紀元，湖北首稱都督，旋以副總統領都督，亦駐此。南北統一以後改稱將軍。再造共和以後，合都督、將軍二名辭定名督軍。昔日軍民分治，將軍駐荊州不理民事，總督多以文人節制提鎭。今日之督軍，殆由總督沿襲至今，是以人民猶稱制臺衙門也。

督軍行署經費：經常費二十六萬六千一百一十六元，臨時費八萬零六百一十七元，歲計三十四萬六千七百三十三元。衛隊機關槍連歲支九萬九千餘元。

民國以來軍用：民國元年多至十五師團，實支三千零二十三萬八千一百七十元。二年遂次裁減，實支七百八十五萬五千二百九十四元。五年度減至五百七十九萬四百六十二元。省防團經費四十三萬六千五百四十四元，實支五百三十五萬三千九百一十八元。國會通過案，鄂軍猶有三師兩混成旅。

學兵營：張文襄所創，在武普通舊址。今有四連，學兵多係中學畢業有志之士投筆從戎，今多係直隸、山東、河南、安徽人。每連有排長四人，實行教練，支原有俸餉。

憲兵營：憲兵營歲支四萬六千八百一十六元，憲兵連歲支一萬三千七百八十八元。駐督署及兩湖書院，分駐他處。公出則執行職務，特務則化裝偵察。

武昌總稽查：歲支二萬三千零四十元。各城門巡查歲支五千七百六十元，調查處經費歲支一萬零八百元。偵察愈密，冤濫愈多，清季激成革命之由也。

省防團一二兩營：歲支四十三萬六千五百四十四元，爲省城防務主要兵力。

中國紅十字會武昌分會：在斗級營黃鶴樓下。當用兵時，救濟傷亡，南北感戴。

陸軍病院：在小朝街武昌丁棧有醫兵講習所，歲支二萬四千七百九十三元。臨陣因公傷亡恤金歲列六萬五千餘元，積勞病故恤金歲列三千餘元。

陸軍監獄：陸軍審判及監獄經費，歲支經常費四萬一千七百九十六元，臨時費四千三百五十元。

陸軍豫備學校：在南湖。現爲第二混成旅駐守，學生已歸併清河矣。

今日陸軍號爲步隊者，在省會通衢每乘人力車而後行，見者頗疑前敵受傷折足者。如此驕惰，何能樹國防而當大敵，履艱險而奪要塞乎？

第六十七章　湖北各鎮守使各師旅局廠

湖北爲南北用兵重地，連年攻岳援粵援川，多在漢口設立兵站。直隸陸軍、安徽安武軍有時過境，皆非常駐。茲舉鎮守使及各師旅局廠之狀況如左：

漢口鎮守使：使署歲支二萬七千六百七十七元。所有新舞臺、後花樓、帝主宮等要地皆二十一混成旅，派兵分駐橋口新營房，由第二師派兵分駐十八師舊址。漢口巡緝一二兩營歲支一十五萬三千七百二十四元。

襄鄖鎮守使：使署歲支二萬三千八百二十六元。分鄖、均爲一區，二竹、房、保爲一區，光、穀、襄、棗爲一區。抽調諸軍相機勦匪，窮搜山谷，責成各縣清鄉。

第一師：今存一旅，名混成第四旅，係湖北舊有；分駐蘄黃下游一帶。

第二師：由中央指定分駐，由督軍兼師長。司令部在兩湖書院內。三旅司令部在右旗。四旅在保安門。廿一混成旅、二旅衛成司令部在水陸街，旅長監督學兵營。

北洋混成第六旅補充十三團暨山礮一營，在省。

第十八師：前敵多駐宜昌一帶，後路司令部在漢口查家墩。

第三旅：湖北舊有，分駐通城一帶。

第八師礮團：駐沙市一帶。

營房：以左右營爲正式，各容軍隊一旅，建築之最合者也。

左旗：長方形，單行併屋式。

右旗：平方形，平行併屋式。屋旁植柳，光綫充滿，地域廣闊，於衛生最宜。

測量局：在黃土坡。所出之圖多曲綫式，注記用朱字，以便一覽瞭然。統轄地方，支配軍隊，甚有益也。

軍需局：在平湖門外江岸丁棧舊基。內分湖北軍需及留鄂二師軍需二部。軍米由湖南輸入，以備各隊之采取。今軍費益繁，又開軍事善後有獎義券矣。

軍械局：在芝麻嶺，爲儲存重地。軍署向中央請領，由漢廠撥發，補充長岳戰爭。

輸送隊：入湘各軍在黃、孝徵募輸送隊，和成即退伍。

兵工鋼、藥兩廠：漢陽兩廠碼頭皆臨漢水，五金廠亦軍事範圍。

子藥庫：楚王臺爲儲重地，南湖之新庫、南屏山八庫皆分存，悉以重兵守之。

軍樂隊：附於第二師，在督軍署內。

第六十八章　湖北沿江礮臺艦隊隄防

武昌北望夏口，西望漢陽，隔江鼎峙，形勢天成，故歷代視爲重鎮。今建築：

鳳凰山礮臺：在武昌武勝門內鳳凰山上，平時以重兵守之。

蛇山礮臺：在武昌城內蛇山上，平時亦守以重兵。

龜山礮臺：在漢陽龜山上。辛亥之役，清兵奪此以礮擊省城。

以上三礮臺東西相應，成鼎足勢。

省城下游新河口之北，沙湖市場北端，亦建築：

江濱礮臺：正對漢口德法租界之間，安礮六尊。

省城下游江流最狹處，則建築：

田家鎮礮臺：在廣濟縣南，爲省東之門戶。

半壁山礮臺：在陽新縣東北。上游蘄春鳳皇磯對岸有壞礮臺。

長江航路設燈竿、燈船處，茲錄其要如左：

獵戶島、紅岩亘、鯉魚山、低角、茅山磯頭、巴河燈船、鄂城、顏家磯、鹿角磯、金口燈船、梅旦嘴燈船、龍口、石頭口、荆河口、車灣。

海軍第二艦隊：即駐劄長江之艦隊。湖北原有軍艦，第一字每以楚字爲號，或以江字、湖字爲號。今統於海軍部，分駐沿江各省。湖北實長江中心根據。若本省財政支給者：

楚材兼轄各巡輪經費：歲支五萬零四百元。

差輪兼輪駁處經費：歲支三萬七千二百元。

警備隊輪船紅船：歲支六千一百六十八元。

海軍駐劄湖北者：

泊船處：鮎魚套。

操演處：文昌門江面。

最近駐防各船：楚謙、楚同、利濟、拱辰、利通、海鷗、利綏。

日本軍艦駐劄湖北者如嵯峨艦、須磨艦，其噸數、速率、礮位無一不較吾國軍艦加倍，蓋日本海軍力二十五倍於我。海軍登岸，步法整齊，不比吾國軍人坐人力車也。

第六十九章　湖北警察

武昌警察創辦最早，民國初名警視廳。今全省警務處及省城警察廳在百壽巷，處長兼廳長，分總務、行政、司法、衛生各科。游巡探訪城守各隊，而路工消防尤要。

路工局：省城道路如漢陽門一帶，晴天亦如雨天。已修馬路以武勝門外一、二、三、四馬路爲宏闊，文昌門至平湖門環城馬路亦整齊。蛇山新鑿山洞名武昌路。

消防處：省城火警甚少。消防隊組織完備，縱失慎不過一二家，立即撲滅。

省城分署：共分七署，各設署長，附徵收警捐局。各署均有菜市，檢查衛生。

漢口商埠警察廳：原有警察捐局亦歸併本廳，共分八署，添武裝警察，保護租界。

宜昌商埠警察廳：係警察專局升辦，共分四署。

襄陽警察專局：共分十署。第一二署任警正，餘任警佐。

沙市警察專局：有捐務科，共分四署。

武穴警察專局：各處禁煙查緝處均歸併警察辦理。

湖北省城慈善事業其發達亦在未設警察以前。録其重要者如左：

敬節堂：大東門內千家街旁，道光年間創始。候補街永安局亦收養孀節婦女。

育嬰堂：巡道嶺。收養苦貧嬰孩。各縣亦多有之。可挽救貧民溺女之俗。

廣仁堂：糧道街。收養年老無依貧民，發給孤貧口糧，未能普及也。

養濟院：小東門外吳家院。收養無依貧苦。普濟院在中和門內大巷，收殘廢青年。

棲冬院：武勝、文昌兩門各一。收養乞丐。省城乞丐聯合成幫強索，不如添設工廠。

公渡局：漢陽門內鴻翔巷。設義渡以便貧民，需款過鉅，酌收渡費。

堆積堂：大東門外。施義地掩枯骨。有萬乳母墓銘："吾乳母，勤保育，感慈恩，惟一哭。"

湖北自警察設立以來，其設施警政大端如左：

路燈：省會商埠，路燈均用電燈。惟小路人少，路燈亦少，崗位頗疏。

渣桶：各旅館人家自備渣桶以免隨意傾倒。

濟良所：漢口、宜昌、沙市、武穴等埠既收花捐，因設濟良所救濟從良妓女。

檢查所：省城各城門檢查行李頗嚴，持大官護照免驗，亦非平等之道也。

第七十章　湖北水上警察

湖北水上警察係就從前水師改編。現行制度，凡一廳署、六區署、十八大隊、七十二分隊、二百八十八段。本廳內部，廳長以下設有勤務、督察長二員，總務、行政、司法、衛生四科，置警正四員、警佐十二員、辦事員四員、雇員十員、衛隊長一員、隊副一員、游巡隊隊長一員、隊員一員、消防隊隊長一員、隊員一員、拘留所所長一員、礮船廠廠長一員、廠副一員、廠員九員、教練隊大隊長一員、中隊長二員、分隊長六員、司務長二員、辦事員三員、雇員四員。外部六區，每區設區長一員、區員一員、辦事員三員、雇員二員。每區分三大隊，各設大隊長一員、隊員一員、辦事員一員、雇員二員。每大隊編為四分隊，各設分隊長一員、雇員一員。每分隊編為四段，各設巡長一員、分管一二三等水巡各十名。全省水線合長江、荊江、峽江、襄河暨內湖，計程四千六百七十三里，各區隊駐在地，均按水上情形。扼要設置如左：

湖北全省水上警察廳：駐漢陽大別山麓。

水上第一區警察署：駐樊口。

第一大隊駐樊口。第二大隊駐巴河。第三大隊駐武穴。

水上第二區警察署：駐漢陽。

第一大隊駐漢陽。第二大隊駐金口。第三大隊駐陽邏。

水上第三區警察署：駐陸溪口。

第一大隊駐陸溪口。第二大隊駐簰洲。第三大隊駐監利縣。

水上第四區警察署：駐沙市。

第一大隊駐沙市。第二大隊駐郝穴。第三大隊駐宜昌。

水上第五區警察署：駐仙桃鎮。

第一大隊駐仙桃鎮。第二大隊駐蔡甸。第三大隊駐彭家場。

水上第六區警察署：駐樊城。

第一大隊駐樊城。第二大隊駐沙洋。第三大隊駐老河口。

附記：各區第一大隊隊長現暫由各區長兼任，各分隊長及巡長均在船上辦公服務，停泊各段要地。

第七十一章　湖北財政歲入

湖北財政歲入，新五年度刊布財政紀略者，國家地方各款大概如左：

田賦	一地丁	二，〇七四，二四八元
	二漕米	一，〇二三，七二一元
	三屯餉	一〇四，七六〇元
	四租課	一七，八九六元
	五丁漕附稅	二八二，三〇〇元
	六學捐	二七二，五三五元
	七串票捐	二〇〇，〇〇〇元
貨物稅捐	一過境銷場稅	三，八五三，三八八元
	二茶稅	二二七，七九五元
	三膏鹽稅	七五，一八八元
	四紗麻絲布稅	紗布年萬串，麻稅月七十五串
	五炭灣煤稅	七，三四〇元
	六煙酒糖稅	煙酒已專賣，糖捐另設局
	七竹木捐	二八二，八五一元
	八火車貨捐	一七八，七五九元

续表

貨物稅捐	九米捐	一三八,六五二元
	十船捐	一二〇,一〇七元
	十一包裹稅	郵局代收,無定額
	十二貨物附加稅	照正稅加十分之一
	十三應鹽紅爐附稅	一萬四千六百餘串
正雜稅捐	一契稅	四六五,四六四元
	二牙稅	一一六,〇四〇元
	三當稅	一〇,二八六元
	四屠宰稅	三六八,六〇〇元
	五印花稅	三〇〇,〇〇〇元
	六特種營業稅	歲收不及二千,今停
	七煙酒牌照稅	一二五,〇〇〇元
	八牙帖捐	一八四,五五四元
	九當帖捐	五,〇二八元
	十稅票捐	六〇,〇〇〇元
	十一夫役捐	四,二一三元
	十二鋪戶房捐	一一〇,五五一元
雜收入	一契紙費	五〇,〇〇〇元
	二申串	一四九,〇四六元
	三公股息金	一,一五九,九七〇元
	四局廠租金	一,二〇〇元
	五禁煙罰款	不定
	六警捐收入	二一二,五〇九元
	七教育收入	一九,四〇二元
	八官業收入	六三,〇八九元

湖北省議會議決民國六年度地方歲入預算如左。

田賦附加稅	二三七，五三六元
警捐收入	三三八，八四九元
屠宰稅	一九〇，〇〇〇元
教育收入	一七，一五〇元
應鹽紅爐附稅	一三，三三三元
官業收入	四一九，九一七元
學捐	三三，七二四元
儲款收入	六九，五九八元
米捐	一一六，六六六元
以上經常門	
船捐	一〇一，〇六二元
捐稅附加稅	三九七，三五六元
串票捐	三五〇，〇〇〇元
兩湖米捐	一〇〇，〇〇〇元
稅票捐	八〇，七九三元
出口賑糶米捐	四二，八六四元
申串捐	一八三，一五三元
禁煙罰款	二〇，三四九元
夫役捐	四，六四〇元
以上臨時門	

地方歲入經常合計二百一十五萬六千四百三十九元，臨時合計五十六萬零五百六十九元，總計二百七十一萬七千零八元。

第七十二章　湖北財政歲出

湖北財政歲出，新五年度刊布財政紀略，大概如左：

外交費：

交涉署：三，五二〇元
洋務會審：八，〇〇八元
內務費：
省長署：一四〇，〇〇〇元
各道署：七七，四〇〇元
各縣署：五八九，四四〇元
各縣佐：三九，六〇〇元
警備隊：二一〇，四九六元
警察處廳：三四四，八三〇元
武裝警察：二八，五六二元
商埠警察：三五五，八六八元
水上警察：六一六，〇四〇元
雞公山警察：二，五五四元
堤工：二八，九八〇元
水利局：二四，三〇〇元
典禮：二，〇〇〇元
內務郵金：二，四一六元
禁煙經費：一七，一六〇元
省議會：一九〇，二一二元
漢口工：二四，三〇〇元
峽江灘務：五〇〇元
武漢公渡：三，六〇〇元
廣仁堂：四，九八八元
敬節堂：七，七四〇元
育嬰普濟：一，四〇四元
財政費：
財政廳：七八，〇〇〇元
各縣徵收：二八五，五九九元

徵收各局費：四八六，九九七元

牙帖委員：二，八〇四元

陸軍費：五，七九〇，四六二元，細目詳陸軍章。

司法費：

各廳：一八五，九七六元

各監獄：二一四，六一六元

知事兼訴訟：一五三，六〇〇元

其他教育農商各費，今已列入地方費。

湖北省議會議決民國六年度地方歲出預算如左：

內務費：五〇九，〇五八元。省議會、警察、鍾祥襄陽隄工、慈善、交通。

財務費：二三，九一八元。米捐、船捐、徵收附稅經費。

教育費：六八八，七四八元。各學校農林試驗場、蠶桑講習所、留學經費、圖書館等。

農商費：二五七，五〇七元。農事試驗場、林務專員、鹽業試驗場、工廠勸業場等。

以上經常。

內務費：五四七，一八四元。施診、武昌路工、漢陽江隄、水警補助、輪渡省防。

財務費：四三一，二四〇元。贖回炭山灣煤廠、正金公債、沙麻四局押款、關委津貼。

教育費：二一〇，四四五元。工業專門學校開辦費、國立商業專校維持費、通志等。

預備費：四八，九〇八元。咨交案無此，議決案依預算方式加此。

以上臨時。

地方歲出經常合計一百四十七萬九千二百三十一元，臨時合計一百二十三萬七千七百七十七元，總計二百七十一萬七千零零八圓。

第七十三章　湖北稅關及外交

湖北通商口岸有武昌、漢口、沙市、宜昌四處。其設關如左：

江漢關：監督駐漢鎮特別區。公署內分總務、會計、稅務、審查四科，分設關卡如左：

石灰窰分關_{大冶石灰窰}　漢陽南關_{漢陽南岸嘴}　江漢大關_{即常關附設海關內}　大智門分卡_{大智門}　橋口分卡_{橋口}　鸚鵡洲分卡_{漢陽鸚鵡洲}　武穴分關_{廣濟武穴}　黃州分卡_{移駐鄂城}　寶塔洲分卡_{嘉魚寶塔洲}。

武昌關：監督駐武昌漢陽門外。本關內部係文牘、會計、稽查、經理、檢察、徵收、量報等分司其事。分設關卡如左：

朝關_{漢陽沌口}　宗關_{漢鎮橋口上}　紅關_{武昌下新河}　漢關_{漢鎮特別區}　白關_{武昌石嘴}　游湖關_{諶家磯南岸夏口境}　沌口分卡　灄口分卡_{黃陂境，夏令水漲時設立，冬令水落時撤銷}。

新隄關：監督駐沔陽新隄。公署分會計、文牘、稽查、點驗四科，專稅竹木。分關如左：

上分關_{嘉魚復量洲}　下分關_{沔陽茅堡}　上河堰分關_{移駐紅水港}　荊河口分關　白螺磯分關　引港分關　螺山分關。以上五分關均在監利境。

宜昌關：監督駐宜昌。公署分總務、稅務、會計三科。

沙市關：歸宜昌關監督兼管。

荊州關：歸宜昌關監督兼管。分設關卡如左：

彝關分關_{宜昌水西門外}　中關分關_{江陵沙市寶塔}　東關分關_{沙市竹架子}　西關分關_{沙市筲箕窪}　西支關_{江陵彌陀寺}　北關分關_{江陵草市}　下哨分關　大查關分關_{宜都合江門外}　大正關分關_{枝江董市}　藕池關分關_{石首藕池口}　霧溪關分關_{石首霧旗嘴}　港關分關_{公安港口}　調關分關_{石首調絃口}　柳關分關_{監利柳家集}　姚市關分關_{監利姚家嘴}　鄢關分關_{潛江田家洲}　堤頭分卡_{石首隄頭}　平善壩分卡_{宜昌平善壩}　鮑家垱分卡_{公安鮑家垱}

通商以來外交日重，外交部特設湖北交涉員公署，特派交涉員係江漢關監督兼任。內部分機要秘書及英法德文秘書、編輯員、檔案、出納、繕校、收發、庶務各事務員，歲支三萬元。洋務會審委員、洋務拘留所所長，歲支一萬三千元。宜昌、沙市交涉員以宜昌關監督兼任，宜、沙兩處辦公歲費各四千餘元。

第七十四章　湖北各徵收局

湖北各徵收局最近數年間收數略如左額，依多寡之數爲次，專局則列於後。

漢口：八十七萬以上。

寶塔洲：七十五萬以上。

宜昌：四十五萬以上。

沙市：四十四萬以上。

武穴：三十八萬以上。

老河口：三十三萬以上。

府河口：二十九萬以上。

蔡甸：二十六萬以上。

沙市：二十三萬以上。

張家灣：十八萬以上。

鵝公頸：十四萬以上。

新隄：十四萬以上。

樊口：九萬以上。

黃陵磯：九萬以上。

清灘口：八萬以上。

金口：五萬以上。

武昌：三萬以上。

鸚鵡洲：專設竹木局，收二十八萬以上。

羊樓峒：專收茶稅，二十二萬以上。咸寧、嘉魚、蒲圻、崇陽、通山等縣。

藕池口：專收米捐，計十三萬以上。

鄂豫火車貨捐局：歲收十七萬以上。

武羊火車貨捐局：於蒲圻、汀泗橋、官埠、羊樓司、山坡、賀勝橋、土地堂、紙坊設分卡。

鍾祥船捐：歲收十二萬以上。

應城膏鹽：歲收七萬以上。

第七十五章　湖北鹽井、鹽池及鹽法

湖北近於四川之處亦有鹽井，雖遠不如四川之盛，亦利源之一也。

青林鹽井：秭歸縣產。唐時已著，見《唐書·地理志》。來鳳鹽井五處，為川商封禁。

永昌鹽井：巴東縣產。元時置鹽課司，後廢。荊門縣北有鹽井，產鹽味苦。

湖北西北境亦有鹽池，雖遠不如山、陝，亦利源之一也。

紫氣鹽池：均縣東南百里。池水四周，上有紫氣。左右十餘里，草木為氣所染，著上如霜雪，嘗之如鹽味，土人謂之鹽花。

湖北近山各地，亦有產鹽質者，但不多耳。

鹽井巖：竹谿南一百里。

鹽堆山：羅田東北一百五十里，巴水所出。

鹽井嶺：宜都南三里，又名明星嶺。三窟湧出鹽泉，味稍鹹，遠近吸之。

應城鹽課，凡開火熬鹽者為紅課，蓄水不熬為黑課。光緒間紅課加課子目有水陸課江海防，抵補藥稅、練兵新餉。行銷本縣及京山、天門，歲徵七萬五千元。

淮鹽鄂岸榷運局：局長以下，科長一、總科員一、一等科員二、二等科員四、三等科員七，事務員無定。宜昌榷運局、沙市運銷局在鄂岸之外。

售鹽所：所長一、所員二，事務員三十人以上。

武穴掣驗所：所長一。宜昌另設掣驗局。

提鹽事務所：所長一。近日久大精鹽暢銷商埠，淮鹽色味不如，宜注意精練也。

江口挂號所：所長一。

功鹽倉：倉長一。

分局十四：武穴、新隄、麻城、德安、浙河、仙桃鎮、小河溪、黃陂河口、廣水、羅田、長江埠、黃安、樊城、沙洋。

支店二十：黃梅、孔壠、清江、蒲圻、新店、龍口、宋埠、迎河、張家溝、脈望嘴、花園、大興、黃陂、應山、郝家店、林家嘴、七里坪、八里灣、老河口、棗陽。

水陸緝私司令處：總巡一，中左右三路總巡各一，水路一。鐵路、輪船私帶尤易。

第七十六章　湖北司法

湖北司法獨立，民國初元爲盛。本擬改良法律，收回治外法權，乃摭拾西法。未審民情，無保障民權之實力，離於專制，未能共和，司法遂爲行政所監督。偉人且不守法，小民何堪。今日惟省會商埠司法粗備，略舉如左：

湖北高等審判廳：廳長一，民、刑庭長各一，推事各二，實習推事一，書記官等無定。

湖北高等檢察廳：檢察長一、首席檢察官一、檢察官一、實習檢察官一，書記無定。

武昌地方審判廳：廳長一、庭長一、推事三、實習推事一。

武昌地方檢察廳：檢察長一、檢察官二、實習檢察官三、看守所長一。

以上均在省城百壽巷。

湖北第一高等分廳：監督、推事檢察官各一，推事二，檢察官一。
以上在荆南道治宜昌縣。
湖北第二高等分廳：監督、推事檢察官各一，推事二，檢察官一。
以上在襄陽道治襄陽縣。
夏口地方審判廳：廳長一、庭長一、推事五、實習推事一。
夏口地方檢察廳：檢察長一、檢察官二、實習檢察官一、看守所所官一。
以上在漢口。
湖北第一監獄：典獄長一。原名武昌監獄。
湖北第二監獄：看守長一。原名武昌分監。
湖北第三監獄：典獄長一。原名宜昌監獄。
湖北各縣知事兼理訴訟。大縣月三百元，中縣月二百二十元，小縣月百六十元。
承審員：以候補縣知事或法政大學專門畢業生任之。大縣月俸九十元，中縣月俸八十元，小縣月俸七十元。初級審判承審負責，地方審判縣知事同負責。
管獄員以警監畢業生任之，月俸二十四元。祿薄任重，宜擇仁厚勤慎者任之。
湖北各縣司法，如檢驗吏即昔日之仵作，司法巡警多昔日之捕快壯丁，變名不變實，甚至陋規未革，拘傳拖累，無異專制。律師事務所營業頗發達，而訟獄日繁，手續日多，刑律日寬，條例屢變，人民頗以爲不便，亦研究民生利病者所注意也。

第七十七章　湖北教育行政

湖北教育行政，最初由提督學院。當清季學者寖厭科舉帖括之空疏，遂於八股中趨重經史考據，爲教育革新第一步。即張文襄《江漢炳靈集》首開風氣，是爲學政革新時代。繼而文襄開府於茲，兩湖、江漢、經心、自強四大書院，或注重經、史、理、文之分科，或講習格致、算學及掌故，人才輩出，與古維新，是爲書院革新時代。甲午一敗，國恥深而民氣激，時務各學勃興，經戊戌之變進行不懈，而留學生回國日多，文襄奏定章程出而系統粗定，是爲學校革新時代。今日謁抱冰堂者，疇弗感文襄教育行政之前猷乎？

學務處時代：爲湖北各校創始時代，日新月異，進步最猛。

提學使司時代：爲湖北各校較盛時代，地方官視學務爲考成，不敢不辦。

教育部長時代：學生多投筆從軍，爲教育界爲國服務時代，校務遂致荒寂。

教育司長時代：爲民國恢復各校時代。

教育科僉事時代：爲政府減政時代。

教育廳時代：成立伊始，爲教育界翹企擴張時代。

湖北教育經費，莫重於賠款改學堂捐。中國人籌款，惟以賠款爲鉅且急。庚子之變，部派湖北賠款歲解關平銀一百二十萬兩，院飭司局議籌除酌提州縣盈餘及按糧捐房鋪捐、稅契捐、土藥加稅湊解外，不敷尚三四十萬。各縣攤派籤捐，咸以爲累，稟准隨糧帶收，將按糧捐併入。嗣因銅元餘利較厚，土款入款日增，張文襄飭縣免解此款留爲本省興學之需，分成提省提府分辦專門及中學外，餘留爲本縣興學之需。民國三年規定學款每銀一兩，每米一石，以五百六十文爲標準。向徵大於五六者仍舊，不及者依此。現計全省額提錢五十六萬一千六百七十八串一百四十八文。

湖北教育廳今已成立，在舊學使署內，分三科。惟教育爲教育家之天職，若視爲照例之公文，則設官亦備位而已。教育經費不能自存，恆爲軍事所挪用，則清季教育家主持破壞主義者，階之厲也。若著手整頓，宜注重日課，俾學校稍著信用，或可挽也。

各縣勸學所爲全縣教育行政之總匯，乃往往有名無實，一事不辦，或把持學款，因侵漁而啓訟端。所長相見，無不稱經濟困難，而未聞所勸所學者安在。苟每縣有一人守聖賢之道，遵部令以廣勸導，改良私塾，合成私校，調查學童，按年入學，非難事也。

第七十八章　湖北普通教育

　　湖北普通教育，自時務學堂早立小學之基，留學先輩始明師範之旨，艱難圖始，多在二十年以前。今日學制明備，學校系統，責有攸歸。最近狀況分述如左：

　　國立武昌高等師範學校：省城方言正街東廠口，原係方言學堂校址。分國文史地科、博物地學科、英語科、數學理化科、教育補修科，共十二班，三百餘人。

　　省立第一師範學校：省城銀元局正街，原係文普通中學校址。以江漢道區爲學區，歲支四萬五千餘元，附屬小學歲支一萬三千七百一十元。

　　省立第二師範學校：在襄陽，以襄陽道區爲學區。歲支二萬三千四百一十九元，附屬小學歲支四千三百四十四元。

　　省立第三師範學校：在宜昌，以荊南道區爲學區。歲支二萬三千一百二十四元，附屬小學歲支四千三百四十四元。

　　省立第一女子師範學校：省城長湖東堤。已有三班正在拓充，歲支二萬四千七百八十元。附屬小學八班，歲支五千零二十一元。蒙養園一班，以全省爲學區。

　　省立第一中學校：省城曇花林，原係東路高等小學校址，歲支一萬九千七百元。

　　省立第二中學校：省城平湖門宮門口街，原係西路高等小學，歲支一萬五千元。案原設男子中學四校，今只存其二，因省稅移作他用。

　　各區中學十一校：前清各府州，分區設立中學。當時皆名官立，定章由全省教育經費補助，而五成五學捐內有五厘，專歸各該區中學之用。民國元年規定每校由省補助四千八百元，自三年起減半得二千四百元。五厘學費，一、二、三區逾四千，六區逾三千，四、七區逾二千，五區、十一區逾一千，八、九、十區不足一千。

勺庭中學校：省城漢陽門正街，爲第一區。晴川在漢陽，爲第二區。

啓黃中學校：省城朱家巷內，爲第三區。四蘭臺，五漢東。

荆南中學校：省城牙厘局，爲第六區。七鹿門，八鄖山，九彝陵，十南郡，十一龍泉。

省立女子中學校：省城正衛街，附有女子職業學校，歲支九千五百餘元。又有省立女子高等小學校及國民學校，歲支五千餘元。私立振坤女校，今升辦中學。

省立模範小學校：省城閱馬廠，有高小四班、補習一班、國民六班，共五百餘人。

第七十九章　湖北實業專門教育

湖北實業專門教育發達最早。張文襄公初定兩湖書院課程經、史、理、文四科，即具大學經學門、史地門、哲學門、文學門之長，爲文科大學之基。自強學校注重算學、格致，爲理科大學之基。鐵政局附設化學堂，尤切專門實用。群材早達，爲國先進。今日狀況，則尚未能積極進行也。

農科：

省立甲種農業學校：省城水陸街，原係學務公所。內分農科、林科、蠶科，附屬有蛇山農林試驗場，計學校歲支一萬三千四百四十元，試驗場歲支一千四百八十八元。前清高等農業學校在武勝門外，規模閎壯，有馬路通省城。革命時，村農仇學，諸生星散，校具衣物多被刼奪，且燬校舍，未易修復也。

工科：

省立甲種工業學校：省城曇花林，原係武昌道師範校址。內分染織科、圖案科、機械科、電氣科，歲支三萬二千零八十元，亦由高等工業學堂縮改。

省城私立初衷女子職業學校、女子美術學校：均由省教育費補助。

商科：

國立武昌商業專門學校：省城三道街存古學校，即經心書院校址。昔年籌備武昌大學，先辦商業本科、豫科，無異商科大學也。

省立甲種商業學校：省城雄楚樓北路高等小學校址，歲支一萬二千二百元。

文科：

公立外國語專門學校：省城長街，由英文館改設，歲支二萬四百三十六元。

法科：

公立法政專門學校：省城貢院。原支三萬六千七百三十六元，屢有增設，今歲支三萬零八十四元。又私立法政學校，年支補助費七百六十八元。

大學：

私立中華大學：省城糧道街，歲支補助費二千五百七十三元。國民自立大學不可多得，分文、法、商三科。附中小學校共五百餘人。

第八十章　湖北社會教育

武昌起義之地，社會舊習遽難改革。油漆店仍新製天地君親師神位，未知君道與國體牴觸也。燈籠店仍大書狀元及第，未知科舉之久廢也。陰曆度歲仍守時憲之舊朔，且公然聚賭。則社會教育亟待設施，否則民智未開，未必享共和幸福也。

省立圖書館：省城蘭陵街。附設教育品陳列所，設經理一。創自前清，收羅宏富，規模頗大。歲支四千一百五十二元，民國三年減至一千二百元，添購雜誌報章，加二百六十四元。未能續購中外閎編，惟賴教育家、著作家、藏書家捐助群籍焉。

通志局：省城三道街。訪求文獻，商榷古今。設總纂一，纂修六，已現編竣，付印撤局。

鄉土志：各校學生假期調查編纂，以高等師範爲最詳實，中等各校亦一致進行。

閱報社：武漢各茶社多有閱報社，各署局校多有閱報室。本省各報略舉如左：

省城出版各報：《湖北公報》《湖北教育公報》《通俗報》《高等師範博物雜誌》

夏口出版各報：《大漢報》《漢口新聞報》《國民新報》《中西報》《正義報》《湖廣新報》

曆書：《授時要典》託教育部代印，歲支四百元。民間私刻《通書便覽》等編，仍多迷信。

省立通俗講演所：省城蘭陵街，原名模範講演團。另於黃鶴樓大朝街設立分所，並推廣各縣講演所及巡迴講演。改良戲曲尚未舉行，漢口六大戲園，多待取締。

省立半日學校：原設四十餘所，今存二十餘所，歲支一萬八千元。

補助教育品：黃鶴樓昔日有穢褻西洋景，今日經教育家改良爲補助教育品。取有益德行智識之圖，藏諸鏡匣，逐片說明，不愧其爲補助教育也。

湖北省教育會：省城巡道嶺，即江漢書院舊址。前清時湖北教育總會早經成立，會場弘敞。會員居此者，實業畢業者則計畫礦務，法律畢業者則研究自治。近擬修葺齋舍，創設武昌職業學校。

亞新地學會：省城橫街頭，即新化鄒沅帆先生代鈞原設輿地學會，今仍爲鄒氏世業。鄒圖根據明確，一字不苟，卓然爲輿地專家，足爲家庭教育之模範。

印刷各公司：工業傳習所在正衛街，永盛印書館在候補街。夏口印刷業亦夥。

筆墨店：省城橫街頭太極圖最久，湖筆、徽墨幷爲國貨。附近書肆甚多。

官書處：設處長一，印刷書籍，照本取資，不計贏利。歲支二千元，印刷費三千餘元。

第八十一章　湖北實業行政

湖北自甲午以後最注重於實業行政，未設勸業道以前，張文襄公以總督之力締造於前。自民國成立以來，或由中央各部直接派員自辦，或由督軍省長繼續進行，亦有地方商人承租改官督商辦。爲商辦者，實較各省爲盛。實業廳亦列省長公署內焉。

陸軍部所管：

兵工廠：漢陽龜山陰，爲鐵廠製造品之最重要者，全國軍械鋼軌多取於此。

鋼藥廠：漢陽赫山，分煉鋼廠、無煙火藥廠，附近有甎廠。甲種工業生服務頗多。

財政部所管：

造幣廠：省城大朝街，舊分銀元局、銅元局。今有日人借款，國民宜注意也。

造紙廠：諶家磯南岸，改良製造，資本二百萬。武昌白沙洲有本省自辦造紙廠。

農商部所管：

棉業試驗場：省城武勝門外，編列第三，仿用美國耕器，本省甲種工校代製。

林務專員：農商部委派，年支經費七千六百八十八元。

湖北省所管：

農事試驗場：原係兩場，今併而爲一，歲支七千元。

林事試驗場：在洪山，原支一萬七千六百二十八元，今歲支二千六百四十元。

蠶桑試驗場：蠶業講習所改設，歲支三千二百四十元。

勸業場：省城蘭陵街，新式板刷，鄰近有商品陳列館，歲支一千九百五十六元。

官紙印刷局：官營實業，開支太鉅，除印刷收入外，歲支四萬二千一百零四元。

湖北招商承辦者，楚興公司承辦：

紡紗局：省城文昌門外。

織布局：省城文昌門外。

繅絲局：省城望山門外。

製麻局：省城平湖門外。

至於昔年所倡製革廠在保安門外，氈呢廠在下新河，均因辦理未善中輟。現在實業廳既已成立，益當積極進行，恢張大業也。

第八十二章　湖北之農業

《禹貢》：荊州厥土惟塗泥，厥田下中，厥賦上下。田第八，賦第三，人功修也。今日農業如左：

田畝：全省四千一百三十萬零一百零四頃。東南平疇盡沖積層，蓋太古之大澤，厥土饒沃，最適耕種。民國以來，私墾尚未清丈，驗契且徵鉅款矣。

水利：水利分局設局長一，調查技士、工程師、監工各員。荊州萬城隄、襄陽老龍隄尤重。沿江董市白螺磯長隄蜿蜒七百里，南岸松滋至岳陽，亦賴築堤捍衛。漢水襄陽以下河牀較高於陸，夏時水漲，水準視沿岸平原每高廿二公尺，隄防尤重。

茶業：湘贛交界各山產茶特盛。漢口茶市昔輸歐美，今宜仿印度、日本改良種植。

棉業：舊日棉種纖維稍粗，近多改種美國棉、南通棉，以便紡成最細之紗。

蠶業：省城繅絲廠仿江浙辦理。湖濱宜植湖桑。注意培護蠶科學生或改他途。

牧場：荊州之西原有鑲藍旗牧場，濱臨江岸。當清兵駐防之初，圈民地以給旗丁，近數十年早已墾爲耕地，僅存其名。塞外牧場墾殖狀況亦作如是觀。

湖北農業實冠全國，所謂"湖廣熟天下足也"。

荊山之西，樹木深翳，亘千數百里，嚮稱老林。然沿江各山，類多童禿，非山不宜樹也，斧斤不時，林政不修故耳。今彙舉山林所宜者列左：

櫟山：武昌省城東南十里，多苞櫟。

大槐山：武昌東南七十里。

梅山：嘉魚、蒲圻界上，多梅樹。又梅子坡在巴東之西。

梧桐山：通城西十五里。

楮山：漢陽西關六十里，沌水之南，舊日造紙之地。

松子關：羅田西北一百八十里，北接河南商城。民勤而裕。松門峽在宜昌縣西。

綠林山：當陽東北。王莽時，新市人王匡、王鳳聚眾起兵於此。

棠梨岡：潛江西南八十里。

栲栳山：隨縣西北一百五十里，一名黃山。

桃花嶺：襄陽西二十五里，有桃千樹。

杉篁山：咸豐縣境，亦曰杉篁洞。喬木修竹，大似川南。

其他若黃茅嶺、黃土嶺、翠屏山之類，皆可種殖。十年樹木，地方父老之責也。

第八十三章　湖北之工業

湖北工業由國家提倡者已見實業行政。茲專就國民新創實業之大端錄之。

麵粉業：

漢豐機器麪粉廠：漢口大智門。

金龍機器麪粉廠：漢口大智門。

油榨業：

新太機器油庄公司：漢陽下溪口。

立興榨油廠：漢口便民門。

茶磚業：

新太機器茶磚公司：漢陽西牛灣。

織業：省城武勝門外。江濱有第一紗廠，擬工竣再設第二、第三紗廠，規模甚偉。

楚興有限公司：省城平湖門內。所織雙紗愛國提花布以黃鶴樓爲商標，帆布、軍裝布以雙錢爲商標，麻布、包布亦多適用，因承辦紗、布、絲、麻四大廠也。

肇興織綢公司：漢口後湖王家墩，松鶴閃緞，葆華綢，綾地、錦地、芝地、椒地各緞。

綸章織綢廠：漢陽貢院左側，出新華綢。

劉椿茂：漢陽鐵門關，各種綾毯、綿毯、五色棉毯。

玻璃業：

耀華玻璃廠：省城保安門外。

紅磚業：

大發機器紅磚廠：漢陽琴斷口，鄰近有順發機器紅磚廠、裕記磚瓦廠。

順裕機器紅磚廠：漢陽西牛灣。又有大豐機器紅磚廠，在重台山。

燭皂業：粗皂以國貨爲廉，惟香皂一項，國貨只占十之三四耳。

漢陽燭皂廠：橋口，以日月爲牌。別有民信老鷹牌、漢口英雄牌、謝榮茂等家。

機器業：

揚子機器廠：黃陂諶家磯。

洪順機器廠：漢陽南岸嘴，軋花、印字各機器。

火柴業：

燮昌火柴廠：漢口洋火廠，有單獅、雙獅、雞牌，呈准專利十五年。今有盛昌繼起。

第八十四章　湖北之商業及貨幣

湖北商務以漢口爲中心，武昌商務總會在蘭陵街。附近有商品陳列所，惜乎經理不善，於產地、價格多未注明，當更求整理清潔，以揚國貨之光也。爰舉商務大端如左：

中國銀行：漢口分設於省城芝麻嶺，陶家巷口爲武昌辦事處，宜昌亦有分行。

交通銀行：漢口有時停兌，信用稍遜中國銀行，宜昌、沙市均有分行。

以上國家銀行。因時局不定，人民多提現改存外國銀行者。鈔票跌，匯水昂，傷哉！

中孚銀行：華商自辦。

工商銀行：由香港分設，附設儲蓄部。

殖邊銀行：本應注重邊地，而邊地與腹地匯兌，不可不設機關。

興業銀行：浙江分設於漢口，頗有盈餘。

鹽業銀行：設分行於漢口，亦代國庫。

湖南銀行：湖南幣制紛亂，漢口分行亦不能獲利。

湖北商務變遷最大者，起義以生命財產博共和，百業退步，編商業史者所深痛也。

當鋪：典當昔爲商業最鉅者，今只存三十八縣，且漢口租界，多無帖小押。

票號：爲銀行所奪。

錢莊：爲錢攤所分。

湖北之貨幣改革較早。林文忠公總督湖廣，即請鑄銀圓，每圓五錢，二圓合庫平一兩，事格未行。張文襄公實首創之。然利所在而弊隨之，勤求民隱者所當注意也。

銀元局：銀元質尚合，銀角成色較低，且昔日有湖北字樣者遠省或不通用。

銅元局：公家享銅元餘利，民間痛銅元流毒。近日雙鈔在蘇、贛已改爲七折。

制錢：國寶源流。實以前清康乾爲厚，道咸薄而同光微，可爲大中華殷鑒。

法價：地丁收於民間者每兩三串，發薪水則每元一串二百文，是爲法價。

湖北官錢局：在南樓前長街路東，規模閎壯如地方銀行，發行紙幣以補現銀元之缺乏。民間以官票爲納稅大宗，官票又以官錢局爲出納樞紐。財政積虧太鉅，調劑盈虛，實以官錢局爲總匯之所，代理湖北省金庫。部飭以金庫移交中國銀行，終以官虧問題、官票問題懸而未決。發行錢票已六千萬，賴官礦特權補救焉。

湖北人對於貨幣之稱謂與各省或不同，略舉於左：

銀元（大洋錢），銅元（銅角子），公足平（七錢爲標準銀元價），京平（七錢二爲標準），拾串（一捆錢），貳拾串（一擔錢），私錢（沙壳）（王眼）（沙板）。

第八十五章　湖北京漢、川漢各鐵路

湖北京漢鐵路自京兆直至夏口，長二千四百十八里。初借比國款，清光緒二十四年借款贖回。漢口大智門火車站向爲總站，與法國租界毗連，起卸利權外溢。今由京漢鐵路總局呈准交通部，以大智門縮爲二等車站，將循禮門大加擴充，改爲運輸總站，與張美之巷六度橋馬路相貫通，尤爲便利。今列湖北各站如左：

玉帶門：爲本路南段首站，川漢路綫亦由此延長而西。

循禮門：自玉帶門至此六里。所擬擴充，尚未施行，僅設車站以售客票。

大智門：自循禮門至此四里。此站規模宏闊，往來搭客多於此上下。快車晚十一時開，一晝夜至石家莊，次早七時抵京，京車亦以早七時到漢。尋常客車，每日早八時開行至河南鄺城，次日至直隸、順德，三日抵京。

江岸：自大智門至此八里。此站本路南段要地，與北段之長辛店相埒。存車廠、材料廠、機器廠、工廠均在此，往來貨物多於此裝卸。

諶家磯：自江岸至此十二里。初通車時無此站，後為便利造紙廠交通而設。

灄口：自諶家磯至此十四里。此站初通車時最繁盛，今惟黃陂東南鄉取道於此。

橫店：自灄口至此十八里。此站乃民國二年添設，為黃陂出入要衝，麻城、黃安亦多由此上下。

祁家灣：自橫店至此二十二里，站傍有機器榨油坊及機器軋花廠。

祝家灣：自祁家灣至此十八里，亦民國二年添設。

三汊埠：自祝家灣至此十八里。

孝感縣：自三汊埠至此二十六里。此站為每日開行黃孝短票客車終點。

蕭家港：自孝感縣至此二十八里。

花園：自蕭家港至此四十里。

王家店：自花園至此三十二里。

楊家寨：自王家店至此三十里。

廣水：自楊家寨至此二十八里，川漢路規定之廣宜綫即以此站為起點。

東篁店：自廣水至此二十六里，再由此站北行十三里，過武勝關隧道即河南境。

第八十六章　湖北粵漢鐵路及大冶鐵路

自廣東番禺起，經湖南達湖北之武昌，爲粵漢鐵路，長二千三百七十九里。初以建設之權與美人，嗣由我國收回。今武昌通車徑岳陽達長沙及株洲。武長全路月入已七八萬，總局設於武昌金沙洲。武岳綫車站之在湖北境者一十有六，如左：

徐家棚：爲本路北段首站，與京漢路之江岸站隔江對峙。

通湘門：自徐家棚至此二十五里，省城東門一帶，於此上下甚便。

鮎魚套：自通湘門至此五里。此站來往搭客最夥，將來可與京漢路之大智門站相頡頏。

紙坊：自鮎魚套至此六十里。

土地塘：自紙坊至此三十里。

山坡：自土地塘至此二十里。

賀勝橋：自山坡至此四十五里。

官埠橋：自賀勝橋至此三十里。

咸寧縣：自官埠橋至此十五里。

汀泗橋：自咸寧縣至此三十里。咸寧、蒲圻、崇陽、通城等縣搭客多由此站上下。

官塘驛：自汀泗橋至此二十里。

中火鋪：自官塘驛至此二十里。

蒲圻縣：自中火鋪至此二十五里。

茶菴嶺：自蒲圻縣至此三十里。

趙李橋：自茶菴嶺至此三十里。此站距羊樓峒甚近，貨物多由此起卸轉運，搭客亦夥。

羊樓司：自趙李橋至此十五里。由此入湖南境，三十里至五里牌，三十里至路口鋪，六十里至雲溪，十五里至城陵磯，十五里至岳陽，爲武岳段終點。

漢粵川鐵路總公所有督辦技監一，漢宜、宜夔均已設購地課，鐵路國有革命動機也。大冶鐵路自江濱石灰窰至鐵山鋪長八十里，支綫得道灣至獅子山長七里，專爲運輸鐵礦之用，不售客票。

第八十七章　湖北各輪船航路

湖北輪船約分長江下游、上游及內河。湖南今已組織宜渝輪船矣。
長江下游：由漢口至上海。
招商局：江華、江新、江永、江裕、江孚、華大、快利。
怡和公司：隆和、德和、瑞和、吉和、聯和。
太古公司：鄱陽、大通、安慶、武昌、洞庭、聯益、吳淞。
大阪公司：大吉、大利、大福、大貞。
日清公司：南陽、鳳陽、襄陽、岳陽、端陽。
寧紹公司：寧紹。
鴻安公司：德興、長安。昔有英商經理，今爲華商完全自辦。
美最利洋行：美大、美利。
長江上游：由漢口至宜昌。
招商局：江通、固陵。
大阪公司：大元、大亨。
太古公司：湘潭、吉安。
怡和公司：江和、同和、昌和。
湖南：由漢口至湘潭。
大阪公司：武陵、湘江、沅江。
怡和公司：昌和、同和。
太古公司（沙市）。
湖南：由漢口至常德。
戴生昌公司。
襄河：由漢口至蔡甸仙桃鎮。

利濟公司：君山、沱江、祥龍、祥鳳順。

金口華濟公司：飛電、吉平。或駛咸寧金口內。

漢口至黃石港：漢安。

第八十八章　湖北之電政

湖北電報管理局在省城三佛閣外交特派員署內。漢口電報總局則租賃英界五碼頭民房，開辦多年。現於英界大同里電話局間壁置地建五層洋樓，以便移入大加拓充，足見交通之發展也。今將本省電綫列左：

漢口九江幹綫，亦通上海：九江、武穴、蘄春、黃岡、夏口。

武昌九江幹綫：陽新、大冶、武昌。

夏口支綫：一東北至黃陂，一西至漢陽。

漢口水電公司：有日人借款，國民宜注意也。

漢口通北京幹綫：孝感、廣水。雞公山入河南境，專爲避暑時設報房。

武昌通湖南幹綫：武昌、蒲圻分二支，一至嘉魚，一至羊樓峒。

孝感通沙市綫：孝感、安陸、沙洋、沙市。

夏口通沙市幹綫：夏口、仙桃鎮、潛江、沙市。又仙桃鎮支綫通新堤寶塔洲。

沙市通老河口幹綫：沙市、荊門、襄陽、老河口。沙市有江陵支綫。荊門有鍾祥支綫。

沙市通四川幹綫：沙市、白洋、宜昌、廟河、秭歸、巴東。有長陽宜都支綫。

巴東支綫：由巴東通恩施，分達利川、來鳳。

沙市通湖南常德幹綫：本省惟公安一局。

鄖縣：係老河口至荊紫嶺分支。

第八十九章　湖北之郵政

湖北郵政管理局在漢口英租界二馬頭，因湖北省郵件以漢口局爲最多。且郵政開始由稅務司兼管，至今全國郵權託於外國客卿之手，徧及內地，我國民但任中級之郵員、下級之郵差而已。今將全省郵局分等列左：

一等郵政局：

武昌府、宜昌府、沙市。

以上省會及商埠均列一等。

二等郵政局：

漢陽府、德安府、安陸府、荆州府、襄陽府、鄖陽府、施南府、黃州府。

以上因舊日爲府，今府雖廢仍爲大縣，民間仍以府稱之。

荆門州、隨州、蘄州、歸州、均州、興國州。

以上因舊日爲州，今州雖廢仍爲要衝，民間仍以州稱之。

武昌縣、孝感縣、黃陂縣、應城縣、咸寧縣、蒲圻縣、嘉魚縣、監利縣、石首縣、棗陽縣、房縣、當陽縣、枝江縣、宜都縣、巴東縣、建始縣、利川縣、來鳳縣。

以上各縣皆爲衝要。

葛店、諶家磯、黃石港、石灰窰、陽邏、團風、武穴、宋埠、蔡甸、廣水、仙桃鎮、岳家口、皂市、沙洋、河溶、樊城、江口、新堤、朱家河、羊樓峒、老河口。

以上各大鎮，郵件或等於大縣。

三等郵政局：

大冶縣、蘄水縣、黃梅縣、廣濟縣、應山縣、京山縣、興山縣、公安縣、天門縣、通城縣。

以上各縣均爲次要，設三等局。其他不列於三等局之縣治，則設郵政代辦所。

董市、田二河。

以上各鎮市均爲次要,設三等局。

交通部郵政地圖局名與内務部異,以西洋人管郵政,不能易吾民習慣,是以從衆也。

第五篇　地方志

第九十章　武昌縣

武昌縣治，北緯三十度三十二分二十八秒，偏西二度十五分。

位置：西臨長江，與陽夏鼎峙。東毗鄂城，南接咸寧，西南望嘉魚，東北控黃陂、黃岡。東西五十七里，南北一百四十里，距京師二千八百八十五里。

沿革：今縣本武昌府治。明清循元人武昌路之名。清江夏縣本漢唐江夏郡之舊。隋至清皆稱江夏縣，即漢晉沙羨縣，南朝汝南縣，郢州治。唐置鄂州，民國初元曾稱之。

山脈：黃鵠山實幕阜北脈之盡處，橫亙省城，又名蛇山。北有胭脂山，城東洪山，並高峻。東北梁城山，有梁武帝城。東南冶唐山，晉宋置冶處。青山磯陑下游，赤磯在上游。

水系：大江已見前章。省城內西南菱湖前後二湖相連，舊爲兩湖書院。東南有墩子湖。大江支流則有塗水，內有斧頭湖。沿江上自金口有武泰隄，下至青山有武豐隄。

物產：武昌夙號魚米之鄉，今則價昂倍蓰。金口白布、招賢白布自昔著名。省城市上鹽水烘糕、醫園油胚、全青豆絲、油炸豆腐乾，他省亦無此風味。濱江有蘆課。

實業：紡織繅絲諸局規模弘闊，工人三千六百餘。昔年官督商辦，今全爲商股。鮎魚套往來皆本省及川湘土貨，日用所必需，商務終歲如常，港淺沙積難停巨舶。新河港深，京蘇物品非日用必需，隨年歲豐歉爲盛衰。全縣田賦計四萬九千兩以上。

教育：縣立模範小學昔年學生衆多，人才輩出。今則學生少，程度亦低。國立、省立師範附屬小學較完善。私立小學有日新、正本、育才，受省款補助，養正則無須此。

城市：城原九門，今闢通湘門，共十門。商業繁盛處爲司門口，長街大朝街有馬路，文昌門外多工廠。武勝門外、沙湖之濱，自闢商場，街道尤寬廣。城南有鮎魚套。

鄉鎮：山坡在縣南一百二十里，在梁子、斧頭二湖之間，今設縣佐，爲重要市鎮。金口在長江上游六十里，古稱塗口，產煙，今設水警，亦爲重鎮。又縣東有豹子澥。縣北之青山磯，稻穀再熟。縣西南法泗洲產麻。縣南紙坊，縣東南五里界，皆有市集。

交通：武漢渡江小輪船由漢陽門至夏口，平湖門至漢陽。民船官渡自武勝門至漢口爲對岸。凡入京取道於京漢鐵路，赴滬入蜀取道於長江輪船，皆須自漢口啓行。惟粵漢鐵路係由鮎魚套登車，赴長岳益便，捷於兩湖小輪船也。

第九十一章　鄂城縣

鄂城縣治，北緯三十度二十三分十二秒，偏西一度四十分三十五秒。

位置：當省城下游一百八十里。北臨大江，與黃岡對峙。東毗蘄水，西接武昌，南界陽新，東南界大冶，西南界咸寧。東西七十四里，南北十六里。

沿革：楚伐揚粵，封中子爲鄂王。漢置鄂縣，今鄂城在縣西南二里。吳置武昌郡縣。隋省武昌郡，以武昌縣隸江夏郡，沿至清。今省會首縣沿武昌名，遂改壽昌，定名鄂城。

山脈：武昌山縣南，孫權都鄂，欲以武而昌，故名。樊山即壽昌山，曾產銀、銅、鐵，在縣西。西塞山高百六十丈，在縣東百三十里，曾爲吳楚分界。蚪山、鳳山、虎頭山，各肖其形。

水系：江闊五里，上游九十里白虎磯自武昌入界，與黃岡以江爲界，江中有崢嶸洲、蘆洲。縣西樊山之西爲樊口，即樊港。寒溪之水最著，注爲樊溪，昔曰袁溪，上游由咸寧縣石坑注入者曰東水。其藪澤則有西窐湖、五丈湖、大草湖、馬飲漿湖、蚌舟湖。

物產：樊口鯿魚、武昌酒，自昔著名。樊口羊山紙、炮料紙、保安布、金牛麻。葛店山多紅薯。濱江多蘆葦。又棉綫索子、鹽包摺子爲女工所用。黃米黏，宜煮粥。葛店月餅亦著。

實業：田賦二萬七千兩以上。農家多種菜子。米糧僅足本地食用，人民多謀生於外。杜永興機器花布廠生意頗發達，在省城斗級營發行。葛店布商在漢口自成一幫。舊商業以典當爲大。西雷二山有組合鐵礦公司者，以關係本縣及咸武水利中止。

教育：公立寒溪中學由縣經費辦理。縣立高等小學亦曰寒溪，附於中學。金牛鎮亦有高等小學一所。

城市：城內以東街商務最繁盛，生意以棉花行爲多，周圍四里。文廟前有東皋堤，一名義堤。東三里虎頭山下有清思堤，東五里有石盤堤。西門外即直接西雷山。

鄉鎮：金牛鎮、保安鎮物產豐饒，人民樂利。白滸鎮在西南九十里，生意頗衰。三江口鎮在縣西十里，左通團風，右通七磯。赤土磯鎮在縣西三十里，華容鎮在縣西五十里，皆以樊口爲近城扼要之總匯。葛店距城距省均九十里，地方人文蔚萃。

交通：長江輪船，皆於對岸黃州上下其客。昔日附輪船者必須渡江，今有小輪船碼頭，赴省城尤便。當水盛漲時，小輪船可溯樊口，過梁子湖至金牛鎮，每年只可行駛數月，水涸時即停。內河貨物仍賴民船。文冊到省則限定二日。葛店亦有專輪碼頭。

第九十二章　嘉魚縣

嘉魚縣治，北緯二十九度五十八分三十四秒，偏西二度四十分十七秒。

位置：省西南一百五十里。東界咸寧，東北界武昌，南毗蒲圻，北毗漢陽，西界沔陽，西南毗湖南臨湘。東西八十二里，南北四十八里。

沿革：晉分沙羡地置沙陽。隋唐省入蒲圻，於其地置鮎瀆鎮。南唐改鎮爲場，保大中始升爲嘉魚縣。其地有魚山，取"南有嘉魚"之義。宋以後沿之。

山脈：赤壁山在縣西七十里，周瑜破曹操處。牛首山在縣東，岳飛破金人處。陰山在縣東南，產茶。魚嶽一名江島，《水經》以爲山在大江中，今在江岸。青林山林木常青。

水系：灌磯昔本臨江，今去江已一里。大江南自臨湘來，北至武昌，今城東北有通江隄。縣北有沙陽洲，爲故縣治。下游有龍穴洲。大江支流有陸水，由陸溪新口入江，在上游七十里，下游江流曲折是爲簰洲。其藪澤則有太平湖、五重湖、致思湖。

物產：濱江洲地產蘆。山地皆產茶，茶末茶梗亦皆有稅。山地多產麻，平原多產棉花及芝麻。米糧足食，湖田且有餘。各湖產魚極繁，鯉魚、鱓魚極多。

實業：田賦一萬二千兩以上。農事餘閒，多從事於漁業，或以小船運土產到漢口換雜貨回縣。女子能助男子作田間農事，紡織事甚少。漁人得魚，多運往蒲圻神山市。舊商業以典當爲大。工作惟簽器編物，頗多適用之品。

教育：縣立高等小學三所，一在城南，由法華寺改，一在寶塔洲，一在簰洲。國民學校由勸學所籌設一所，雖多改良私塾，名爲國民學校。女學尚未成立。

城市：北倚文廟山，廟中有落星石，爲昔日隕星。西濱大江，南門外有大平原。城內以西門正街商肆繁盛，餘則爲居民。

鄉鎮：陸口鎮在縣西南，今名陸溪口。三國時視爲重鎮，吳人因以取荊州焉。石頭口鎮、簰洲鎮鼎立江上。近日寶塔洲地方發達，設立徵收局。其他東鄉之港頭口、南鄉之米鋪、東北鄉淨堡嘴亦頗繁庶。成公隄自馬鞍山至三角鎮頗鞏固。

交通：由漢口至新隄小輪船每日有數隻開行，皆清晨啓椗，一日至嘉魚城。簰洲、油壺嘴、大嘴魚碼頭、寶塔洲、陸溪口皆停泊上下其客，下水較速。陸路六十里至蒲圻接粤漢鐵路。東鄉西梁湖民船有水程百餘里出金口。

第九十三章　蒲圻縣

蒲圻縣治，北緯二十九度四十二分二十二秒，偏西二度四十一分三十二秒。

位置：省西南二百九十五里。東界咸寧，南界崇陽，北界嘉魚，西南界湖南臨湘。東西一百一十六里，南北三十七里。

沿革：漢沙羨地。吳赤烏中置蒲圻縣，相沿至今。晉屬長沙郡。宋屬巴陵郡。梁屬上雋郡。隋屬江夏郡。唐屬鄂州。元屬武昌路。明清屬武昌府。舊城在西梁湖東，產蒲，故名。

山脈：自崇陽入境，層峰列嶂，蜿蜒數十里，以金紫山爲主幹，峻極萬仞。東迤爲白石山、五洪山、荆泉山、鳳凰山、豐財山、龍翔山，其支如松峰山、雲台山、蒲首山皆有名。

水系：陸水一名雋水。源出江西修水，至崇陽洪下入境，東北流過石坑渡經荆港迤繞縣城，西流至車埠合大羅接里諸湖，出陸溪口入江。新店水一名新溪。源出臨湘入境，經新店入黃蓋湖，自島口入江。秀水源出縣東南仙人洞，合汀泗河、西梁湖至金口入江。

物產：南鄉茶爲大宗，銷蒙古、歐洲。西鄉麻爲特產，銷日本。東鄉多產竹木、石灰，銷武漢。北鄉神山產魚至盛。又芙蓉坡產銻。鷹木岩、桃花嶺、苦竹橋均產煤，多在採掘中。

實業：田賦二萬四千兩以上。四鄉平野多種稻。茶市分紅、黑兩期。紅茶多粤、晉商及土商採辦運漢，黑茶商分晉、粤、俄三幫。晉、粤幫多就地以人工製磚，俄幫則運漢以機器製磚。鄰近男女仰生活者數萬人。荆泉多利用水力。以竹製火紙尤自然之利。

教育：縣立中學原係朝陽書院舊址。高等小學四，一附中學內，餘設北鄉埠頭、西南鄉新店、羊樓峒。女子小學三，城內、羊樓峒、新店各一。國民學校公立十，私立百餘所。

城市：城周七里六門。陸水環繞，鐵橋橫跨工程壯麗。城內有疊秀山設林場，有公益典育嬰堂。附郭有馬鞍山，上有石塔，下有觀瀾閣。游人至此，仰挹俯瞰，有出塵之思。

鄉鎮：羊樓峒在縣南六十里。爲茶葉集中地，名馳海內外。今粵漢綫由附近經過，商業交通尤稱利便，設有茶稅局、縣佐、警署。汀泗橋在東北七十里。陸有鐵道，水有輪舶，可直達武漢，商況頗盛。新府在西南四十里。每當夏漲，帆檣林立，商務亦繁。車埠縣西卅里。爲麻商集鎮。

交通：自縣到省程限二日，羊樓峒限三日。現通火車，由武昌鮎魚套上車，四五鐘可到，驟覺便利。惟當南北兵站之衝，往來滋擾，迭遭損失。縣治至陸溪口通舟，水盛時一日可入江，涸時推挽頗艱。茶船昔多用拖舶，由島口入江，近則擬改由鐵道運轉。

第九十四章　咸寧縣

咸寧縣治，北緯二十九度五十二分三秒，偏西二度十七分四十七秒。

位置：省東南二百里。東界陽新，東北界鄂城，西界蒲圻，南界通山、崇陽，北界武昌。東西七十一里，南北八十三里。

沿革：隋爲江夏南境。唐大曆二年置永安鎭。楊吳曰永安場。南唐保大二年升爲縣。宋景德四年改今名，元以後仍之。西南銅盤隄曾爲蠻獠保聚之地，民族競爭之跡。

山脈：斧頭山在縣北，爲湖上望山。鈷鉧山在縣西，俗名熨斗山。金雞、金燈、金城、金龍尖爲金口水，名所自出。禪臺、鐘臺、碧泉、鸕泉、白望、石屋諸山與蓮荷嶺、峻水嶺相連。

水系：咸寧湖在縣北十五里，一名梓潭湖。縣西有河，源出峻水嶺。有溫泉出潛山，雙汊合流而注入梓潭湖。又有官埠港在縣東十里，源出長嶺，亦西入梓潭湖。其支流則有赤土港，一名珠樹港。梓潭湖既合衆水，東北過斧頭湖由金口入江。

物產：茶、竹爲大宗，有楠竹、筦竹、筋竹、實竹等。其次爲茶，以雨前毛尖爲貴，荷包茶亦佳。近歲紙及麻較盛。山產板栗、木炭、虎、豹、豺、狼、狗、獾。馬鞍山產煤。

實業：採茶女少男多，擇茶則專爲婦女，每人日可得工資元餘。黎明即起，終日工作。茶商多晉人，莊秤頗大，以三十六兩爲一斤。舊日商業，則以典當爲大。竹徑尺許，瘞而腐之以作紙，六都最盛。田賦一萬七千兩以上。

教育：縣立高等小學校五所，今僅存一所，在南城文昌宮旁。女子國民學校在南城。國民學校分布十六都，每都一二處而已。私立泉塘兩等、濯港小學、兩銘小學最著。

城市：護城隄在縣西，明萬曆時知縣周日庠築。起東山之麓，繞南西北三面，直接河西長三里，中建樓名永安，隄內浚濠，邑人思其惠曰周隄。

鄉鎮：全境分金城、豐樂、宣化、長樂四鄉。馬橋鎮在西南二十里，舊有茶莊四家，市肆殷盛。又二十里柏墩，舊有茶莊十八家。茶期較盛，首推官埠橋，距城十里，繁盛過於縣城，以紙爲大宗。汀泗橋輪軌交通，貿易殷盛。成山砦在縣西五里，峭拔可守。

交通：小輪船自武漢溯長江入金口，一日可抵縣城。現在粵漢鐵路既通，火車三時即達，尤爲便利。將來全路成，與湖南、廣東呼吸相通。平常輪船逐日開班，一日到省，冬令水涸，二日半到省。官埠尤爲鐵路大站。汀泗橋爲小輪船終點，接蒲圻界。

第九十五章　崇陽縣

崇陽縣治，北緯二十九度三十一分十九秒，偏西二度三十一分五十九秒。

位置：省南二百二十里。東界通山，西界湖南臨湘，西南界通城，東北界咸寧，西北界蒲圻，東南界江西修水。東西九十四里，南北九十四里。

沿革：唐天寶二年，開山洞置唐年縣。楊吳改曰崇陽，元以後仍之。唐年故城在縣東二里。唐以前爲江夏、蒲圻以南荒地，可見唐人拓殖之遠猷也。

山脈：大集山最雄峻。篛姑山今爲通衢。葵山、茱萸山皆富植物。白泉山宋張詠鑿山引水灌田。金城山爲黃庭堅讀書處。灌溪山有漚麻池。烏土山洞容千人，碓磨尚存。

水系：崇陽洪自通城匯山谿之水入境，經壺頭山下，一曰崇陽港。兩山相夾，中爲大洪，東西爲小洪。下游合於雋水，即陸水之徑流也。縣南高視河合太原河、青石河入於陸水。又有龍頭巖之龍頭河、荻洲河、柏亭河、鐵東河俱會小河入陸水。

物產：茶山所產以紅茶爲大宗，最細者曰毛尖。其禾花茶爲本地用，粗者爲老茶。製成者有花香茶上等裝箱，其次裝袋。

實業：田賦一萬一千兩以上。植茶皆山農，茶商以廣東爲多。採茶男、婦並作，擇茶多用女工，亦間用男工。茶期最盛時爲舊曆三、四、五、六等月。本縣但有商會，無茶業組合，無精密統計。全縣茶莊約二十處。舊有商業則以典當爲大。

教育：縣立高等小學校在城內東門後街，學生百餘人。原設白霓橋、巖頭寺、石城灣各高等小學已輟，東峰堡一校巋然獨存。國民學校約四十餘所，學生多負笈京省。

城市：城周三里有奇，凡四門，以東門至西門之十字街爲盛。城外東、西、南三面皆臨河通船。東門對岸，地名砌岸，亦有茶莊。

鄉鎮：縣東五里小港市，東南十五里白霓橋，東四十里高家市，縣西四十里桃溪旁桂口橋市。大沙坪在縣南五十三里，爲茶米之總匯市場。堰市在通城界上，距大沙坪八里，貿易亦盛。昔分四十八堡，今分十一區。

交通：由省至縣有三道。一陸路由粵漢鐵路至蒲圻南行六十里即至，官吏由此。一水路溯江經金口寶塔洲，入陸溪至蒲圻上行數十里即至，商人運貨由此。一水陸並進，乘小輪至金口，入螺鈿港越西良湖至汀泗橋，南行九十里即至，程限凡四日。

第九十六章　通山縣

通山縣治，北緯二十九度三十四分四十八秒，偏西二度五分十八秒。

位置：省南一百八十里。東界陽新，西界崇陽，北界咸寧，南界江西武寧、修水。東西七十一里，南北七十五里。

沿革：唐爲永興縣之新豐鄉。楊吳武義中置羊山鎮。周顯德五年南唐始置通山縣，旋省。宋太平興國二年升羊頭鎮爲縣，後沿之。

山脈：自幕阜東支至縣西南三界尖，分東、西兩大支。一自三界尖北迤至蓮荷嶺，爲崇通界山，東迤爲縣境富水北岸諸山。一自三界尖東迤，爲富水南岸諸山。就中大城山高峻環結，朦朧嶺險峻迤邐，九宮山風景佳勝。其石城、石梯、石航、石瑙、石門山谷深邃，均唐以後人力所通。縣北七里新開嶺亦明宣德時鑿。此通山之名所自昉。

水系：長河即富水，正源出縣南少西之白羊尖，北流至雙港。其別源自西南之北山來會。又東北港至永濟橋，縣河自西南黃營尖來會。又東北流至界首入陽新。寶石河源出縣南少東之平林山，北會諸水入陽新境，注於長河。

物產：以茶、麻、油、紙爲輸出大宗。穀米、豆、麥等農產物，除敷境內之供給外，仍餘十之二三。諸萸之產出亦夥。

實業：田賦七千兩以上。居民以農業爲本，全縣幾無未開墾之山。工業以榨油、槽紙爲多。商業以僻在山鄉，不甚發達，舊有商業則以典當爲大。

教育：縣立高等小學一校設於縣城，內分三堂，附設甲種農業一堂。國民學校城鄉約計六十餘所。

城市：縣故無城，依山爲固。羅峰、翠屏、石航、馬槽諸山，環亘周遮，天然郭郭，山間缺口宛若四門。城內街市約四里許。

鄉鎮：橫石潭在縣東南五十里，靈泉寺在縣西十五里，楊芳林在縣南五十里，西坑潭在縣東北十五里，均爲縣境著名市鎮，商務繁盛，茶紙貿易麕集於此。

交通：山路崎嶇，溪流僅資灌溉，交通甚覺不便。由縣到省平常四日，郵信間日開班，文冊到省程限定爲九日。近自粵漢鐵路通車，困難頓減三分之二。水路自雙港放船至富池口入江約二百餘里。

第九十七章　通城縣

通城縣治，北緯二十九度十三分二十四秒，偏西二度四十六分二秒。

位置：省西南三百里。東與北界崇陽，西北界湖南臨湘，西界湖南岳陽，南界湖南平江，東南界江西修水。東西七十七里，南北四十二里。

沿革：漢下雋地。唐爲唐年縣地。元和中置通城鎮。宋熙寧中始升爲縣，紹興中復廢爲鎮，旋復爲縣。元以後仍之。俗因銀山別稱銀邑。

山脈：幕阜山介湘贛之交，周五百里，有水四出。大盤山一名萬峰山，縈紆廣遠。龍窖山深谷巨壑，雲風蓊鬱。錫山在縣南，舊產銀亦產錫，與九宮山接。長山寨形勢扼要。

水系：雋水，一名陸水，自湖南界上雋鄉東北流，繞城西，經縣治北合秀水，又東北經柘橋入崇陽縣界。秀水一名太平港，合菖蒲港自鯉魚市來，西北有黃沙港合鐵東港，在崇陽界上入雋水。

物產：農產以穀米爲大宗，有"小湖南"之稱。其次則苧麻亦著名。豆、麥皆易穫。茶葉產出不盛。葛布特出於何葛瑕，行銷武漢，呼爲銀葛。

實業：田賦一萬四千兩以上。山頂亦多良田，引泉水爲灌溉，水旱無憂。所產米糧不但本地民食有餘，且分銷崇陽、通山及湖南平江、岳陽、臨湘、江西修水等縣，歲值數百萬。其赴漢口銷售者，則出崇陽之大沙坪，米商攙水以致變味，宜由商會檢查之。

教育：縣立高等小學校在南門外，校舍係新築。東門內有青陽書院，即宋之資深堂，近改設女學，因亂中輟。國民學校最盛時逾八十所，亦有待於整理也。

城市：城南門外雋水、秀水相合處有三眼橋，通稱拱橋，秀水迴瀾為八景之一。北門九眼橋，舊名狀元橋，為楊起莘遺跡。舊有商店則以典當為大。

鄉鎮：塘湖市，在縣東四十里新安河下，縣南二十里有關刀橋，崇古市在縣西四十五里，太平市在西北三十里，皆昔盛今衰。麥市在東鄉，為湖南平江與江西往來要衝，久已發達。北港在湖南界上，為西鄉鉅鎮。

交通：文冊到省定為五日。由蒲圻、羊樓峒東之趙李橋上下火車，計由縣城至趙李橋陸程百里，夏令一日可到。水道多沙港，但能行竹排，不能通木筏，由蒲圻大沙坪出口，商家貨物皆取道焉。

第九十八章　大冶縣

大冶縣治，北緯三十度四分三十四秒，偏西一度三十六分十秒。

位置：省東南二百五十里。東界陽新，西界鄂城，東北界蘄春。東西八十三里，南北八十七里。

沿革：隋武昌縣地。唐為永興縣地，置大冶青山場院。南唐保大二年升為大冶縣。宋以後仍之，名實相副。

山脈：鐵山在縣北四十里，唐宋置爐於此，與象鼻山礦牀相連。圍爐山在縣東，舊有鐵務。西南銅綠山出銅，晉宋皆置銅場，今山口墩即銅竈遺跡。又錫山產錫。

水系：大江自鄂城東至黃石港，又東經道士洑，又七十五里至潼源口入陽新縣界。全境西南各水匯為金湖，冬春則涸，夏潦盛時，由潼源入江，一名縣前河。又有華家湖在縣西北，由黃石港入江。磁湖在縣東北，由勝陽港入江。

物產：縣前金湖，相傳古淘金井，水泛則沒。銀場在縣西十里，一名小銀爐。銅礦在白雉山。青山場鐵山爐、鐵冶所唐宋舊產。道士洑之蘄竹，磁石木樨釣魚臺之魚並美。

實業：田賦二萬四千兩以上。鐵業由漢冶萍公司開採，運往漢陽煉冶，近乃於袁家湖地方設爐。石灰窰之水泥廠，中外馳名。鮓炭、焦煤、石灰均為無盡之藏。謝坊紙、果城葛布、永豐四會棉布、天臺山之雲霧茶皆歲獲厚利。

教育：縣立中學一。乙種工業學校一。高等小學五，城與四鄉各一。模範國民學校四鄉各一。國民學校十區各一。私塾在城者十二，在鄉者四百餘，曾擬合併改良。

城市：縣署北倚將軍嶺，儒學北倚老龍頭，甬道以南放生池通小舟，西有進士、孝子、節孝各坊，來青樹為邑中名勝。北門外有萬止齋故里。

鄉鎮：石灰窰因產石灰得名。黃石港今設縣佐。道士洑當西塞山下，即上洑鎮，昔駐都司。姜橋市在西南十五里，換縧橋市在西北四十里，皆鄉民交易處。花油堡在南，保安堡在西，長虹堡在北，而夾城砦、北嶧砦、橫山砦、雞心砦皆咸同避兵處。

交通：長江輪船均泊黃石港，上下搭客並有小輪船專駛漢口。漢冶萍公司自有輪船裝運。石灰窰至鐵山有運礦鐵路，又有得道灣至獅子山支路以便運輸。文册限四日到省。

第九十九章　陽新縣

陽新縣治，北緯二十九度四十六分三十四秒，偏西一度二十一分四秒。

位置：省東南三百八十里。東界江西九江，東南界江西瑞昌，南界江西武寧，西南界通山，西界咸寧，西北界大冶、鄂城。東西一百七十四里，南北一百又三里。

沿革：漢下雉縣城，在今治東南百四十里。吳置陽新縣，在今治西南五十里，一曰富川城。陳置永興。隋改富川。宋太平興國二年置興國軍，元改路，明改州。今復古名。

山脈：大銀山在縣北十五里，多銀礦，元時曾採銀於此。縣西二里黃姑山亦曾設銀場。縣南閭閻山為伍子胥屯兵處。石榴山、柳峰巖林業亦盛。龍角、龍耳、三角山並峻。

水系：大江在縣東北六十里，江之北岸即蘄水境。富水在縣西十里，一曰長河，由通山入界。三教山、白閻山以南各山谿之水皆流入焉，經縣治而東匯富池湖，至富池口入江。支流大者則有龍港水、港口水、西湖水。東北有海口湖，由海口入江。

物產：椶樹皮作椶刷、椶墊，近於熱帶植物。濱江洲地產蘆有課，竹木亦盛。農產苧麻、棉花、稻粱、黍稷，然以薯蕷為大宗。礦產多煤。龍角山銀礦最著名。

實業：田賦三萬五千兩以上。本地人組織公司以開採煤礦者凡二十餘處。紡紗、織布、製紙均為特色。舊有商業則以典當為大。

教育：縣立高等小學三，城一鄉二。乙種工業學校一所亦在城內。單級師範、自治研究所均從前所創，化學傳習所現正開辦。國民學校，城鄉七十餘所，改良私塾頗難枚舉。

城市：城周十餘里，凡八門。街道寬闊，商務繁盛，以十字街為最。城外東南隅又有富川門，上建富川樓，極華麗。其東有疊山祠，為宋謝枋得謫居處。

鄉鎮：陽辛市距縣百里，即古之陽辛縣，為西南要鎮。石田市在縣東五十里，龍港市在縣南六十里，皆為鄉民交易之場。柳峰砦在縣南三十里，附近有太平砦，皆元末人民保聚以避兵拒敵者。石榴砦在縣西五十里。黃穎口鎮在縣東北五十里，最繁盛。富池口鎮在縣東六十里，有昭勇廟，所祀為三國吳甘寧。

交通：北通大冶，南通江西之武寧，西通通山，東出富池口而通大江，頗稱便利。文册限四日到省。

第一百章　漢陽縣

漢陽縣治，北緯三十度三十三分十二秒，偏西二度十七分三十二秒。

位置：省城西北，隔江對峙。東應武昌，如輔車相依。北限漢水、夏口分治，勢如鼎足。西界漢川，西南至沔陽。東西九十里，南北一百里。

沿革：漢沙羨地，後漢曾爲沙羨治。晉置石陽，後改曲陽。劉宋又改陵曲。齊改沌陽，在治西六十里。隋開皇置漢津，大業二年更名漢陽。唐設郡。周、宋置軍。元置府。今始廢。

山脈：龜山即魯山，有禹功磯，臨江重險。漢陰山以漢陰丈人得名。臨嶂山爲沌陽之舊治。又西百人山爲周瑜戰處。西南香爐山則蒙古忽必烈俯瞰大江處也。

水系：漢陽江面距武昌縣共寬七里三分，臨江名勝推晴川閣。上游自沔陽來，東逕新灘口、大軍山、小軍山、雞翅山，東北逕沌口，又東逕歎父山，又經縣治東門，又東至魯山，又東至南岸嘴。漢水自漢川來，經蔡甸相會，下達夏口。

物產：農產米麥足食，棉花足衣，無特別之動植物。距省會商埠近物價較昂。家畜雞、鴨、豬獲利頗豐。濱江洲地產蘆有課。

實業：漢陽鐵廠取萍鄉之煤，煉大冶之鐵，是漢冶萍公司。三里坡有民辦毛巾廠，製造精良，爲完全國貨。城內有旗民織布廠，爲荊州移來旗民籌生計也。南岸嘴一帶月湖之旁，紅磚廠亦發達。全縣田賦二萬六千兩以上。

教育：晴川中學原係晴川書院改設，爲漢陽全府之公產，茲仍以府區各縣爲中學區。今縣立模範高等小學只存兩班，國民兩班。女學只國民級。民立有勤成學校。

城市：東濱大江，東門與武昌漢陽門相望。自東門至西門大街橫列縣署、兵營、商肆皆萃焉。西關街道亦盛，馬路直達龜山頭。附郭西北月湖、伯牙臺並爲名勝。

鄉鎮：出西門十里爲十里鋪，爲昔日驛傳鋪遞第一程。浮厝旅櫬，多未歸者，不如安葬也。蔡甸在縣西六十里，今設縣佐及徵收局。沌口鎮在縣西南三十里，控扼江湖。黃陵磯設有徵收局。清灘口即新灘口，亦設有徵收局。鸚鵡洲有竹木局。

交通：由縣至省城平湖門，安合公司小輪船往來。由縣至夏口有大慶小輪船往來。水盛時小輪船可入沌口，至彭家場、蒲潭等處。龜山頭一帶有臨江鐵路三條，通紅磚廠鐵路一條，專爲鐵廠應用。城內通膠皮車，各鄉仍用轎及小車。文册即日到省。

第一百零一章　夏口縣

夏口縣治，北緯三十度三十四分二十四秒，偏西二度十六分五十五秒。

位置：東與武昌隔江相望，南與漢陽隔漢相望，成鼎足之勢，爲長江中心。東北接黃陂，西北至捷徑河毗孝感，正西毗漢川。東西九十里，南北三十里。

沿革：春秋時吳伐楚，沈尹射奔命於夏汭。又封陳，鄉取一人以歸，謂之夏州。明始設漢口巡司。清設漢口同知，光緒時始改夏口廳。民國元年改縣。漢末夏口在今省城。

山脈：柏泉山在漢水北，大禹植柏於大別，根至柏泉。有泉尚在湖蓋山，其形如蓋，西臨桑臺湖因名。平地亦高於海面一百八十餘丈，城垣馬路亦如長岡綿亘。

水系：應劭言："江別入沔爲夏水"，"冬竭夏流"。《水經注》亦言江之別出者，漢水入江之口。古今屢有變遷。顧棟高言："春秋時大別在漢水東岸。"元明時亦在今漢口下游，迄明成化初漢水始由排沙、郭師二口間逕行而東至龍王廟入江，江岸東迤黃陂界。

物產：漢貨多製造品，雲白銅水煙袋最佳。漢煙則漢昌公司爲著。

和記雞蛋廠由鄉間收集。花布街花布貿易頗盛。新食品有延年豆汁。新溝魚市盛大有捐。

實業：國內貿易冠於各省，有牙帖委員徵收各商人牙稅及糖捐局、鄂豫火車捐局。工人勞動者多，因特設夫役捐，爲他縣他省所無。漢口徵收局所收百貨爲全省冠。農田面積甚狹，田賦只九千兩以上。總貿易額年計一億七千萬兩，歲贏三千萬兩。

教育：文廟北爲縣立高小學校，東爲商務學校，基地頗廣。輔仁中學校及高等小學校、國民學校規模較盛。收回德華學堂自辦中學，改課英法方言。

城市：商場地形狹長，前臨江漢，城垣已改馬路。東北爲外國租界，近接大江。西南爲本國市場，河街、黃陂街夙推繁盛，龍王廟、四官殿碼頭尤擁擠。昔年街道曲狹，革命時付之一炬，改築仍未展寬。新開馬路則歆生路最爲整齊，碼頭石路尚待修理。

鄉鎮：新溝爲涢水入漢之口，市集殷盛，今設有縣佐。拖路口爲縣北川漢路要地，已設警察。羅家墩距縣十餘里，亦有市集。劉家廟、諶家磯在長江下游，今連成一市。

交通：距海二千三百里，水盛時可航吃水二十二尺汽船，水小時可航吃水十二尺汽船。武漢電話局以漢口爲盛，直達武昌、漢陽，交通挂綫極便。文册即日到省。龍王廟東利記、兩湖、美最時、大阪、招商、大關、長清、太古、怡和、阜昌、華昌、寶順各躉船。

第一百零二章　漢川縣

漢川縣治，北緯三十度三十九分三十秒，偏西二度四十六分三十秒。

位置：省西北一百二十七里。東毗漢陽，西接天門，南鄰沔陽，北抵應城、雲夢，東北界孝感。東西一百又八里，南北九十六里。

沿革：漢安陸地。梁置梁安郡。西魏改魏安置江洲，尋改漢川郡置沔州，治甑山縣，故城在東南十里。唐武德四年始置漢川縣。五代時治劉家隔。元時移今治，明清因之。

山脈：內方見於《禹貢》，小別見於《左傳》。陽臺在縣南，不在巫峽。赤壁崖岸如丹，非曹操敗處。漢山巨石，圓淨如鏡，與龍霓、鳳皇諸山相接。高觀山界漢陽，最爲崇聳。

水系：漢水自天門、沔陽入境，昔分二流，一由張池口經縣南，一由竹筒河出劉家隔，二水復合以達漢口。明以後始多水患，潰水亦由此會曹湖諸水入漢。又新河在城東，引松河入漢。安漢湖、橫湖皆入新河。五龍河自應城來，注泉河自孝感來，皆入漢。

物產：蠶絲、棉花、豆、麥、花生爲大宗。食品則有漢川白餅，製自繫馬口者最佳。挂麪出劉家隔，中有細孔如腸，他處所無。濱江洲地產蘆有課。

實業：湖塘堤在縣北二十里，自關前河至湖子港，夾植楊柳有裨水利。全縣田賦二萬二千兩以上。閭里隙地，無不植桑，且有桑田，絲極精細，在漢評價爲各縣冠。繫馬口陶器行銷亦遠。近歲家庭工業織布而外，又有織襪機器亦多獲利。

教育：縣立高等小學校新築校舍規模頗備，乙種農工各校今已中輟。民國以前小學發達，教育家在省服務者領袖學界，力開風氣，近歲氣象衰敝，亟待整飭。

城市：城分五門，西門之南有歡樂門，街市作十字形，東門至十字街口頗繁盛。北門有甑山書院，縣署後有古廟曰陽臺寺，殿宇壯麗。

鄉鎮：劉家隔在縣北三十里，四達之衝，商舶鱗萃。甑山橋在東南十里甑山下。繫馬口在縣東南十五里，近年因鹽局裁撤，南鄉百貨聚此，繁盛驟過縣城。田二河爲西鄉棉、絲、穀、麥總集。陡埠頭在縣西九十里，林姓戶口最繁。

交通：文冊二日到省。小輪船自漢口、蔡甸、新溝入界至縣治，水程一百八十里，船貨千錢。又上沂繫馬口、城隍港、蚌湖口至分水嘴，水程一百零五里。入沔陽界至仙桃鎮亦七十五里，縣治適當中途。

第一百零三章　黃陂縣

黃陂縣治，北緯三十度五十二分三十秒，偏西二度十二分四十六秒。

位置：省北八十五里。東界黃岡，東北界黃安，西及西北界孝感，南界夏口，東南界武昌，北以大勝關界河南羅山。東西八十里，南北一百六十六里。

沿革：漢江夏郡西陵縣地，劉表使黃祖築城曰黃城鎮。晉宋置灄陽縣。北齊置南司州。陳曰司州。後周改黃州，兼置黃陂縣，相沿至今。隋屬永安郡。唐置南司州，旋廢。

山脈：西北自馬吼嶺入境，以祖師尖、大悟山、金鼓蓮、牛脊嶺、礦山、龍王尖、伏馬山為大。東北自關家岡南迤，以夫子山、木蘭山、鹿耳山、道明山、洪界山、甘露山為有名。

水系：大江在城南四十七里，自夏口流入縣境，下達黃岡。灄水正源出黃安西北山中南流入境，沿途受諸小水至縣城東南曰前川。又西南分二派，西河入什仔湖至灄口會淪水，由諶家磯入江，東河入武湖會界埠河，由水口入江，盛漲則兩湖合為一。

物產：農產以穀、麥為大宗，棉花、落花生、煙葉次之。礦山產桔梗，克寨塘產石蓮，均藥劑妙品。武湖大嘴鎮產銀魚，味極鮮美。礦產則方下寺會河谷中有銀，柏葉山多鐵。

實業：田賦二萬六千兩以上。山鄉高原，農林並盛，普安砦、長林岡有桑場，大嘴有農墅。水鄉農田多賴隄防，武湖隄為現今大建築，河湖漁利甚溥。棉布為女紅織造，光勻細緻，行銷雲貴。烏柏子所製木油與花生油輸出甚夥。諶家磯有揚子工廠。

教育：高等小學原分五路，旋并為三，東合西南曰望魯，北曰道明，並稱模範，城廂曰中和。又有木蘭女校。近規定於二百四十八會，各設國民學校一所，力蘄教育普及。

城市：城周七里有奇，凡六門。城內鐵鎖潭為十景之一。程鄉坊為二程誕生地，市街殷繁，花布貿易最盛，有實業銀行、郵電等局及醫院。東南一帶瀕河，夏時帆檣林立。

鄉鎮：東曰高邑鄉，望魯臺爲二程讀書處，附近有理趣林、流矢湖諸勝跡，西城子爲黃城遺址，新集、六指店爲花餅市場。北曰灄源鄉，河口鎮今設縣佐，姚家集、長軒嶺、研子岡、王家河均鬧市。西曰崇義鄉，祁家灣有火車站及榨坊、軋廠。南曰禮教鄉，橫店爲三等車站，灄口巡司早裁，車站在其北。諶家磯襟江帶河，船舶艤聚，市況日盛。

交通：西北多山，可通馬車。東南多水，最便航行。夏時行駛小輪自縣城西南至橫店，道路修築，車馬肩輿，往來甚盛，東達黃岡倉埠之路亦修繕。文册限二日到省。

第一百零四章　孝感縣

孝感縣治，北緯三十度五十五分二十九秒，偏西二度四十分二十秒。

位置：省北一百二十里。北控九里關，接河南羅山界，東接黃陂，西北接應山、安陸，西連雲夢，南至漢陽、漢川、夏口。東西九十里，南北二百三十四里。

沿革：漢孝子董永故里。劉宋置孝昌縣。西魏置澴岳郡在縣東。唐改澴陽，置澴州。隋置義陽縣，故城在縣南。五代後唐改名孝感。明初省入德安，旋復。清以後仍之。

山脈：九嶸山一名九宗山，在東北八十五里，林麓深杳，谿澗盤曲。東有黃草山險峻孤峭。東北雙峰山並峻。大悟山上有平疇可耕。最北有黃茅嶺、白楊嶺接中條大幹。

水系：澴河出河南信陽界天磨池，逕九里關入境，右會黃龍山水，南流繞三里城，逕廖家鋪會清風澗水，爲雙河口。又逕二郎畈、柳林河，合老虎崖水注之，又南逕小河溪，迆西流，右會黃沙河，又左會淮水，南流迆東繞縣治西隅，東南流入黃陂界。

物產：農產以穀米、棉花爲大宗。城北白泥塘，質細而堅，可造盌，粗而耐用。西湖酒味醇而美，孝感麻糖膩而酥，最有名。

實業：田賦二萬八千兩以上。舊日商業以典當爲大。農學家或拓殖於塞外。今擬改種美棉，自設紡紗廠。上鄉商品以米爲大宗，上銷河南，下達漢口。棉花由漢幫收買，布莊原係西幫，比昔年稍遜。

教育：縣立高等小學由原有考棚改築，學生文學，素爲豐富。大興店亦有高等小學一所。城內有女子高等小學一。城鄉國民學校最盛時三十六所，私塾較發達。

城市：城周七里有奇，凡六門，澴水環之。文昌閣高舉於東，昔日甲科鼎盛，世家大族多聚居焉。城距車站七里，商店以米行、花行、布行爲多。

鄉鎮：小河溪在縣東北一百二十里，路出武勝關，今設有縣佐。馬溪河在東南五十里，原設巡檢，今裁。三汊埠在縣東三十里。楊家河在鄉南四十里，亦有市集。新店在東北百一十里，其南爲二郎畈店。大興店在小河上九十五里。

交通：京漢鐵路直貫省北者，惟此一縣城，北入京南入省，皆往來便利。文册限二日到省。民船自城上溯，水盛時可至三里城，水退時只能至小河溪。民船由縣城順流下水，盛時不過一二日，仍有竹排往來。

第一百零五章　沔陽縣

沔陽縣治，北緯三十度十二分十八秒，偏西三度二十一分二十五秒。

位置：省西南二百六十七里。東界漢陽，東北界漢川，西界潛江，北界天門，西南界監利、江陵及湖南臨湘，東南界嘉魚。東西一百五十五里，南北一百三十七里。

沿革：漢江夏郡雲杜縣，南郡州陵縣地。東晉置惠懷縣。梁置沔陽州。魏治建興縣。隋大業始名沔陽縣。宋省入玉沙。元以沔陽府治玉沙。明爲沔陽州，省玉沙。今改爲縣。

山脈：黃蓬山在縣南二百里，大江之旁，延綿環結。上有城，亦曰却月城，石靈峰爲此山最高處，右爲黃蓬湖。清雍正時曾移同知駐此。東南香山，一名望鄉山。

水系：襟帶江、漢，素稱澤國。江漲病東南，漢漲病西北，一旦江、漢並漲，勢如建瓴。龔家台隄坊爲全沔鎖鑰，歷年險象環生。一旦潰決，北則杜家湖、排湖，東至草塌垸，南抵新隄，皆不免其魚之嗟。今增卑培薄，以後或幸免於患。蘆林湖隄工關係十餘縣焉。

物產：蠶絲比各縣爲盛，漢口有沔陽絲花牌頭盛於沔北。稻與雜糧亦以西北爲盛。製造品有清水包頭及練綢。東南洪湖及西湖溝等處，魚蝦、菱藕、蘆葦最爲充牣。

實業：田賦五萬四千兩以上。高田早稻收薄，有五十早、七十早、雲南早、黃瓜早。低田晚稻多收，糯稻號鴨翅豬油。工業有仿製天門絹者百餘家。仙桃鎮蠶繭由省城繅絲局收買，歲値二三十萬緡，各洋莊亦競買。舊商則典當爲大。

教育：縣立高等小學，原係聚奎書院，新隄仙桃鎮高等小學等五路今已停輟。國民學校共十六所。縣立萃英女學一。豫計高等小學升中學，國民各校升高等小學。

城市：城東有鐵鍋，相傳爲陳友諒故物。城有六門，東臨蓮花湖，半倚紅花隄，紅白判然，其餘三面臨河，不如新隄、仙桃鎮交通之便。由縣至省平常三日，文册限七日。

鄉鎮：新隄鎮臨大江，商賈輻輳，長江輪船所經，設縣佐，有戲園。仙桃鎮臨漢水，商賈亦盛，爲漢水小輪船之終點。他若沔東沙湖、沔南峰口，在昔略有商務，今則輪船通便，氣象日新。油榨灣，道光前有榨坊四十八家，今僅存其五六，雜糧行百家無一存者。

交通：新隄至漢口三百六十里，大小輪船皆可行。由仙桃鎮至漢口三百六十里，由彭家場至漢口二百四十里，皆有輪船駛行。仙桃鎮北過沉湖三十里至天門乾鎮，由彭家場西達潛江。又彭家場分二支，一入袁家口，一入張家溝，舟運亦便。

第一百零六章　黃岡縣

黃岡縣治，北緯三十度二十六分，偏西一度四十分。

位置：省城東北百八十里，居長江下游。東界蘄水，西界黃陂，南對鄂城，北至麻城。東西二十五里，南北九十八里。

沿革：春秋弦子國，戰國時楚遷邾子於此。項羽封吳芮爲衡山王都邾即此。漢置西陵、西陽、邾三縣。宋省邾。齊置齊安。隋開皇始更名黃岡。唐爲黃州治。近廢府爲縣。

山脈：孔子山在縣東百里，詳見孔教章。赤鼻山在城西北漢川門外，屹立江濱，蘇東坡所賦赤壁也。黃岡山在縣東，即"黃泥之坂"也。淘金山在縣北，有三四穴，皆深數丈。

水系：大江自黃陂入境，經赤鼻磯至縣治。又東下蘄春，南岸爲鄂城界。入江之水在縣上游者有界河，出河南光山白沙關，南流入境，合樟松湖由團風入江，高岸河舉水由麻城南流入江。在縣下游者曰巴河，出蘄水南注巴河口，亦曰巴口，入大江。

物產：菸葉最盛。竹可代瓦，黃岡竹樓尚存。黃州蘿蔔爲蔬類著名。濱江洲地產蘆有課。棉花原料柔韌，棉布尤佳。巴河藕及蓮子著名。黃州豆腐由黃豆製成，水質亦佳。

實業：田賦四萬八千兩以上。舊日鉅商有典當，今多代當。城內商業，當科舉時代貿易甚盛，科舉既廢，商業遂衰，商店有遷往鄂城者。陶恒道仿宋刻本最精良，冠於全國。近年城內創辦織布廠。還和鄉、慕義鄉盛產愛國布、格子布，由團風鎮輸出。

教育：啓黃中學在省城，爲舊日黃州府。各縣公立高等小學六，西鄉分陽邏、倉埠、新洲，東鄉分團風、但店、城鎮共六區。西鄉人多能爲古文辭。

城市：君子泉在棲鳳街倉巷，宋通判孟震有賢德，因蘇軾銘黃庭堅詩而益著。城凡有四門，漢川門通赤壁，清源門爲輪船碼頭。

鄉鎮：新洲今設縣佐。陽邏鎮在縣西一百廿里，與武昌分界，昔設把總，今裁。團風鎮在縣西北五十里，南對鄂城界，昔有巡司，今裁，爲上游兩大鎮。昔與齊安、久長、靈山、沙湖、龍陂，共號七鎮。三江口在縣西卅里，亦有鎮。西北街埠市、正北盤石市、李坪，居民亦盛。

交通：長江輪船皆於此設撥船，上下其客。小輪船特設碼頭，生意比大輪船爲多。陽邏、團風亦爲小輪船所泊。文册到省限二日，鵝公頸徵收局距省比縣治遠，限期定爲三日。長江運貨仍以民船補助輪船，巴河以内惟行民船而已。

第一百零七章　黃安縣

黃安縣治，北緯三十一度十八分四十二秒，偏西一度五十四分三秒。

位置：距省二百二十里。北阻雙山壋，與河南光山分界，金局關與河南羅山分界，東界麻城，西界黃陂，南界黃岡。東西六十二里，南北一百二十六里。

沿革：漢西陽及䣕縣地，唐以後爲黃岡、黃陂、麻城三縣地。明嘉靖四十二年始析置黃安縣。縣東有龍集城，相傳隋所置縣，《隋志》不載。

山脈：七角山、硯池畈、胭脂山均産石炭。雙山門巖峰峭壁，不可下視，午間只見一綫之天。三角山在縣東，三峰秀仄，連接游仙諸山。北有天臺山，爲耿恭簡兄弟講學處。

水系：淞溪河在縣東，源出紫雲砦，南入麻城境。倒水源出河南光山界之白沙關，合雙山壋河、袁英河，至縣城北門、西門、南門。右受金廠河之水曲析南流口，下游經中和司八里灣、李家集，入張渡湖，由鵝公頸入江。灄河出縣西北，入黃陂界。

物産：石炭土名愛國石，可染愛國布。輸出品以米、麥、落花生爲大宗，棉花次之。蔬果之屬皆備。大坡阪之豆腐溝有銅礦。

實業：田賦二萬六千兩以上。商業以典當爲大。大利在農，米麥恒豐。落花生可以榨油，棉花、皮油亦爲商品大莊。近有擬組合機器碾米、磨麪、榨油、紡紗、織布五大廠者，果民信昭孚，必能成也。

教育：城內高等小學舊爲萃英書院，乙種農業在舊考棚。幷設女子兩等小學一、模範國民學校三，一在城，一在七里坪，一在八里灣。

城市：明以前爲麻城之新安姜家畈，萬曆築縣城。周不及四里，闢門四，有東、西、南、北四正街。商務以東正街爲最繁盛，西、北、南皆濱河。

鄉鎮：桃花鎮在縣東三十里五雲山下，宋元時大驛道，燧臺故址猶存。山寺有東坡遺跡，東南龍邱洞爲陳季常所憇。黃陂站在縣西北七十五里，爲通羅山縣宣化鎮之要途。七里坪在縣北四十里，八里灣在縣南七十五里，爲本縣最著之二鎮。

交通：平常四日到省，郵信間日開班，文册限二日到省。一出南門，歷詹店、長堰集、黃陂縣城，至橫店搭車抵漢口，計程二百一十里，爲西路。一出東門經桃花鎮、中和司、八里灣抵倉埠。夏日武湖水漲，小輪直達，計程二百三十里，爲東路。

第一百零八章　黃梅縣

黃梅縣治，北緯三十度三分三十六秒，偏西三十六分十三秒。

位置：省東六百六十里。東界安徽宿松，南界江西九江，其地突入江北，以孔壟爲界。西界廣濟，北界蘄春。東西四十七里，南北八十二里。

沿革：漢尋陽縣，屬廬江郡。吳屬蘄春郡。晉屬武昌郡，永興初徙尋陽於江南，遂爲蘄春地。齊置永興。隋改新蔡，開皇十八年定名黃梅，後因之。義豐城在縣南，唐所析也。

山脈：自蘄春宿松界迤入，有雙峰尖，在縣西北三十里，爲四祖道場。白蓮峰在縣北二十五里，爲五祖道場。礦山在東南十五里，舊設鐵冶。蔡山在西南五十里，出大龜。

水系：大江在縣城南五十里，江中有新淤洲及向家洲、葉家軍洲。縣河有三源，一龍坪出金寺尖，一小溪出雙峰尖，一泥河出古角山，皆自縣北及東北南流相合，至縣前由小池口入江。又西有黃梅水入長安湖，東有獨山河入源感湖。桂公隄頗鞏固。

物產：濱江洲地產蘆有課。山鄉農產米穀、於葉爲大宗，水鄉以芝麻、黃豆、棉花及花生、瓜子爲大宗。唐山野术尤爲特產。

實業：田賦四萬兩以上。商業以典當爲大。孔壠有乙種商業學校，商務最繁盛，與九江爲鄰。水路通小池口，商船出入較便。農民家給人足，平原無曠土，惟山多童禿，林業待興。女工紡織，多係家庭工業，亦須合力共營紗廠也。

教育：縣立高等小學昔爲調梅書院舊址，在小南門外八角亭，距市三里。私立潘家河高等小學亦有精神。城內有女子高小及模範國民等校，孔壠國民學校亦盛。

城市：城有六門，東門、小南門頗稱繁盛，均有正街。間有徽商營業，仍以本縣人爲多。穀米行交易較鉅。

鄉鎮：蔡山鎮今設縣佐於胡世柏，在縣南五十里，地方寥廓，梁末魯悉達保聚於此，早爲重地。正南清江鎮、西南新開口皆濱江要地。縣東獨山鎮、東觀鎮、縣南上新鎮、下新鎮、黃連鎮、濯港鎮，而孔壠界連江西，棉花所萃。縣北有停前鎮。

交通：郵路二日到省，文册限四日。縣城出入恒取道於小池口，兼取道於武穴，均相距九十里，夏天一日可到。惟渡江至九江及由小河經武穴，後均附於長江輪船上下。蘄春及安徽太湖、宿松赴九江，陸路恒取道於縣城。

第一百零九章　蘄春縣

蘄春縣治，北緯三十度一分五十二秒，偏西一度十一分十四秒。

位置：省東四百八十里。東界黃梅，東北界安徽英山、太湖、宿松，南及東南界廣濟，北及西北界蘄水，西及西南瀕江對大冶、陽新。東西二十九里，南北五十里。

沿革：漢置蘄春縣，屬江夏郡。三國魏置蘄春郡，後屬吳，改蘄陽縣。北齊羅州，陳改江州，北周始改蘄州。唐宋郡縣仍名蘄春。明降蘄州府爲蘄州，清因之。今復漢縣名。

山脈：自安徽英山入境，爲四流山，蘄水出其南。其迤於蘄水東南者爲鼓角山、七峰、九龍山、大泉山等，其迤於西北者則大桴山、老鴉山、靈虬山、下馬山、茅山爲有名。

水系：大江自蘄水來，經散花洲及茅山九里十三磯，繞縣城西南流廣濟。蘄水出四流山，南流迤西，左合棠林、倒橋、白水、桐梓、響水諸河，右合油鋪、白茅、劉公、華小界諸河，又西流會泥河。南分東西二支，西爲長港赤西湖，東爲白家河，入赤東湖至縣西挂口入大江。

物產：濱江洲地產蘆有課。蘄竹產於東北，今無。蘄艾、蘄蛇均入藥品。綠毛龜尤爲特產。穀、麥、棉花有餘。甕門有煤礦。

實業：田賦三萬兩以上。商業以典當爲大。縣城由勸學所辦蠶桑，於麒麟山設有桑園。清季設有實業學校，亦教授蠶桑，以無成效中輟。湖濱宜植湖桑，亦應改良做效者也。

教育：縣立高等小學一，在城內。私立高等小學三，在策山者二。女子高等小學在城內，國民學校二十五所。

城市：麒麟、鳳皇兩山對峙城內，雉堞環之，巍然聳立江上，俯視輪船往來，如行脅下。即漢蘄春縣之舊治，城周九里，有六門，北門外商肆最盛。

鄉鎮：張家塝今設縣佐，距城北一百五十里，山陵深阻，爲蘄水上游。茅山口在縣西六十里，曹家河在縣北四十里，白池湖在縣東北四十里，皆有商肆，以曹家河爲最殷盛。共分五鄉，每鄉分五區，每區又分兩圖。

交通：文册到省限二日。長江輪船上下搭客甚多，凡廣濟、陽新旅人，多出其途，小輪船亦於縣城設立碼頭。民船可通曹家河、白池湖，木排可上溯至張家塝。陸路通安徽英山、太湖，行人亦多。

第一百一十章　蘄水縣

　　蘄水縣治，北緯三十度二十六分二十秒，偏西一度十七分十九秒。

　　位置：省東二百九十里。東至安徽英山，西至黃岡，南至蘄春，北至羅田。東西一百二十八里，南北九十五里。

　　沿革：春秋弦子國，爲楚所滅。漢置軑縣，故城在縣東三十里。晉置弋陽縣。宋析置浠水左縣、蘄水左縣，別置孝寧縣，周省。唐改蘭溪，天寶初改蘄水，後因之。

　　山脈：自羅田入境，蟠亘於浠水西北者有金鼓山、玉華山、白石山、城山、調軍山、太子山、龍山、虎山。自蘄春入境，迤邐於浠水東南者，三角山三峰高矗，斗方山巖洞幽勝。

　　水系：大江在縣西南四十里，自黃岡流入，經迴風磯南入蘄春。浠水繞縣治南，一名南門河，源出安徽英山，經羅田境入縣境西南流，左合雞兒、倒流、砂魚、雙河、蘭溪諸水，右合沈家、柴家、陋家、易家等河，西過蘭溪之北入江。巴水爲縣西界河。

　　物產：濱江產蘆。農產穀、麥、棉花、菜子。林木繁茂，板炭價廉。藕粉最有名，原料以巴河芝麻湖所產之藕爲尤佳。特產亦有蘄艾，穀米、棉布爲輸出大宗。

　　實業：田賦四萬八千兩以上。商業以典當爲大。農人勤於耕作，三年可餘一年之食，安居樂業不待外求。女子職業則軋花、紡紗、織布皆一手經理。水濱多靛青製造，爲人民化學製造之基，安息香亦製造佳品。

　　教育：縣立高等小學附國民學校，並公立蘄水中學及甲種蠶業各一校。五區各設高等小學校，城內匯文女學亦著。國民學校城鄉凡數十所。

　　城市：城爲明萬曆時匪亂所燬。街長五里，南門艤舟，市面殷盛，關帝廟一帶廛市尤密。惜字公莊爲湯氏所居。全城向有官歇家二十餘所，包攬詞訟，今已奉令嚴革。

鄉鎮：團陂鎮在縣北九十里，今設縣佐，生意繁盛。巴河鎮在縣西七十里，控巴河入江之口，有上巴河、下巴河，生意與團陂相等。蘭溪在縣西南四十里，爲縣城出入門戶，亦前安徽英山出入之門戶。上游有柴家河，商店亦多。第二泉距縣西二十里。

交通：取道長江輪船者由黃石港上下，乘民船三十里至蘭溪，又乘小轎四十里至縣城。因城旁小河船更小，行更遲。若乘小輪船則由巴河上下，則換民船三十里至蘭溪。平常三日到省，郵信間日開班，文册限七日到省。

第一百一十一章　麻城縣

麻城縣治，北緯三十一度九分四十一秒，偏西一度二十九分三十二秒。

位置：有①東北二百四十里。東至羅田，西至黃安，南至黃岡，北至河南光山，東北界河南商城。東西距一百三十里，南北一百又七里。

沿革：漢西陽縣地。後趙石勒將秋麻築城於此。梁置信安縣。陳置定州。周改亭州，又析三郡。隋廢州郡，改信安爲麻城。唐置亭州，又析陽城，省入黃岡，大中復置，後因之。

山脈：自黃安入境，爲穆陵關，東行爲陰門關。九歇山長林關，由陰門關分支南行，爲龜山，即春秋之柏舉，舉水發源于此。再東行，爲什子山，宋端平間徙縣治于此。

水系：舉水四源，上馬河出西北五應山，東南流。小界嶺河出東北小界嶺，西南流。二河合而南經縣前，與來自東北石門山之舉水別源閻家河會，西南流。與來自東南龜峰山尾之舉水正源汝陰河會，又西流，北會浮橋、鄢家二河，西南流，入黃岡縣境。

物產：東鄉以黃絲及木油、茯苓爲最著。南鄉產穀、麥，間有黃菸

---

① 有，疑爲"省"之訛。

葉。西鄉以棉花輸出爲大宗。北鄉穀、麥、棉花爲盛。

實業：田賦三萬五千兩以上。商業有典當十三家，市上通行花票。昔本錢商專業，個人苟有信用，亦可便於一方，惟信用不固，則民間多受其累，現金化爲廢紙。今東鄉產鐵沙，有製鐵廠數所，傭工至二千之多。

教育：縣立高等小學一，乙種農業一，模範國民學校及宣講團等，其餘散布四鄉。改良私塾不下八百所。

城市：城有四門，以北街最爲繁盛，商務以花行爲大宗，大族以梅、李、王爲盛。讀書之聲相聞，民風亦勤儉。

鄉鎮：岐亭在西南七十里，前清黃州府同知駐此。白杲鎮在東南三十里。望花山鎮在縣南四十里。虎頭關在東北七十里，形勢最險。鵝籠山在縣西四十里，一名鐵壁關。宋埠水陸要衝，今設有縣佐，號小漢口。

交通：平常二日到省，郵政間日開班，文册限五日到省。由縣城南行一百三十里至團風，附小輪船來省。縣南陸路四十里即入黃岡界。由縣至團風則以凌山河爲宿站，屬黃岡界。

第一百十二章　羅田縣

羅田縣治，北緯三十度四十八分二十六秒，偏西一度七分四十三秒。

位置：省東北三百二十里。東界安徽英山、霍山，西界黃岡，南界蘄水，北界河南商城。東西四十七里，南北一百二十五里。當三省之交，形勢險阻，誠重地也。

沿革：漢蘄春地。梁置羅田縣，又置義州及義城郡。隋開皇初州郡俱廢，改置羅田縣，屬蘄春郡。唐武德四年省入浠水，天寶浠水改蘄水。宋元祐①復析置羅田，後仍之。

山脈：中幹山自西北循縣界而東而南，分三支盤屈縣境。西北雁門

---

① 祐，應爲"祐"。

砦獨尊山有名，東北天堂砦石柱山有名，東南觀音山、望江山有名，餘如八關、九砦均自昔著名。

水系：巴水自東北三省發源，西南流，與西北麻城界水東義洲河合，南流迤西，爲黃岡界水。尤河源出石柱山，西南流左合湯河、橫河，右合北峰河，經縣前南流至螺師嘴，抵蘄水界，合自南來朱家河，西北流折西南入巴水。東南以浠水界英山、蘄水境。

物產：以茯苓、黃絲、皮油、板栗、百合爲大宗。花果、蘭草、漆樹亦運銷漢口及蘇粵，銷數約值數百萬，藉此補五穀之缺。

實業：商業以滕家堡爲盛，縣城次之。銷貨最多者歲值三四萬緡，倍於前清，貨不加多而價加昂也。全縣田賦一萬二千兩以上。多雲鄉山多竹木，平湖鄉多平原，奉泰鄉最膏腴。近歲白匪蹂躪，所過村落爲墟。

教育：高等小學縣立一所，鄉立二所。多、平、奉三鄉，每鄉國民學校多至三四十處，近歲頗衰減。

城市：縣固無城，東、西、南三面環水，街分南、北二道。西端合而爲一，東端亦相會合，輪廓宛如棒形。市廛不盛。其西有東坡井古跡。

鄉鎮：滕家河堡在縣西北七十五里，與麻城接界，萬曆時所築。多雲鎮在縣東北一百二十里，南與九資河市相近，皆有名集場。駱駝坳市在縣南三十里，與蘄水接界，市面貿易亦盛。

交通：平常四日到省，加倍八日。郵信間兩日開班，文册到省限十日。行旅自縣城陸行百三十里至團風鎮，由小輪船溯江到省。縣境之水多不通舟，商人用以轉運土貨出口。

第一百十三章　廣濟縣

廣濟縣治，北緯三十度六分三十秒，偏西五十六分一秒。

位置：省東五百四十里。東界黃梅，西北界蘄春，西南界陽新，正南界江西瑞昌。東西四十二里，南北七十一里。

沿革：漢蘄春、尋陽二縣地。唐武德四年析置永寧縣，天寶元年改曰廣濟，原屬黃州。明降蘄春府爲州，幷屬黃州府。今府廢，幷隸江漢道。

山脈：自蘄春分支入境，靈山在縣東五里，山麓有天梁石。層峰山在縣十里，有余玠讀書處。陽城山在縣南六十里，有靈泉洞。積布山在縣西南百里，形如積布臨江。

水系：大江自蘄水春迎山西流入，益折南，經石頭山、積布磯、盤塘鎮轉東，過武穴鎮下抵黃梅界。河水以梅川與團山河爲大。梅川出層峰山，南流經縣城會諸水入武山湖。團山河出靈山北，東南流入太白湖。又有連城湖爲武山、太白二湖之通道。此外有馬口湖、陽城湖，南通大江。

物產：濱江洲地產蘆，有課。棉花、苧麻、菸葉爲三大宗。米糧一穫可足三年之食。花生亦盛。

實業：田賦三萬一千兩以上。商業典當爲大。貧民工廠以紡織爲多，新發明便民紡綫機，一人能紡綫二十條。武穴商業以淮鹽爲第一，商人以徽幫、江西幫占重要。陽新之麻亦由此過載，本地商人惟有營業雜貨而已。

教育：縣立中學一，校舍新築，規制完善。高等小學三，縣城、武穴及永西鄉，亦由中學縮改。女學二，在縣城及武穴。國民學校有二百校以上。

城市：城墻已撤，僅存四門。東門街市較盛，縣公署在焉。十字街商店較多，居民五百家。光緒末知縣孫炳麟興學冠於各縣，學者至今思之。

鄉鎮：武穴鎮在縣南七十里，今設縣佐及警察專局，水警保護周至，民廛稠密，爲長江下游第一大鎮。田家鎮在縣西南八十里，江流最狹處，據武穴上游，有礮臺對半壁山。馬口湖入江處昔有馬口鎮，今廢。龍坪鎮在東南七十里。雙城在縣東六十里。

交通：武穴爲長江輪船上下客貨之地，今有小輪船碼頭，尤便於上下，文冊到省限期定爲二日。縣城交通亦由此出入，是以縣城文冊到省限四日。田家鎮亦有小輪船碼頭，上起蘄春，下達九江，號濟源公司。

縣城至武穴水行三十里，陸行四十里。

第一百一十四章　安陸縣

安陸縣治，北緯三十一度十六分六秒，偏西二度五十七分八秒。

位置：省西北二百八十里。東界孝感，東南界雲夢，西界京山，北界應山、隨縣，南界應城。東西一百又八里，南北九十里。

沿革：春秋鄖子國，楚滅之，封鬥辛。漢安陸縣屬江夏郡。晉爲江夏郡治。宋爲安陸郡治。西魏爲安州治。宋元爲德安府治。明初爲德安州，仍升府，清仍之。今府廢縣存。

山脈：自應山界入境，蟠於溳水東者，蔽山、槎山、虎子巖最有名。自隨縣大洪山分支入境，亙於溳水西者白兆山，一名碧山，下有黃瓊墓，上有桃花崖，爲李白讀書處。

水系：溳水在城西北，自隨縣應山界入境，東南流繞城西隅，南經雲夢澤入雲夢縣境。漳水在縣西南，自應城流入，是爲雲夢之漳，與溳水合，二色分明，清濁判然如蠨蛸，謂之漳口。

物產：棉花有白花、紫花兩種，白布爲出產大宗，紫花布僅供家用。米麥兩季，足食有餘。蔬有白花菜。銅礦苗發見，尚未開採。靛則蓼藍、槐藍爲多。

實業：田賦八千兩以上。男耕女織，以長子孫，多用舊法，亦足以自給，是以無新式之工廠及公司。商業以府布爲大宗，近年貿易額亦遠不如昔。織布者多攙用洋紗，現擬組合紗廠尚未成立。

教育：漢東中學係第五區，學生三班尚待拓充，學風宜求整肅。縣立高等小學係在校場新築。國民學校城鄉只十餘所。私立女子二所，略有公款補助。

城市：城周六里有奇，凡四門。西瀕溳水，原爲德安府治，市街寬整，尚多荒涼之地。稽考舊志，皆屬殷盛闤闠，蓋緣洪楊刼後，元氣未復故也。西門外有岳武穆廟廢址。

鄉鎮：巡店俗稱巡檢司，在縣南二十里，為縣屬第一市鎮。次則縣西南三十里之桑樹店，縣東三十里之丁李店，均稱鬧市。又縣北二十里之大化店，縣西四十五里之雷公店，亦鄉民趕集場所。

交通：文册到省限二日。由縣城至孝感縣屬蕭家港，凡七十五里，搭火車晉省可一日至。民船由西門外順流直達漢口，凡三百六十里，下水最速兩日可達，上水有遲至七八日者。

第一百一十五章　隨縣

隨縣治，北緯三十一度四十三分三十秒，偏西三度十八分。

位置：省西北三百二十里。東界應山，東南界安陸，西及西北界棗陽，西南界鍾祥，南界京山，北界河南桐柏，東北界河南信陽。東西百五十五里，南北二百十二里。

沿革：炎帝起厲山，皇古已著文明。春秋漢東以隨為大，自漢迄元皆設隨縣。南朝宋置隨陽郡。齊置隨郡。隋本以隨為號，乃改漢東郡。唐置隨州。明省隨縣。今仍稱縣。

山脈：自桐柏山南迤入境，西北有固城、栲栳、小洪諸山，西南有龍泉、天橋、大洪諸山，東北有太乙、田上、筰水諸山。縣北厲山、鍾毓、神農。縣南青林山，明玉珍起兵於此。

水系：溳水出大洪山黑龍池，至環潭屈曲流至安居店東。溠水自雞鳴山南流來注，至均河口均水自大洪山東北流來注，至縣城西瀙水自固城山南流來注，至望城岡東，漂水合澪水南流來注，至餾䭒岡北浪水東流來注，東南入應山界。

物產：皮油為出產第一。農產以穀、麥為大宗，棉花產出亦盛。果產桃、李、梨等。製造品有乾古紙及香料。

實業：田賦二萬兩以上。農民勤於墾殖，地無遺利，富戶頗多。大洪山一帶居民利用水碓，以舂造紙及神香原料，人工省而物價亦廉。若再加研究，用以榨油磨麪，其利益大矣。

教育：縣立高等小學一校，在東門外。國民小學有東、南、西、北關四校。此外若東鄉之淅河、南鄉之均川、西鄉茅茨畈、北鄉之厲山，均設有國民學校。

城市：城甓以磚，凡五門。大小南門之外，環以土垣。商務以大南門外為最盛，東西關次之。西門內有夜光池，為隨侯得珠處。季梁廟在東門外二里有奇。

鄉鎮：祝林總在縣東北百八十里，突出河南桐柏、信陽之交，今設縣佐。環潭鎮在縣西七十里，為赴棗陽驛鋪。厲山鎮在縣北三十五里，唐縣鎮在縣西北九十里。二鎮即春秋時厲國、唐國所在地，當隨棗往來孔道。

交通：文冊到省限四日。由縣城至廣水火車站約百餘里，疾行一日可至，兩日可由縣到省。水路自城外乘民船下駛，水盛時一星期可達漢口，若上溯則至速亦須兩星期。前廣樊鐵路曾擬取道環潭，今已改道。

第一百一十六章　雲夢縣

雲夢縣治，北緯三十一度一分十六秒，偏西二度五十三分三十秒。

位置：省西北二百十里。東北界孝感，西界應城，南界漢川，北及西北界安陸。東西三十二里，南北九十三里。

沿革：《禹貢》雲夢極大，此其一隅。西魏置雲夢縣，屬城陽郡。宋熙寧初省入安陸，元祐初復置，後沿之。縣南楚王城為楚昭王墓，北有江夏城，為晉之郡治。

山脈：神山在縣北三十里，雲浮其上則雨，俗呼觀音岡。瑞虎山在縣北二十六里。東有葛籐山。壘筆山在縣東南二十里，形如筆架。

水系：雲夢澤在縣治南六十步，今湮。涢水正流自安陸入境，經縣城西，一名西河，南流西會支流為雲應界水，又南為雲川界水。東道臺湖南入漢川縣界，白水湖亦涢水支津所匯。又有東陽湖、紫陽湖東入澴水，北湖、官湖、鄧家湖東入澴，而西與涢通。

物產：魚麪用縣城桂花潭水所製，南洋賽會得金牌獎。棉花、白布爲大宗，遠銷山、陝，大豆銷湖南。米、麥足食而有餘。

實業：田賦九千兩以上。商業昔有典當，今改質當。布行、花行爲商場主要。近來織業概以洋紗爲經，棉紗爲緯。民國元二年曾設愛國布織造廠，旋以辦理未善歇業。鄉村婦女多在地洞織布，晝夜不輟，勤劬可風。道人橋糧行有廣幫、洋幫，頗發達。

教育：縣立高等小學原係夢澤書院。女子國民學校一，在城内。全縣國民學校城鄉只十二校而已。

城市：城垣高峻，大小南門二，商業多在北門及東門，居民多大族。城北有雲台山、韓信墓各名勝。距城二里白河口，始通舟運。

鄉鎮：興安鎮在縣東十九里。義堂鎮在縣北二十里。於菟村在西北十里，楚令尹子文誕生處。胡金店在縣西北二十里，爲境内商肆最盛之處，布業所萃。隔蒲潭、道人橋在縣南四十五里，均瀕漬水市鎮。

交通：文册到省限二日。由縣城東南行四十里至孝感，附京漢鐵路一日即可到省。民船往來於隔蒲潭、道人橋極多，小輪船於水漲時可至隔蒲潭。運布用民船裝，赴襄樊一帶。

第一百一十七章　應山縣

應山縣治，北緯三十一度三十七分十五秒，偏西二度四十九分。

位置：本省正北三百里。東至孝感，西至隨縣，南至安陸，北至河南之信陽，以武勝三關爲界。東西九十三里，南北一百三十里。

沿革：漢隨縣地。梁置永陽縣，兼置應州。西魏名吉陽。隋廢應州改應山。唐以後沿之。明省入隨，旋復。南朝劉宋置宋安郡縣，故城在東北。隋置禮山縣，在治東八里。

山脈：自瞞箭山入境，北倚三關。東則孔山，有洞；謝舞山，一峰五澗。西則鐵城山，四望如鐵軍山，秀峰高畫。縣治東南有印臺山，方平如印，亦曰應臺，縣名因此。南有吉山。

水系：汶水即漬水，別源出營盤山，南流左合麻穰市水寶林河、紫芝山水，右合三松山水、不磯港水、太平鎮水至蕭家店西南，廣水自東北來，注入孝感界。其西則有瀓水、馬坪港水、徐家河水，均入溳水。溳水自馬坪港以下爲縣西南界水，南入安陸境。

物產：應山五香芥菜即大頭菜。稻、麥足食，奎麪最有名。棉花產額甚豐，土布本色者有紫花布，染色者有加缸青布。雞蛋、牛皮、棉油輸出亦旺。

實業：田賦一萬一千元。布莊盛時，遠銷山、陝、蒙、新。女紅機織衣被絕徼，俗謂紡綫爲打賺間，一機可養三口，近爲洋布、洋紗所奪。邑中父老擬設地方銀行。廣水紗廠仿種洋棉，以挽利權。城內貿易間日開市爲熱集，餘日爲冷集。

教育：縣立中學因款絀中輟。教育計畫原擬五十二會各設高等小學，建圖書館，未果。現城內高等小學附有工業。公立國民學校四十所。女子小學規制整飭。

城市：城內多世家。楊家大屋爲明烈公故居。洪家大屋在理學街，爲清都督洪起元所居，後裔多篤實。城南一里有渡蟻橋，宋郊、宋祁兄弟讀書處。

鄉鎮：廣水當京漢衝途，爲南段大站，有美孚油池。其北之東篁店、南之楊家寨均屬要衝。平靖關舊爲衝途，曾駐巡檢，今成僻壤，宜設山林警察。東南太平鎮左家河舟運早通，人文鼎盛。至於郝家大店，居民殷富。平里市、麻穰市等均爲鄉民交易之場。

交通：自縣城入省，昔年必由駱家店、陳家巷逾觀音坡，急行一日至安陸縣，始附小舟。西鄉馬坪港市上水尤艱，動逾十日。自火車通，半日至廣水，附火車至省只需半日，共一日程。文冊二日到省。自武勝關隧道北通河南、直隸、京兆，爲交通上最要地。

第一百一十八章　應城縣

應城縣治，北緯三十度五十五分三十秒，偏西三度三分四十五秒。

位置：省西北二百六十里。東界雲夢，南界漢川，西南界天門，西界京山，北界安陸。東西九十里，南北一百又三里。

沿革：春秋楚之蒲騷。漢安陸地。南朝劉宋置應城縣，屬安陸郡。西魏兼置城陽郡。隋初郡廢，改縣曰應陽。唐復曰應城，省入雲夢復置。明亦省入雲夢復置，清以後因之。

山脈：分三支南迤，西北崎山、燕子巖、妙高臺迤於省港、富水間，東北走馬岡、高旄山、伍家山迤於省港、漳水間，西則團山脈迤於富水、五龍河間。

水系：韓信隄爲漢高擒韓信處。漳水在縣東北爲應安界水，合於溳水爲應雲界水，下入雲夢西河，即富水，由京山入界。南流經城西南合省港水南流至挂口，分大小二河，小河入三臺湖，大河入金盆湖。五龍河亦自京山流入境，南流東入白羊湖。

物產：石膏及鹽爲特產品。魚麵亦特別製造品，桂花潭之水、白河分流之魚、雲臺山之日，爲之原料。製造處隔蒲團爲最，海內馳名，南洋賽會曾得金牌。濱湖產蘆，有課。

實業：田賦一萬七千兩以上。石膏及鹽爲出產大宗，設應城膏鹽局徵收稅款。近應興石膏公司分駐漢口，專賣牟利。礦自明季崖崩發見，掘井深三四十丈乃橫鑿焉。上等白細爲礦膏，次爲磅膏，膏盡得滷。每石熬鹽三四斤，較川鹽尤鹹，爲淮鹽所忌。

教育：縣立高等小學，原由同知舊署裁改，面積廣大。城內女子小學、國民學校講演所各一。各鄉分五十三團，每團設國民學校一。

城市：城有六門，東南曰齊巽，西北曰保和。西河古渡爲帆檣所泊。文廟東有筆架山，南有龍門塔，膏鹽公所在其東南。蒲陽書院在武廟北。城外東北有妙高臺。

鄉鎮：長江埠在縣東南四十里，瀕於溳水，先君子巡檢於此。早具水上警察規制，今設縣佐，布業歲值百萬。隔蒲團在縣東三十里，亦瀕溳水。青龍橋在縣南五里，即省港與西河合流處。石膏關在縣南六里，爲稽查之所，有高塔矗立其間。

交通：漢口小輪船可上溯蔡甸、新溝、縣河口、高閣寺、辛家渡、神靈口、劉家隔、府河口、道人橋，直達長江埠，水漲時可至隔蒲團。縣城文册到省限二日。縣城入省，取道於長江埠。商人運貨則由西河渡湖入漢，下水二日程，上水則需三晝夜也。

第一百一十九章　襄陽縣

襄陽縣治，北緯三十二度一分二十五秒，偏西四度三十分五十七秒。

位置：省西北六百八十里。上游重鎮，近接中原。東界棗陽，西界穀城，南界宜城，西南界南漳，西北界光化，北界河南淅源、新野、鄧縣。東西一百十三里，南北一百三十里。

沿革：周封仲山甫於樊，即今樊城。漢置南郡襄陽縣，縣名歷代不改。晉、隋、唐、宋設郡，元設路，明清設府，皆名襄陽。晉置雍州，西魏改襄州。春秋鄧國、鄾國皆在境內。

山脈：襄山在縣西五里。又西萬山爲杜預沉碑處。又西柳子山、桃花山迤西北隆中山，有武侯祠。又西有土門山。縣南爲峴山、白馬山、卧龍山，東南有鹿門山。

水系：漢水自穀城東南流入境，俗名襄河，貫縣城及樊城之間。漢江下流有龍尾洲、虎尾洲、鹿門灘，在漢江西岸。白河自新野入界，東南流入漢。當縣城東北十里，又有清河自光穀來入於漢。

物產：襄陽白菜各處仿種之，味極清腴。芥兜菜用爲禮物，蘿蔔產出亦盛。農產芝麻、麥、豆爲大宗，蠶豆以盂蘭坪輸出爲有名，尹家集粘米輸出亦夥。

實業：襄陽第一農林試驗場設於道治。田賦二萬六千兩以上。商業有典當六家。河南牛皮及附近各縣牛皮多聚於此，外人設收買襄河革廠於漢口，國人擬自辦製革廠依化學鞣皮。

教育：省立第二師範學校爲全道教員所自出。鹿門中學爲舊日襄陽府中學。縣立有高等小學及女子高等小學。

城市：城當漢水之曲。北岸有樊城，夾水而峙，商務並盛，跨連荊豫，控扼南北，背負漢水東北一帶，皆緣城爲隄。其西北隅名夫人城，晉朱序母築以禦苻堅者也。

鄉鎮：樊城昔設同知，今設縣佐。西北七里爲柳關，西南七里爲七里關。西九里爲老龍隄關，隄東臨漢江爲東北扞蔽。縣東北六十里雙溝鎮，曾設巡司，今裁。張家灣在東北十里，控制白河，有徵收局，收類頗旺。泥嘴鎮在縣西北三十里，居民繁盛。

交通：南船北馬於此分途。擬修廣樊鐵路，由廣水貫應山、棗陽，直達樊城，曾屢次測勘路綫。文册到省限六日。郵信於廣樊之間，晝夜兼程，三日可達。若浮漢水下，水盛四日，水枯七八日。自漢上溯，順風八九日可至，若遇風雨或遲至半月以上。

第一百二十章　宜城縣

宜城縣治，北緯三十一度四十二分三十秒，偏西四度二十六分四十五秒。

位置：省西北五百九十里。東界棗陽，西界南漳，南界鍾祥，西南界荊門，北界襄陽，而當其下游。東西九十六里，南北六十二里。

沿革：古鄢子國。楚爲鄢縣，春秋時鄀國，爲楚附庸，亦在境內。秦置鄀縣。漢惠帝三年始設宜城縣。梁改率道縣。唐天寶元年復更宜城。西魏更華山爲漢南及上洪，皆廢。

山脈：西自南漳入境，有石梁山、北界山、女冠山、夫子埡，爲荊山東支。東自棗陽入境，有梭子山、二泉山、雞鳴山及龍山、鳳山，則爲大洪山西北支脈。

水系：漢水自襄陽入境，東南流入鍾祥界。疎水一名涑水，自南漳東流，經縣北入漢。鄢水或作夷水，今名蠻河，出保康經南漳入縣境。瀰水亦西來入焉，分爲長渠、木渠數道入漢。瀏水自棗陽西流入境，會珍珠泉、薳泉引爲陰港，至啞口東南入漢。

物產：水獺、黃羊爲動物特產，螽斯、促織昆蟲尤繁。魚有鯵、鰍、鯖、鱺及黃顙，鰲尤美。水鳥有鴛鴦、鳧鷺，鳥有白頭翁、倉庚、水翠、啄木。稻、麥並盛。蔬有薤頭、蔆葖。木有椶、橡。

實業：田賦八千兩以上。商業以典當爲大。長渠灌溉境內，柏家岡、太山廟、猴塘營、姚家湖、雙土地廟、撈尸湖等處，至今水利賴之。石灰窰在西南，人民以煅灰爲業。窰灣在城東，陶業亦獲利。

教育：縣立高等小學，曾設師範學校，臨邱家堰，爲新建築。原有紫峰精舍，亦設第二高等小學。國民學校在文昌宮。縣立鄉校十處，各鄉自設者六處。

城市：當漢水之西南。北門外有新河口，爲環城西面水流入漢處。城之東南，有古襄城楚王宮廢址。

鄉鎮：孔家灣市在縣南，爲聖裔所居。蠻、瀾二水如洙、泗然，上游有夫子坯。漢水左岸之羊祜汊、官莊集、啞口市、流水溝，右岸之小河口、茅草洲、劉尚集、倒口均艤船鬧市。璞河腦亦瀕蠻河。縣西雷家河、朱家嘴、白螟寺，東北鳳麓皆有弦誦之聲。

交通：文册限七日到省。有新開之馬車路，自城北之小河口市南經小營，西經陳朱營、朱家嘴、楊家河，發南漳縣之武安堰。由縣入省可順流而下，河沙不定，小輪船不能上達。夏季由省赴縣者附小輪船至天門，乘馬至縣城較捷。

第一百二十一章　南漳縣

南漳縣治，北緯三十一度四十六分四十秒，偏西四度四十九分三十四秒。

位置：省西北七百九十四里。東界宜城，西界保康，南界遠安、當陽，北界穀城，東北界襄陽，東南界荊門、鍾祥，西南界宜昌。東西八十五里，南北一百六十五里。

沿革：春秋時盧戎國，楚之盧邑。漢置中廬縣、臨沮縣。晉分置上黄縣。西魏更名義清，改置思安縣，為南襄陽郡治。隋開皇改名南漳。唐省入義清，旋定名南漳，後仍之。

山脈：荊山蔓延縣境西南，為南條正幹。四望山亘其北，八疊山亘其東，司空山當其西北。隘門、瑪瑙、貓兒、雞頭等關並為險要，雞頭山一名臨漳山。

水系：沮水在縣境西南百十里，自保康流入界，東南注當陽以會漳水。漳水出縣西南九十里荊山之首，亦東南流，經雞頭關環流南境，入當陽界以會沮水。蠻河南源亦自保康經司空山入界，合三小水，東經七里灘至縣治，東南會北源清涼河，經武安鎮入宜城界。

物產：蠶絲、木耳為大宗。山紙又名火紙。桃仁及各藥材亦多。棉花、芝麻、五穀畢備，民食有餘。動物有野豬頗害稼，山羊、野雉冬日易捕。樹有公孫、烏桕，而橡樹粉可充飢。

實業：田賦五千兩以上。乙種蠶業學校研究養蠶新法，民間養蠶則用舊法者多。貧民工廠以織布、織帶著名，婦女職業紡織並盛。商家以秦、贛兩省人為最，本地人則以販運山貨為業。釀酒者名曰漳酒，香味馨美，亦化學工業之一也。

教育：縣立高等小學即原有鳳皇書院，女子高等小學亦在城內。四鄉各設高等小學一所，國民學校僅十餘所。

城市：城有四門，北門常閉，東南繁盛，船碼頭在南門外。白馬洞距南門里許，為司馬德操隱居處。西門外二三里有珍珠泉、半壁山，皆邑人游騁之公園。

鄉鎮：馬良坪今設縣佐，在縣西南二百十里，地方重要亞於縣治，出產以木耳為大宗。武安鎮在縣東五十里，有堰水之利，商廛冠於全縣。乾溪集在縣南百五十里，商市以糧行為夥。峽口集在縣南二百十里，昔有巡檢，今裁，絲市甚盛。

交通：平常五日到省，郵信間日開班，文册限十一日到省。水程自縣由武安堰出倒口，入漢水順流而下，水盛則六七日，水涸阻風或多至二十日，溯流而上順風亦須十餘日。船名老鴉鰍。河面闊而沙不定，小輪不能行駛。

第一百二十二章　棗陽縣

　　棗陽縣治，北緯三十二度八分十八秒，偏西三度五十三分四十五秒。

　　位置：省西北八百二十里。東連隨縣，西達襄陽，西南毗宜城，南接鍾祥，北界河南桐柏、泚源。東西一百又五里，南北一百四十里。

　　沿革：漢蔡陽縣，屬南陽郡。元朔時零陵之舂陵侯國内徙於白水鄉，仍號舂陵。後漢光武所興，故宅猶存，置章陵郡縣。晉爲義陽郡安昌縣。周爲廣昌郡縣。隋定名棗陽。

　　山脈：在溳水北者，自桐柏分支入境赤眉山，赤眉嘗軍於此。唐子山爲光武戰蹟。在溳水南者，自隨縣雞鳴山來，以霸山、資山、金牛山、光武山即獅子山、瀴源山爲有名。

　　水系：溳水二源出隨縣西北，入界相合，又與雙河鎮東南二水次第相會，西南流經縣治名沙河至璩家灣。有白水出縣東大父山，合縣南昆水各支來會，張衡所謂龍飛、白水，二水合名滚河，入襄陽界會唐河入漢。又有北長水、南長水在西北會唐河。

　　物產：農產以棉花爲大宗，水陸輸出歲可數百萬斤。米、麥、豆、麻輸出額亦甚鉅。家畜以鵝爲最蕃，故鵝絨產出有名。園蔬如白菜、蘿蔔、西瓜等均稱佳品。

　　實業：田賦一萬二千兩以上。商業以典當爲大。平堰爲宋孟宗政守邊屯墾之蹟，自縣城至軍西十八里，由八疊河經建水側，建通天槽，溉田萬頃，軍民分屯，邊儲豐牣。往昔布疋輸出甚盛，近因棉花價昂，銷行路減，紡織業遂日形衰歇。

　　教育：高等小學有城内官立、公立，東鄉王家城之競智，烏金店之啓明，北鄉雙河鎮之北路，南鄉吳家店之白水六校。乙種蠶業有城内及東鄉玉泉寺二校。初等最夥。

　　城市：城垣極爲鞏固，高可三丈許。縣公署規模宏壯，街衢寬廣，屋宇整齊。自經白匪摧殘，市況殊形冷落。

鄉鎮：平林店今設縣佐，平林兵起於莽時，晉置平林縣當隨之東北。隨陽店舊爲汛地，當隨縣之衝。東南資山店，近百年修篁大木日少。吳家店在縣南，爲白水之中衢。清潭店爲南界要汛。西北之李老人集，東北之鹿頭店，亦鄉人交易之所。

交通：文册限五日到省。自省城渡江，由漢口乘火車至廣水不過半日程。廣水起旱四十里至應山縣，路頗崎嶇。西經隨縣，沿途頗富庶，計五日到縣。由縣西行三日至樊城，順流而下，共計十二日可到省。

第一百二十三章　穀城縣

穀城縣治，北緯三十二度十六分四秒，偏西四度五十五分。

位置：省西北九百三十里。東界襄陽，西界房縣，南界南漳，北界光化，西北界均縣，西南界保康。東西九十二里，南北九十六里。

沿革：春秋時穀伯國，故城在西北七里。漢筑陽縣，故城在縣東四里。劉宋僑置扶風郡義成縣。漢蔡陽縣、西魏清潭縣皆在縣境。隋併筑陽入義成，名穀城。唐曾置鄎州。

山脈：穀城山在城西北十里，上有石城。開林山在城西北四里，古人鑿以通道。城南五里有高亭山，東南有五垛山，西南有薤山、盤龍山，西北有大、小二界山，接均縣境。

水系：漢水自光化入界，經縣東境亦曰穀水，沿龔家埠至廟灘，下達茨河汛，入襄陽界。筑水在縣南百步，即南河，昔筑陽縣由此得名，上游自房縣保康會粉水來注。汎水今名古羊河，即北河，自房縣東北流至南河口北注於漢。

物產：農產以穀、麥、豆、棉爲最，芝麻次之。豆、麥、木耳、火紙、桐油、木油、麻油爲輸出大宗。果產桃、李、杏、柿、栗等。菜蔬如石花街之葱、仙人渡之胡蘿蔔、廟灘之山藥、城外之白菜均有名。太平店產靛亦富。礦產有銀光山之石棉、茨河之石膏，惜均未開採。

實業：田賦六千兩以上。榨油、槽紙、織布諸業，多由小資本家獨力經營，無合資組織公司局廠者。他若農會及農林試驗場，均未設立。

教育：高等小學校三所，一在城內爲縣立，一在西鄉石花街爲公立，一在西南鄉黃家岡爲私立。城外曾設乙種農業學校一所，未幾併入高小。國民學校亦大缺乏。

城市：城當筑、漢匯合處，凡四門。北門自古封閉，外爲平原。東門近漢水，外多園圃。南門瀕筑水，商務最盛。西門接平原，數里外即山地，商務次之。城內貿易亦尠。

鄉鎮：西鄉有石花街，距城五十里，當卧佛川與古羊河之交，商務極盛，今設縣佐。東鄉有仙人渡，北鄉有冷家集，南鄉有廟灘及茨河，東南有太平店，以上五鎮俱瀕漢水，貿易頗有可觀。又西南之盛家塘，東北之張家集，貿易不甚暢旺。

交通：文册限十日到省。縣城東臨漢水，南面粉河，上達秦豫，下通武漢，船舶往來甚便。惜河身灘淺，淤沙無定，不利汽船行駛，故貿易未甚暢旺。惟冀周襄鐵路告成，老河口復修支路，則將來商務之發展未可限量也。

第一百二十四章　光化縣

光化縣治，北緯三十二度二十五分，偏東四度五十分三十六秒。

位置：省西北八百六十里。東接襄陽，西通均縣，南至穀城，北界河南鄧縣，西北達河南內鄉。東西八十五里，南北七十六里。

沿革：春秋下陰地。秦置酇縣。漢封蕭何，故城在東北四十里，漢置陰縣。西魏改陰城，置酇城郡。唐置酇州。宋置光州軍，熙寧五年改縣曰光化，旋廢。元復設，後因之。

山脈：縣北麒麟山，東南馬窟山，其中峰有歐陽文忠祠，西北固封山，皆環近縣城。東北有二劈山、吉宏嶺、孟家山接鄧縣界，西北三尖山接內鄉界，西有葫荻山接均縣。

水系：漢水自均縣東南流，至羊皮灘塘入界。南納安樂河，北納六股泉河、青龍河、黃龍河，又洛溪上承小橋水南注入漢，曰縣河。漢水又南流至老河口，河身彎曲如弓，支渠直引如弦，南入穀城縣界。

物產：畜產縣羊有重至七八十斤者。農產以麥、菽、芝麻、棉、高粱、玉蜀黍為大宗，西區間產黍稻。果產桃、李、栗、柿、棗、葡萄略備。

實業：田賦七千兩以上。除商務設有機關外，餘如農工均無會所，是以地方森林未興，工廠闕如，惟縣城有官辦貧民工廠一所。

教育：縣屬高等小學兩校，官立、公立各一，官校在縣城。又有女子兩等小學一校，公校在河口。又有乙種農業一校。國民學校六十餘所，官立僅十二校，每區設置二校以示模範，餘皆民立。

城市：縣城周四里有奇，岑寂等於鄉僻。西南三里許為老河口，瀕臨漢水，有城如偃月，為全縣精華所萃，商務盛大，有徵收局及郵電等局。

鄉鎮：東鄉巨興集距城三十里。又東薛家集距城四十五里，近襄陽界。西鄉三官殿近均縣界，距城五十二里。北鄉孟橋距城三十餘里，陳家樓距城五十里，孟家樓距城四十五里，接河南鄧縣界，均鄉民趕集販貿之所。

交通：以老河口為樞紐，分水陸兩道。陸分三大支，一東行達張集赴襄，一東北行繞縣城以入南陽，一北行直達鄧、淅，運輸全賴車馬。水運則有漢水，上通川陝，下達武漢，轉輸稱便。惟河道淤淺，不克暢駛汽船，是其缺點。文冊限八日到省。

第一百二十五章　均縣

均縣治，北緯三十二度四十分四十秒，偏西五度二十一分五十秒。

位置：省西北一千又四十里。東連光化，西接鄖縣，東南毗穀城，西南鄰房縣，北界河南淅川，東北界河南內鄉。東西九十里，南北一百三十七里。

沿革：春秋麇國地，戰國楚均陵。漢置武當縣。晉析平陽。梁析均陽、廣福。西魏移興州治武當。周改豐州。隋改均州。唐宋因之，並置郡。元廢郡。明省縣。清爲散州。民國改縣。

山脈：自縣南偏西牌樓埡北東迤於曾、浪二水間者爲武當山及九龍、錦屏、札髻、絞口等支。曾水西有白浪、飛鳳諸山，浪河東爲大界山脈。漢水北則大龍山脈所蟠亘。

水系：漢水自鄖縣東南流，自遠河口塘入界。經白虎山北納仇家河，至縣治有響河、板橋河合流南注。城東有曾水，合縣南芝河、水磨河等水北流入於漢。又東南流有浪池河北流來會。又東會均水下達光化界。

物產：農產以穀、麥爲大宗，大豆、蠶豆、玉蜀黍、粟、麻、棉花、落花生次之。煙葉輸出最有名，木耳、桐油輸出亦多，木油亦間有之。

實業：田賦三千兩以上。商業以典當爲大。有擬設製革廠製造牛羊皮，如雷根皮、底皮、藥水紋皮、血欄紅皮者。

教育：縣立高等小學一校，草店鎮立一校。乙種農業、商業各一校。國民學校男校六十有餘，女校凡三。

城市：城周六里有餘，凡六門，惟西門自來未啓。城內淨樂居係明代所建，遺址猶存。正街直通城外南關，郵局、商務胥集於此。東北臨於漢水，船舶往來有籌餉局緝查焉。對岸有滄浪亭，下臨滄浪洲，爲自古名勝地。

鄉鎮：南有武當，爲七十二福地之一，朝謁者絡繹不絕。草店鎮、浪河店鎮爲油坊山貨市場。東有青山港鎮，瀕臨漢水。西有孫家灣鎮，瀕臨曾水，清設巡檢，今裁。其在漢水北者則響河店多建水磨，蒿坪鎮現駐陸軍。

交通：文册限十日到省。漢水上通鄖、陝，下達鄧、襄，惟灘多流急，舟行不易。均水上溯可至陝西龍駒寨。陸路惟南至武當一途，曾經修治，可通車馬。其西北通房、竹之路，則山徑崎嶇，艱於跋涉。

第一百二十六章　鍾祥縣

鍾祥縣治，北緯三十一度十一分三十六秒，偏西三度五十六分三十七秒。

位置：省西北五百七十里。東及南界京山，西及南界荊門，北界棗陽，東北界隋縣，西北界宜城，其插花地西界南漳，南界當陽。東西一百八十里，南北一百九十七里。

沿革：漢竟陵縣地。吳爲石城，置牙門戍。晉置竟陵郡。宋置長壽縣爲郡治。西魏爲郢州治。北周爲石城郡治。唐宋郢州，元清安陸府。明安陸州，嘉靖置鍾祥爲承天府治。

山脈：楠木山在縣東一里，楚武王卒於此。純德山在東北十里，舊名松林，明興獻陵寢在焉。關門山在西北百里，高聳巉巖，山口若關門。章山在縣西南，漢時爲內方山。

水系：漢水自宜城縣入境，至縣北九十里豐樂鎮有豐樂河，自娥皇洞發源東南流，會黑汊河入之，溉田甚廣。東南流西會樂利河，又東流折南至直河鋪，敖河、枝河合流入之。又南曲折而西而南，右會塘港、竹陂河、瓦灘河、鄧家湖諸水，南入天門界。

物產：縣南金港，宋時嘗采金，今無。輸出品以棉花爲多。昔年產靛，有蓼藍、蒿藍、槐藍，近爲洋靛所奪。米、麥可供給本地，豆莊尚旺。

實業：田賦四萬八千兩以上。商業以典當爲大。石牌鎮商會發行小票，經縣知事嚴禁陸續銷燬。惜官府此等威權，不能施諸漢口某國銀行，是以商人退有後言也。土靛擬用化學改良，抵制洋靛，亦將來大希望。

教育：縣城蘭台中學以從前安陸府爲學區。縣立高等小學三校，一在城，一在臼口，一在豐樂。女子高小一校在城內。臼口有女國民學校。男子國民學校則城鄉均有。

城市：縣城即舊日府城，俯臨漢水，設有船捐局。小東門、東門商市頗爲繁庶，蜀商有留居者。府城隍廟爲公共游覽之場。

鄉鎮：臼口鎮在縣南六十里，昔設水利同知及鋪汛，今設縣佐，布業繁盛。豐樂河在縣北六十里，昔設巡檢，今裁，豆莊盛大。石牌鎮在縣西四十六里，米糧貿易頗盛，布業衰颯。洋梓鎮在縣東北二十七里，亦爲鄉民交易之大市。

交通：文册到省限五日。地居漢水流域中樞，上距襄陽，下距沔陽，各八百里。自縣城浮漢而下，四日即到省。上溯則濡滯，行人夏日由小輪船一晝夜至天門，夜行船九十里至觀音河，又陸行百四十五里抵縣城，或有取道漢川及仙桃鎮者。

第一百二十七章　京山縣

京山縣治，北緯三十一度二分十三秒，偏西三度二十九分十三秒。

位置：省西北五百七十里。東界應城，西界鍾祥，南界天門，北至隨縣，東北界安陸，西南界荊門及潛江。東西一百二十五里，南北一百三十五里。

沿革：楚之蓬蒩、雍蒩地。漢光武置南新市，城在東北。晉末析新陽。西魏溫州盤陂，城在縣西。梁置角陵縣。唐廢富水在縣東北。京山之名自隋大業廢竟陵縣改定。

山脈：京山一名京源山，在縣東十里，縣名取此。張良山在縣北八里，摩旗山在縣西北六十里，皆峰巒高峻，南有惠亭、七寶、陵子、篆子諸山。西有橫嶺，五泉如沸，聖人嶺爲至聖周游所憩。

水系：漢水惟經縣境西南。溳水源出西北池河山，西南流爲閣家河，會余家河，東南流爲曹家河，至縣治前名縣河。又東南有溫湯水南流入之，下流至天門蒿臺湖入於漢。東北富水自隨縣入境，東南流入應城界。西則臼水會蒩水流入天門境。

物產：落花生爲出產大宗，以沙洋爲銷場，故號沙洋花生。百合鱗莖頗小，可以補身，運銷他處曰京百合。半夏可解寒咳，曰京半夏。又有京柴胡亦著靈效。近來棉花產出極盛。

實業：田賦三萬二千兩以上。工藝有繅絲工師。養蠶之家收繭以後，延之取絲，按目計值，或按絇、按絋計值。雪油、木油、籽油各工師多於農隙時在榨坊傭工，農時仍事耕稼。織布工廠數家，新式木機十數架。軋花、磨香、磨麪能利用水力。

教育：縣立模範高等小學一所，五路模範國民學校各一所。此外各區國民學校由縣立者三十餘所，由私立者二十餘所。女子教育有縣立女子國民學校一所。

城市：南門、西門臨河，城內商業較大，發貨店萃焉。城外則小商業較多。外縣商人以咸寧、漢川爲夥。

鄉鎮：多寶灣在城南百二十里，瀕臨漢水，地方繁盛，今設縣佐。永隆河在城南九十里，瀕於㕵水。曹武街在城東四十里，曹操侵吳過此。又有武臺枕山臨水，亦操屯兵處。宋河鎮在城北六十里，臨於富水。辦頓市在城西北九十里，漢光武嘗宿此，關壯繆亦嘗駐焉。

交通：文冊到省限四日。爲襄樊陸路要衝，巨舶不通航。自縣城之水下達天門皂市，有撥船極小，但爲商人運貨。行人遵陸至皂市附船，至漢口或至漢川換小輪船，較爲便捷。或遵陸至孝感，附京漢火車，不過兩日，今由此入京晉省者較多。

第一百二十八章　潛江縣

潛江縣治，北緯三十度二十五分十四秒，偏西三度四十四分。

位置：省西三百六十里。東界沔陽，西界江陵，南界監利，北界京山。東西距八十四里，南北距一百二十六里。

沿革：《禹貢》"沱潛既道"之潛水即指此。漢竟陵縣地。唐大中間置徵科巡院於白洑鎮。宋初亦曰安遠鎮，乾德二年升爲潛江縣，後因之。

山脈：全境地勢平衍，絕無叠嶂層巒，間有所謂嶺者，亦不過培塿堆阜而已。

水系：漢水自荊門京山來，東流折南至吳家改口，南分一支復東北流，經大澤口鎮江寺。又東北至蘆洑河口，復南分一支，又北經張截港，東流入天門界。其吳家改口南出之支津曰夜汊河，南流至新灘口，分東荊、西荊二河。西荊河西南流入江陵境，其上流河身甚高，非夏季水漲不能與東荊河通。東荊河東南流入沔陽境。蘆洑河即所謂"水自漢出爲潛"是也。

物產：農產向以菽麥、稻粟、芝麻、玉蜀黍爲大宗。近則棉產日盛，絲亦有名，與沔陽相伯仲。半夏、烏桕、蓮子產額亦頗豐富。

實業：田賦三萬兩以上。棄地尚多。貧民生計向賴紡織，今東鄉此風未艾，餘多不從斯業。釀酒、製靛、造飴、榨油等工業，現在均有進步。惟業商者甚少，巨商多爲他縣人。

教育：縣立高等小學校一，在南門外。縣立國民學校三十，按地段分設。公立國民學校一，在蚌湖鎮。女子國民學校一、宣講所一，均在城內。

城市：城垣已毀，遺址猶存。商務以南門大街爲最盛，大東門隄街次之，餘則寥寂如村落。西門瀕馬昌湖，風景頗佳。

鄉鎮：張截港在城北三十一里，地瀕漢水，商務發達，爲全縣重鎮。浩口市在城西四十三里，水陸便利，亦甚繁盛。蚌湖地勢頗佳，梅家嘴方興未艾。柴市、澤口、周家磯、高家場、長腦院、王家場、黃家場、泗港，交通均便，商貨麕集，不僅爲一方貿易場所也。

交通：平常四日，加倍八日。因郵局間日開班，文冊限九日到省。由縣城北至張截港，以東至天門之岳口，又西北至荊門之沙洋，西南至江陵之了角寺，均可通郵。漢水夜汊河、東荊河及西荊河下游四時均可通航，甚爲便利。

第一百二十九章　天門縣

天門縣治，北緯三十度三十八分五十秒，偏西三度二十六分二十五秒。

位置：省西稍北二百八十里。東界漢川，西界潛江，南及東南界沔陽，北界京山，東北界應城。東西距八十九里，南北距八十五里。

沿革：《禹貢》三澨地之一隅，春秋楚竟陵邑。漢置縣，光武時爲侯國。晉曰竟陵郡，分置霄城縣。北周改竟陵縣。隋唐置復州。五代因避諱改景陵。清雍正避陵名改天門。

山脈：天門山在縣西即龍尾之首山，兩峰如門。光武曾舉火度此，又名火門，形勢險固，楚莊戰鬬越椒於此。左近有陸羽峰，爲羽負書求學處。東北五華山，南有諸葛嶺。

水系：天門縣河上承臼水、澨水自打網溝入境，匯天門山陽之水，經觀音湖街楊家場漁薪河市東會揚水、巾水，繞縣城南爲義河。又東流會帥家河、溾水東入漢川。漢水自潛江入境，東南流入漢川，其支流北有牛蹄、獅子，南有通順、洛江等河。

物產：農產以穀、麥、豆、棉花、高粱爲大宗，輸出以豆、棉、穀米爲盛。天門絹、岳口布及銅鎖均以製造精良馳名。彭市河有"蚊子大似蛾"之諺。義河蚶味最美。

實業：田賦四萬二千兩以上。商業以典當爲大。城內設有銀行，與漢口通匯兌，金融甚活動。工業以紡織爲盛，城內有織絹機坊數十家。岳口居民多以織棉布爲業，蠶絲亦富，惟飼蠶繅絲之術尚宜講求改進。

教育：學款歲三萬餘元，畫分五路。中路城區設有中學及高等小學、乙種農業，南路岳口、東路乾驛、西路漁薪河、北路皂市各設高等小學，近年只存中路一校。

城市：城臨義水，四周皆湖。北有嬰兒嶺，上有令尹子文廟，下有於菟湖。西有天門山，前清以此名縣。西南隅有劉梓煉丹之丹井、丹臺。

鄉鎮：東北皂市五華山有古風城，黃帝得風后於竟陵，登以爲相，蓋伏義之裔也，故有伏義廟。岳口鎮爲瀕漢水鉅埠，今設縣佐，糧行、當鋪最盛。下游彭市河亦有鎮市，爲徵收分卡。乾灘鎮在縣東南四十三里，爲湖水合而分流處。

交通：漢口小輪船可直達縣城、鍾祥、宜城等縣，或由此遵陸乘馬而進。文册限三日到省，依郵路計也。惜冬令水淺不能常通小輪船耳。尋常陸路則西渡漢水至潛江，南逾漢水至沔陽，北達京山，東北經皂市至應城，均官塘驛路。

第一百三十章　荆門縣

荆門縣治，北緯三十一度一分五十秒，偏西四度二十九分三十秒。

位置：省西北六百一十里，荆襄要衝。南毗江陵，北達宜城及南漳，東向鍾祥及京山，東南界潛江，西接當陽。東西四十一里，南北二百二十八里。

沿革：漢南郡編縣。東晉長寧縣。劉宋更名永寧郡。唐爲長林縣，貞元中分置荆門縣，唐季高季興建荆門軍。元爲荆門州。明洪武中省長林縣。清爲直隸州。民國改縣。

山脈：象山距城西里許，風景極佳。西堡山在城西北五里，較爲崇峻，東堡山在城東與之對峙。西北大尖山森林頗盛，伐爲薪炭。内方山今名馬良山。

水系：漢水在縣東九十里，自鍾祥流入，下達潛江。東有王家堤，東南有緑麻堤，爲之保障。沙洋地居要害，隄獨寬厚，軍民廛居其旁與紅廟隄相對。縣南有建水，縣東南直江水，均入長湖。又東南馬仙港水南流至荆河腦，會長湖水，入潛江及江陵界。

物產：西北泉田多稻，東南湖田多麥及蘿蔔、白菜并佳。十迴橋多魚，出口者多乾魚。製造品大南門老積蔭堂上清丸能治喉火各症。栗柴出西北一帶。

實業：田賦三萬四千兩以上。泉田雖在山中，旱時可引水灌漑，大雨時亦易宣洩。湖田則全賴堤埂。鹽業、林業不盛。商業多萃於沙洋，以蘇湖幫爲盛，本地人惟赴漢口販運。商店以鹽業、棉業、典當爲大。有乙種農校二所，分設縣城及馬良山。

教育：龍泉中學爲龍泉書院舊址，陸象山講學之所，有講經臺，現學生二班。縣立高等小學五所。國民學校頗盛，女子兩等小學亦整齊。沙洋、后港有高等小學校。

城市：城內以南門爲盛，棚正街爲縣署所在，商況殷繁。孝子亭在城西，爲老萊遺跡。龍、蒙、惠、順四泉皆出城西，爲城內自來水源。順泉已淤，餘三泉皆匯於文明湖。

鄉鎮：沙洋鎮在縣東南一百二十里，今設縣佐。李公堤工程重要，前清糜款至七八十萬兩。有徵收局，繁盛過於縣治，上河街、下河街尤盛。又有后港在縣南一百四十里，附近二十里有十迴橋，商況亦佳。

交通：文册限六日到省，郵信則三日可到省。水盛時小輪船可至沙洋，不能常通。且民船多生阻力，往來人少不敷運費。今由縣至沙洋，陸行一日，有馬匹，轎甚少。沙洋至仙桃鎮，民船行三百六十里，附輪船至漢，由縣起行，速則需四日，遲則五日。

第一百三十一章　當陽縣

當陽縣治，北緯三十度五十分三十五秒，偏西四度四十八分五十三秒。

位置：省西北九百里。東至荊門、江陵，西至遠安、宜昌，南至枝江、宜都，北至鍾祥、南漳。東西七十里，南北一百五十八里。

沿革：春秋時楚伐麇，《釋例》云："麇，當陽也。"縣東六十里有麇城。又有權城，即楚武王克權處。漢當陽縣相沿至今。北周置平州漳川縣，隋廢，並廢漢以來臨沮縣入之。

山脈：煤礦出觀音寺各山，而九子山亦城北名礦。西北栗山、松山森林尤盛。東南綠林山爲新莽時亡命起兵處。玉泉山爲宋人禦蒙古處。鐵山在西北，舊產鐵。

水系：沮水自南漳縣經遠安入西北界，東南經縣城北迤南至古麥城西。有漳水自鍾祥流入東北境，南流經河溶司西、麥城東，會於沮水。

沮、漳爲楚之望，合流南入江陵境。

物產：栗樹甚多，熾爲板炭。桑蠶最盛，歲值數十萬。木油爲製蠟之定質，麻油、花生油亦多。酒爲出境大宗。穀米有餘。西北水果及紅薯、北鄉蘿蔔亦佳。淯溪酥餅有名。

實業：田賦五千兩以上。蠶絲爲平民婦女職業，多在淯溪市集齊至河溶發售，而河溶絲名尤著，上海絲商多至河溶絲行收買。燒酒行銷附近數縣。商業分武幫、本幫。米商運銷沙市。商業大者有典當。

教育：縣立高等小學二，一在城內，一在淯溪。乙種商業設於河溶。乙種設農業於雙蓮寺，距市遠而實驗易。女子兩等小學在城內。國民學校共百數十所。

城市：縣城臨沮水。城東北爲舟楫所泊，繁盛街市則在西門，縣署前有仲宣樓。長坂坡在西門外，爲趙雲力戰處。又西二里有關陵，廟宇極大。

鄉鎮：河溶鎮在縣東南五十里，今設縣佐，商業千家，其兩河口地方即古麥城。淯溪市在縣東北四十里，屬北鄉。觀音寺在淯溪正北五十里。三大鎮皆臨漳水，通舟楫。其他雙蓮寺、腳東港、煙墩集亦鄉人交易之所。玉泉寺在城西三十里，隋時鐵塔猶存。

交通：文冊限七日到省。由縣乘船名曰搖擺子，至兩河口漳水自河溶來會，順流至筲箕窪入江，易舟至沙市，水盛時只須兩日，水涸時上溯或多至十餘日。沮、漳共有民船三百隻，大者能容千擔。水盛時小輪船可至河溶，爲民船幫所阻。

第一百三十二章　遠安縣

遠安縣治，北緯三十一度三分五十八秒，偏西四度五十八分三十秒。

位置：省西北一千二百七十里。東及南界當陽，西界宜昌，北界南漳，東北界荊門。東西距八十四里，南北距八十九里。

沿革：漢臨沮縣地，齊梁之初，仍屬南郡。文帝時析置遠安縣屬汶陽郡。隋屬彝陵郡。明屬彝陵州，又移荊州府。清屬荊門直隸州。今州廢，縣屬於道。

山脈：城西鳳山，一塔遠舉。復砦、北砦之間有陰陽坡，又北爲羅漢峪。城東南有界山，接當陽。北有夜紅山，北接南漳之紫山。

水系：沮河自南漳入境，經南襄城繞城西，由當陽至兩河口出江陵界入大江。西有黃柏河，自宜昌東流入界，南流仍入宜昌境。又有五里河、紅岩溪、九子溪、撞兒溝、滾子溪、石洋河、龍洞河、桃李溪、清溪，皆入沮水。瀘溪、鹿溪皆饒水利。

物產：穀有穈粱，蔬有蘘荴，草有觀音蕉，木有梧、櫃、樟、楠、棕、檀、杞、梓。竹有龍頭、鳳尾，產太平山。花有洛陽景。果有林檎、枇杷、胡桃。藥物多至數百種，以荎參爲第一。

實業：田賦二千兩以上。商品則有棉布、絲絹、苧麻、藍靛及花椒，香桐、木菜等油，葛粉、蕨粉等食品。茶以鹿苑爲絕品，每年所採取不足一斤，反不如鳳山著名，皆出董家畈、馬家畈等處。蜂蜜、黃蠟亦多輸出。寶塔石鋸爲屛風，工藝亦精細。

教育：縣立高等小學一所。縣立國民學校向有十三所，因無成效停止，將其款改爲私塾獎金。近來私塾改良者有一百三十餘所。此外有乙種蠶業學校一所。

城市：因山爲城，四門皆在山道中。城外有雲霞洞、煙霞洞，最高處爲真武閣。其山半有明月閣，下有文昌祠、安遠樓。城內有西湖，在游擊舊署。江西客民有萬壽宮。

鄉鎮：石馬槽距城東三十里爲插花市場，有關公飲馬遺跡。城東南九里岡亦有小市。城南三十里清溪場因清溪寺得名，附近有鬼谷洞、孫臏巖。縣北三十五里大漢口、小漢口，小徑通荊門關公拒曹操處。西北三十里羅漢峪迴馬坡，即關公完節處。

交通：平常五日到省，郵信間日開班，文册限十一日到省。沮河僅通小舟，西河不能行船。距省水行一千二百九十里，陸行一千二百七十里，距江陵二百四十里，出入皆附輪船於沙市。

第一百三十三章　鄖縣

鄖縣治，北緯三十二度四十八分五十二秒，偏西五度四十四分十六秒。

位置：省西北一千二百里。東界均縣，西界鄖西，南界房縣，西南界竹山，北界陝西商南，東北界河南淅川，西南界陝西白河。東西一百六十三里，南北一百八十八里。

沿革：春秋時麋國錫穴地。漢爲錫縣及長利縣。晉始置鄖鄉縣。唐爲南豐州治，旋廢。元廢鄉復置，始稱鄖縣。明成化間爲鄖陽府治，曾設鄖陽巡撫。清裁巡撫。民國裁府。

山脈：古塞山一名大龍寨，在縣東，戰國時楚人備秦於此。錫義山一名天心山，在縣西北，皆從秦嶺商山來脈。縣南天馬山、四方山、牛頭山、雞鳴山則由武當西北分支。

水系：漢水左岸自鄖西，右岸自陝西白河入界，右會紅石河、木瓜溝、將軍河、洞青溝、豐里河、安城溝、堵河，左會泥河、天河、歸仙河、曲遠河、堰河至縣治，曲折二百八十里。又東左納小河、楊溪河、右納神定河、遠河入均縣界。丹水繞縣東北，滔水入之。

物產：輸出以漆爲最，煙葉、繭絲、桐麻油均爲大宗，牛皮、龍鬚草亦盛。染料有橡壳、五棓子行銷漢口。棉花漸發達。果產柑、柿等類，菽、粟、麥、稻、高粱、玉蜀黍、馬鈴薯產出足食。

實業：田賦四千兩以上。昔伍員屯田，東屯、西屯謂之堰田。東曰盛水堰，西曰武陽堰，今農業極盛。山田日闢，亦可種穀、麥，米質尤佳。工藝品有絲織物，仍用舊法。商人至漢口惟運銷土產。安陽煤礦曾經開采，因煤質不佳中輟。石棉礦已勘探未開。

教育：鄖山中學原係書院舊址，前已開三班，匪患後惟存一班。縣城高等小學幷設實業。私立高等小學有南化、十堰、龍門三處，因匪患中輟。國民學校全縣二百餘校。

城市：城周十二里強，凡七門，西、南皆臨漢水。城內大街有二，一自東至西，一自中至南，商務尚可觀。東、西兩門之外曰東關、西關，為交易最繁盛處。

鄉鎮：全縣分五鎮，東鄉安陽鎮距城五十里，東北鄉南化鎮距城九十里，西鄉黃龍鎮距城百里，曾設巡司，南鄉十堰鎮距城八十里，北鄉大堰鎮距城七十里。此外分八鄉以辦自治。馬山關在西，青桐關在西北，白桑關在東北，黎子關亦在東北。

交通：文册限十日到省，郵信七日可達。夏時漢水盛漲，順流而下十日可達。冬日下行須二十日，上溯最速亦二十餘日，遲則月餘。陸行須十日，上下相同。縣多著名大灘，瀛洲灘、羅家河大灘尤險。船名以鵝兒為大，鴨稍次之，擺江又次之。

第一百三十四章　房縣

房縣治，北緯三十二度四分，偏西五度四十七分三十秒。

位置：省西北千二百九十里。東界保康，西界竹山，北界鄖縣，南界興山，西南界巴東及四川巫山，東北界均縣及穀城。東西一百二十六里，南北一百七十六里。

沿革：春秋麇國之防渚或以為即房子國。漢房陵縣。三國魏析綏陽、昌魏二縣，置新城郡治此。西魏改縣曰光遷。隋設房陵郡。唐設房州。元省郡。明廢州為縣。

山脈：房山在縣西南三十里，四面有石室如房，縣以此名。阜山在縣南百五十里，戎人伐楚至此。景山在縣西南二百里，即荊山之首也。西北白磠山，荊山之支也。

水系：堵水出竹山，經西北境入鄖縣。粉水二源，一出紅花朵，東南一出牛碌埡，合而東北入穀城界。筑水一名長望川，源出羊子山，會峪河、西門河至縣治，稍東有高堰河自縣北境合諸溪來會，又東會小水四至青峰汛，有劉家河入焉，東南流入保康。

物產：農產以穀爲大宗，玉蜀黍、豆、麥次之。黑木耳產出最夥，水斗銀耳次之。近年產棉花頗盛。藥材產黨參、蒼朮。礦產則沿南山一帶多鐵，盤水河附近產銅，現經五富公司開採。特產有煤鹽。動物有綬帶雞。

實業：田賦二千五百兩以上。農民喜開墾，瀕河多築渠堰。商賈無絕大資本，鹽業不盛，工廠缺如。惟織業發達，機杼聲聞，亦有購運機器仿製洋布者。

教育：高等小學共三校，即城內模範一校，南區兩等一校，北區兩等一校也。此外有縣立國民學校十所，女校三所，公立國民學校十餘所，私塾改良數十處。

城市：城周四里有奇，關四門。東、西、北凡三關，西關貿易較盛，中有漢黃香墓。郵局在城內西街。

鄉鎮：青峰鎮在城東九十里，周尹吉甫墓在焉。下店在城西二十八里，又二里爲軍馬鋪，均軋花市場。大木廠在城西北百四十里，紙廠最夥。盤水河在城南百八十里，陽日灣在城東南百八十里，二鎮昔盛今衰。上龕鎮在城西南百八十里，今設縣佐。

交通：縣處萬山之中，殊乏舟車之利。其屬於城廂者，須由距城百里之台口泛南河入漢。其屬於北區者，須由距城百六十五里之磬口泛堵水入漢。商賈轉運維艱，故物價稍覺昂貴。惟廠鎮附近較便利。郵政間日開班，文冊限十九日到省。

第一百三十五章　竹谿縣

竹谿縣治，北緯三十二度十九分二十八秒，偏西六度四十七分五十九秒。

位置：省西北千七百四十里。東及東北、東南界竹山，南及西南界四川巫溪，西界陝西平利，西北界陝西洵陽，正北插入竹山地，界陝西白河。東西七十二里，南北二百十三里。

沿革：漢魏晉宋武陵縣，屬漢中上庸，東晉所置吉陽縣，西魏改名上庸。至宋開寶時省入竹山。明成化十二年分置竹谿縣，以尹店巡司爲縣治。

山脈：自西南雞心嶺分支，迤於堵水西源南者，東爲馬鬃嶺，南爲界嶺鳳凰嶺，北爲萬佛山、還定山諸脈。迤於堵水西北兩源間者爲火龍埡、大峪山、五條嶺、秋山、老陽山。迤於堵水北源北者爲青華山、東西逢山、雞籠山、獨松山。其西邊之銅錢關、鬧陽坪、竹葉關、小關子、官山口爲毗連秦蜀要隘。

水系：竹谿河爲堵水北源，出縣西北青華山，會諸水東南流至縣治，西有縣河來會。又東會進峪河、尖山河，東南流經龍堰河塘至潭口，會堵水西源，即柿河，支流左有王家河、簡家河，右有秦坪河入焉。兩源會而東流，右受自南來潛河，注入竹山縣境。

物產：農產以穀米爲大宗，鄰縣多仰給之，玉蜀黍亦夥，豆、麥次之，棉花近頗發達。林產杉最美，栗亦盛，木耳無多，漆不甚佳。牛羊皮頗多輸出。

實業：田賦千兩以上。人民多以耕種爲業，工商業尚幼稚。其土產輸出與需要品輸入，大率以竹山爲樞紐，商家多係黃幫，本地人亦有販貿鄰縣者。林業大可發展。

教育：縣立高等小學一所，國民學校八所，女子國民學校一所。清季曾設乙種農業學校一所，因招生困難，於民國三年停辦。

城市：曾列特別小縣。城北五星峰層巒疊嶂，爲縣之主山。南面臨河，清淺如帶。公署、學校而外，市街亦靜穆可喜。

鄉鎮：丰谿鎮舊名豐溪汛，在城南二百四十里，今設縣佐。撰河、向家壩舊爲東南汛守要地，城東六十里之縣河鋪亦汛地。潭口市在縣東九十里，商況頗盛。縣北獨松山、西北竹谿河亦汛守重地。城關鎮在東，中峰觀在西，均鄉民交易之所。

交通：郵政間日開班，平常十三日到省，文册限二十七日到省，爲全省縣治距省城最遠焉者。河流雖多，不能通舟楫，陸行亦苦關山跋涉，交通極感不便。

第一百三十六章　竹山縣

竹山縣治，北緯三十二度十三分三十六秒，偏西六度十一分五十一秒。

位置：省西北一千五百六十里。東及東南界房縣，東北界鄖縣，西界竹谿，北界陝西白河，西北界陝西洵陽，南界四川巫溪。東西七十五里，南北八十八里。

沿革：春秋庸國。秦曰上庸。漢置縣屬漢中，漢末升上庸郡，並分建始縣。梁廢上庸郡，改安城縣。西魏置羅州，改名竹山縣，後因之。上庸城在縣東，縣西亦有庸城山。

山脈：煤礦山在縣東，綿亘數十里，開採已百餘年，蘊藏極富。銅礦在鄧家台，距城百餘里，張文襄派礦師所探。民國初漢口五豐公司得礦甚多，其他鐵礦、石灰礦亦著。

水系：堵水西北二源自竹谿相會，東流入境至兩河口。其南源官渡河自房縣入境，北流合諸小水來會，復東北流，左合苦桃、北星、嶅峪、對峙諸河，右合深河、霍河、化峪河，入房縣界。其西北之尖山河則自竹谿入堵水。

物產：南山盡玉蜀黍，土名包穀。西北若保豐、益水、東川、麻家渡，稻田頗饒，春麥夏豆收穫亦鉅。煙苗禁絕，改種棉花，大爲蕃息。漆樹可取漆，櫨樹可取蠟，白木耳爲珍味。

實業：竹麻即竹之幼植物，可造成紙八十餘種，歲出百萬嚲。每嚲高六尺餘，縱六寸餘，橫一尺五寸餘。油榨所出桐油、香油、棉油、菜油，歲出亦萬數千簍。紙廠、油榨各數十家，爲輸出大宗。田賦只千兩以上，曾列特別小縣。

教育：縣城高等小學人數較少，保豐、兩河口、麻家渡三處高等小學人數較多。國民學校城內有南路、東路二所。社會教育只有演講員一人。

城市：城旁圍以堵水，交易繁盛，設有商務會、團練局。近受匪擾，歲至十餘次，人民不能安居。每次索款甚鉅，稍不如願，必致焚殺，市井有蕭條氣象。

鄉鎮：保豐、田家壩、化口、對峙河四鎮並重。全縣分九區，均有團練局，有團總一人、團佐二人、團丁各數十人，與縣城團丁百餘人連絡一氣，餉項悉人民及商賈籌捐。惟槍械太舊，教練未精，無戢匪之實力也。生河市、泥灣市亦縣南要地。

交通：縣北數里茶店嶺爲鄖縣來路，登高可俯視全城。縣治平常十一日到省，郵信間日開班，文冊限二十三日。縣西北二百里有吉陽關，爲通陝西之路。縣南百二十里有官渡河，舊設官渡司，爲赴四川之道。南出巫山，只逾一嶺即臨長江上流也。

第一百三十七章　保康縣

保康縣治，北緯三十一度五十三分十八秒，偏西五度十五分五十四秒。

位置：省西北九百五十里。東與北界穀城，西界房縣，東南界南漳，西南界宜昌及興山。東西距七十里，南北距九十四里。

沿革：漢房陵地。西魏分東境置大洪縣，屬光遷國。北周改永清。宋省。明弘治十一年復析，置保康縣，以潭頭坪爲縣治，後因之。

山脈：自西南冷盤埡東迤爲莫家埡、五道峽、分水嶺、大山區一氣磅礴，至界山以入南漳，是爲荊山幹脈。其自五道峽分支北出，則爲三十六榜、萬朝、萬連諸山所縣亙。

水系：粉水自房縣發源，四水合而自沙子嶺入界，經破山嶺至受陽坪，爲本縣與房縣之界河。橫溪臺口河入焉，北流會於筑水、蔣峪等水入焉，爲本縣與穀城之界河。板倉河自縣南經縣治北流入焉。南境蠻水、沮水，皆東入南漳界。

物產：農產以高梁爲大宗，穀、麥、棉花次之。林產豐富，輸出以黑木耳爲大宗，白木耳、紅木耳次之，猴菇最珍。藥材以蒼朮、桔梗、天麻爲最。礦產銅鐵俱備，苗質不豐。又如狐皮、獺皮、麂皮、漆及桐油、木油、白蠟、黃蠟均爲出產大宗。

實業：田賦九百兩以上。農業多守古法，林業純任天然。製造以火紙、皮紙爲有名，輸出甚盛。礦業尚未開採。

教育：縣立高等小學一所，在城內，其西南鄉合立一所，及南鄉女校一所，均停辦。國民學校亦僅有四所。

城市：曾列特別小縣。城周三里有奇，凡四門。西門內有三賢祠，東門外有蘇泉，爲循吏蘇惠和遺跡。

鄉鎮：分東、西、南、北四鄉。歇馬河在城西南百二十里，市瀕沮水北源，南岸繁盛爲各鎮冠。官斗坪在城西南百五十里，觀音堂在城東南九十里，馬橋口在城西南百四十里，受陽坪在城南百四十五里，蔣口市在城西六十里，開峰峪在城北四十里，東莊峪在城東北六十里。

交通：郵信間日開班，文冊限十五日到省。驛路北由洞庭廟塘至穀城，西由柳園站至房縣，東南由雙廟塘至南漳，西南由官斗坪至興山。水路惟粉河可通舟楫。馬橋口至東莊峪一帶交通最便。沮水、蠻水均乏水運之利。

第一百三十八章　鄖西縣

鄖西縣治，北緯三十二度五十九分五十秒，偏西六度十一分六秒。

位置：省治西北隅千四百八十里。東及南界鄖縣，西界陝西洵南，西南界陝西白河，西北界陝西鎮安，正北界陝西山陽，東北界陝西商南。東西二百十七里，南北七十里。

沿革：漢長利縣。晉興晉縣。劉宋北上洛郡縣。梁爲南洛州。西魏改上州。隋置上津。唐武德置長利縣，貞觀省入上津。明成化十二年析鄖縣地置鄖西，後省上津縣入焉。

山脈：十八盤山，在縣西北，爲全省西北隅。礦山在上津堡之南，產鐵。鶻嶺關爲宋南渡後與金人分界處。光照山北接山陽。娘娘山南鄰鄖縣，有巖泉九，灌漑緣山田疇。

水系：漢水自陝西洵陽東流入界，仙河入焉。經縣之南界，南岸爲陝西白河縣地。東流至甲河關，甲河自陝西經漫川關入界，經上津舊縣南流來會。又東入鄖縣界，東境天河、八道河諸水會於城南，流至天河口鎮入鄖縣境，合於漢水。

物產：以玉蜀黍、木耳爲大宗，漆亦多。小麥、大豆、棉花、豌豆均產，惟穀最少，以縣境惟城周圍與上津附近略有平原，餘皆山也。礦產五金皆備，惜未開採。藥物產黃連。

實業：田賦一萬七千兩以上。城內設有公典。田原極少，農民以墾山爲業，工業尚屬幼稚。濱河人民多以操舟爲業，運銷土產於外，而販售其需要品。境內最古土著頗少，居民多自蘄黃遷籍者。

教育：縣立高等國民學校一所，縣立模範國民學校一所，區立國民學校十餘所，縣立女子國民學校一所。

城市：城圍三里有奇，凡四門。市街商務冷淡，居民風俗醇樸。西關外五里許有懸鼓觀，負山臨河，最饒風景。

鄉鎮：上津堡在城西北百四十里，西臨甲河，爲上津縣舊治。隋以前早置州郡，當宅都長安時爲近畿，今雖偏僻，猶爲縣屬鄉鎮之大者。黃雲鋪在城西北七十里。甲河口汛在城西南百六十里，甲河入漢水處。藍灘汛在城西二百四十里。仙河入漢水左近。

交通：郵政間日開班，平常八日到省，文册限十七日到省。水路如仙河、甲河、天河均可通舟，惟水流湍急，下行速而上溯極遲。陸路山徑崎嶇，逆旅稀少，行李殊感困難。陝省邊隘叢山峻嶺，軍興之後流亡爲匪，鄂北首當其衝，是以扼要設防焉。

第一百三十九章　宜昌縣

宜昌縣治，北緯三十度四十二分四十秒，偏西五度十九分十五秒。

位置：省西北陸路千八十里。長江上游，四川門戶。東界遠安、當陽，西界興山、秭歸，南界長陽、宜都，東南界枝江，東北界南漳，北界保康。東西百又四里，南北百八十六里。

沿革：宜昌為前清府治，且開宜昌關，民國乃裁去東湖首縣，以府名為縣名。楚西陵邑。漢夷陵縣。明始省入夷陵州。宜昌設縣則始於晉末。隋之峽州，即西北下牢城。

山脈：峽口山在西北二十里，兩岸群立。江之北岸有西陵山，石削千仞，古之重險。黃牛山巖尤高，江渚紆迴，經其下者，信宿猶見之。石鼻山在西北，於下牢為近。

水系：大江自秭歸東流入界，迫東峽巾，經流頭灘及虎頭、鹿角、狼尾三灘，又惡蛇灘、青草灘，出峽口，流稍緩，至平善壩，凡自蜀出峽者至此相慶。上游會板倉河、南沱溪、西川河、下牢溪，至縣治，西會黃柏河及對岸會姜詩溪，下游會臨江溪，入宜都界。

物產：棉花、大豆、木子及絲為出口大宗，雞蛋、牛皮亦多輸出。米糧不足，仰給川南。羅佃溪茶產額頗鉅。果產橘、柚，前坪青李最佳。礦物則北鄉採煤，南津關燒石灰。

實業：四川全省貨物胥由此輪轉，川糖出口最多，故於徵收局外設糖捐局。荊南大工廠設於武廟，製造有藤革等科。女工縫紉製襪等機器日漸發達。田賦四千兩以上。有農林試驗場。縣立乙種商校在文廟旁。女子工業附女師範傳習所。

教育：彝陵中學經費視各區為最少。省立第三師範學校在文昌宮，有學生四班，附屬高初四班。縣立高等小學二，一在城，一在三斗坪，女子師範傳習所附高等小學。

城市：城在萬山中，昔稱紙糊宜昌，特此以為天險。商埠碼頭在東南門外，今設商埠局，修馬路，電燈電話局亦成立。最繁盛處夙稱南門外正街，今漸趨於大馬路。

鄉鎮：三斗坪在上游百五里，民船艤集，今設縣佐。平善壩在上游三十里，有川鹽查驗所。姜孝子廟在對岸，有滴水泉、十二梧桐館。三游洞在城西北，最幽勝。東山寺在城東，亦勝地。東鄉龍泉鋪、南鄉鴉雀嶺、北鄉黃家場分鄉場、西鄉曹家畈商務亦盛。

交通：距武漢水程一千三百六十里，水盛時有航吃水十七尺汽船，水小時亦可航吃水五尺汽船。文册限九日到省。自對岸安安廟陸行而西，取道野山關，由施入蜀，崎嶇險阻，近始鑿通。宜夔鐵路已測。利江、濟川兩公司小輪上駛重慶，水涸時停班。

第一百四十章　長陽縣

長陽縣治，北緯三十度二十八分十二秒，偏西五度二十三分五十二秒。

位置：省西一千一百里。東界宜都，西界巴東，南界五峰，北界秭歸，東北界宜昌，西南界鶴峰。東西一百三十里，南北九十四里，俗名"長陽一條綫"，形容其狹長也。

沿革：漢佷山縣屬武陵郡，佷音銀。蜀漢伐吳，自佷山通道。梁置宜當縣。周置亭州。隋開皇改置長陽縣，後仍之。又有清江郡之鹽水縣，江州治巴山縣，故城皆省入焉。

山脈：巴山在縣南七十里，曲折如巴字，隋因以名縣。將軍山又名甲山，與縣城隔江相望，山勢雄峻如帶鎧甲狀。白馬崖在縣東南，綺黃山在縣西可隱，佷山亦在縣西。

水系：清江自建始、巴東入境，左納招徠河，右納四楊溪、沙河、天池河、碓窠溪、重溪、長楊溪、平樂河等，又左納丹水一大支迳縣治南，東注宜都界入江。

物產：茶葉皆製成紅茶，由漢口出洋。煤產巴山一帶，爲炊爨之用，銷宜昌、沙市漸及漢口。白煤已發見，尚未發達。木油銷沙市，皮油銷漢口。製造品有煤子紙。

實業：田賦九百兩以上。農業所出不足以供本地之食。森林昔多今少，山荒日墾闢。茶、油二宗輸出最盛。有彝興公司，皆本縣商人集股辦理，歲贏二萬元以上。煤礦係用土法開採，無大公司。貧民頗以勞力獲厚利。曾辦女子蠶業傳習所，今輟。

教育：縣立高等小學，原係九峰書院，女子高等小學亦在城內。昔年辦理女子師範講習所一次，男子師範講習所亦祇一次。國民學校現存四十校。

城市：曾列特別小縣。城倚九峰，臨清江，形勢亦秀。城垣頹廢，惟東、西二門控其兩端。街市環山之麓，居民四五百家。

鄉鎮：資邱距城西一百二十里，爲清江舟運終點，施屬出口各貨多由之，地方繁盛。都鎮灣距縣西六十里，亦臨清江，通舟楫，爲鄉間土貨過載碼頭。此外小鎮有津洋口、巴山鎮、下漁口、七邱、椰坪等處亦略有交易。古扞關在縣西，蜀伐楚相拒於此。

交通：平常五日到省，郵政間日開班，文册限十一日到省。清江以內，民船可上溯至資邱，是以縣城舟運亦便，船名搖擺子，以下達漢口爲止。上至宜昌，著名險灘有臂子石、貓子灘皆在縣城之上游，資邱有向王灘，阻絕上下，灘之上游尚通小船。

第一百四十一章　興山縣

興山縣治，北緯三十一度十三分二十三秒，偏西五度四十一分十五秒。

位置：省西一千三百九十里。東界宜昌，西界巴東，南界秭歸，北界房縣，東北界保康。東西百一十里，南北百九十里。

沿革：楚高陽城，漢秭歸地。吳析置興山縣屬建平郡，晉因之，宋省。唐武德復置，屬歸州。宋熙寧省入秭歸，元祐復置。明正統省入巴東，成化置而復廢，弘治二年復置焉。

山脈：練城山在縣北三十里，環繞如城。羅鏡山在縣北五里，自西北來，綿亘百里。城外有四通山，山形斗絕，有四徑可上。縣西有清風、明山諸山，東有高嵐、天池等山。

水系：香溪源出房縣界者，為神龍山之洪河，會九衝河、蘿蔔河由西北向東南流至縣西。北有深渡河，合縣北中嶺河、馬家河、中叉河各水南流相會，即縣前河，有珍珠潭為昭君洗粧處，故名香溪。南流至大峽口，左合水磨河至秭歸入江。

物產：農產以玉蜀黍為大宗，稻米甚尠。礦產則西鄉千家坪有銅，南鄉大峽口建陽坪多煤。林產漆質甚美，木耳頗多，白耳尤貴。木油、桐油亦成大宗。茶則西鄉白沙河、三堆河、當陽河一帶產出最多。藥材有天麻、升麻、藁本、獨活、柴胡、木通、牛膝多種。

實業：田賦四百兩以上。俗善取木耳，種栗木伐之，五六株為一棚。富者萬棚，待其腐則木耳繁生，三年不竭，若見白木耳，則生意盡矣。

教育：縣立高等小學一，在城內。國民學校最盛時四十所，今多停閉，七學區各一堂。女學尚未發達，社會尚多誠樸。

城市：曾列特別小縣。城垣雉堞不完，街道岑寂，無整齊之道路，無殷實之商店。民船經縣城不久停，直至響灘。

鄉鎮：響灘在縣北五里，繁盛過於縣城，山貨薈萃於此。關口埡在縣西二十里，舊設把總，今裁。縣北豐邑坪汛、張關店汛、東北青林埡汛，皆昔年防守重地。縣北鄭家坪市、東北板廟市，皆為商民交易之市。

交通：平常六日到省，郵政間日開班，文冊限十三日到省。由宜昌上溯至香溪口三百六十里，上水須三四日，換平底船又需三四日始抵縣城，無橈槳之用，專用纜挽。由縣出香溪不過一日，香溪下宜昌亦不過一日，水漲時比輪船尤捷。

第一百四十二章　巴東縣

巴東縣治，北緯三十一度一分五十秒，偏西六度八分三十秒。

位置：省西一千五百又五里。東界秭歸，東北界興山，北界房縣，南界鶴峰，東南界長陽，西南界建始，西界四川巫山。東西八十六里，南北二百十三里。

沿革：夏后啓之臣血涂所處。漢巫縣地。梁置歸鄉縣並信陵郡。後周郡廢改樂鄉縣，向寳勝耕此稱向王。隋設巴東縣，屬巴東郡。宋屬歸州。清屬宜昌，至今沿之。

山脈：巴山在縣城南，一峰卓立，分列三岡，縣由此得名。極南有金雞山、石柱關。北有飛鳳山，與縣城隔江相對。最北有虎翼砦、貓兒關。東北龍會山有風、水、火三洞。

水系：大江自四川巫峽東來，南納萬石河，北納西瀼溪、東瀼溪，經縣治之北，東流入秭歸界。門扇峽在上游卅里，漩渦極險。巴峽在上游廿里，有母豬灘、青竹標諸險。下游廿里爲東奔峽，而渦龍沱及石門灘尤險。清江自建始來，經行南境流入秭歸界。

物産：巴山産茶，色微白，稱巴東香茗。農産以玉蜀黍、黃豆爲大宗。沿江一帶産棉麻甚富。山林産松、杉、栗、竹，漆及藥材亦夥。果産橘、柚、梨等。礦産有煤及銅。野獸多豺狼、山兔、野猪。又有野人似猩猩，長髮反趾。

實業：田賦八百兩以上。農民於耕種外，多伐栗木以燒炭，亦有架置以取木耳者。礦苗近已勘得十餘處，惜重罹兵燹，百業凋殘。人民希望和平，實如倒懸待解也。

教育：縣立高等小學二所，一在城内，校舍現駐軍隊，另租民房開學，學生二班。一在野山關，學生一班。區立國民學校，多因軍事停廢，現恢復開辦者有六校。

城市：曾列特別小縣。原無城郭，南倚巴山，北臨大江。街市一帶延長，商務頗盛，風俗亦華，有"小宜昌"之稱。縣署内有望雲亭，西北里許有秋風亭及壽寧寺。

鄉鎮：野山關在縣西南二百四十里，爲赴施南要隘，今設縣佐。勸農亭在縣南一百八十里，爲寇萊公遺跡，野山關縣佐駐此。萬流驛在縣西五十五里，爲大江自蜀入楚第一口岸。西瀼口在縣西二十五里。牛口市在縣東三十里，往來船舶多停泊於此。

交通：文册限十二日到省。自縣城乘船而下，水盛時三四旬鐘即達宜昌。民船上溯三四日乃達，以灘多水急，險阻難行也。野山關距宜昌、恩施各三百六十里，山溝溪水每有沖倒行人之苦。

第一百四十三章　五峰縣

　　五峰縣治，北緯三十度一十二分十六秒，偏西五度五十一分五十五秒。

　　位置：省西一千三百四十里。東界宜都，北界長陽，西及西南界鶴峰，東南界松滋，南界湖南石門、澧縣。東西二百一十里，南北相距七十四里。

　　沿革：元以前本蠻地。明洪武六年置五峰石寶長官司，十四年廢。永樂五年復屬容美宣撫司，尋又廢。清雍正十三年改置長樂縣。民國避重名改五峰縣。

　　山脈：自西北金雞山入境，以白峰埡爲大蜿蜒，東南行以關門山、月朗山、壺瓶山、馬鞍山、界山爲大，就中以壺瓶爲最高。唐李白流夜郎經此，爲"壺瓶飛瀑布"之句。

　　水系：縣城河出關門山，左合黃連坪水、五道水，北流會長茅河，入長陽境。長茅河出分水嶺，東北流經長陽界。白溪河出黃鵠巖東北之茅坪，南流入湖南石門縣，爲澧水。漁陽河出月朗山，東流左會自紅嵒腦來之菜白河，右會自壺瓶山來之楊家河，經宜都入清江。清水河出玉簪花山東流，南入湖南石門縣境。

　　物產：農產高山以馬鈴薯爲大宗，低地以玉蜀黍、菽爲大宗，穀、麥次之，棉花、煙葉又次之。南北二□產獨活、常山，壺瓶山產桔梗、天麻、柴胡、沙參。縣北產茶甚盛，製成紅茶，歲出約十萬觔。縣城河產洋魚，漁洋關產白魚，味最鮮美。

　　實業：田賦不滿二百兩。山鄉高原多植漆、茶，低地多栽烏桕及桐，取子榨油，歲出甚夥。惟灣潭一帶有銅礦質，無試驗場以考其成分，殊可惜也。

教育：城設模範高小學校及國民學校各一所，漁洋關設第二高小學校一所。全縣分十四學區，區設國民學校一所。又規定三十四堡各設改良私塾多處，以廣教育。

城市：曾列特別小縣。城周三里有奇，凡五門。城內有安化橋，橋上有太極石，為八景之一。街市零星，商務單簡。

鄉鎮：東曰義鄉，有漁洋關市場，距縣城百二十里，瀕於河上，紅茶由此製成輸出。南曰禮鄉，西曰智鄉，北曰仁鄉，西北曰信鄉，均無著名市場。

交通：全境多山。西北達鶴峰之路異常崎嶇，行旅至此頗感困難。東達漁洋關一帶，路較平坦。水路惟漁洋河能通小舟。郵信間二日開班，文册限二十日到省。

第一百四十四章　秭歸縣

秭歸縣治，北緯三十度五十九分五十六秒，偏西五度五十分十五秒。

位置：省西一千三百八十里。東界宜昌，西界巴東，南界長陽，北界興山。東西七十里，南北百又五里。

沿革：楚舊都秭歸，漢置縣。吳分屬固陵郡，又分置建平郡。周改縣曰長寧，兼置秭歸郡。唐置歸州，治秭歸縣。明省縣入州。清雍正升直隸州，旋改散州。民國廢州用古名。

山脈：江北以太陽嶺為幹。五龍山如龍矯，臥牛山若牛眠。東有蒼雲、破石諸山，西有八學士山。江南以天寶山為幹，楚臺、雞籠諸山相連，筆架、芙蓉諸山與縣隔江相對。

水系：大江自巴東來，右合沙鎮溪、窰灣溪、九畹溪、南林溪，左合桑頭河、香溪、龍馬溪入宜昌境。上游之險，有洩灘、吒灘。下游之險，有兵書峽、白狗懸、新灘即清灘、牛肝馬肺峽、達洞灘、通舵峽等，而清灘、洩灘互相消長，尤為歸峽諸險之最。

物產：貢椒、貢茶有名寰宇。農產以玉蜀黍、芝麻為大宗。稻穀產於建東鄉一帶。林產栗木可製柴炭。烏桕子、桐子均可榨油。果產橘、柚。

實業：田賦七百兩以上。昔日殷實之家因革命靖國連年用兵，盜賊驛騷，流離失所，十室九空。善後之計，先將有田地無牲畜種子之户，由團總勸親族借貸，並創貧民工廠設法安置。

教育：縣立高等小學一所，學生兩班。縣立模範國民學校二所。龍城鄉私立高等小學校一所。

城市：曾列特別小縣。城周七里，踞大江北岸山上，地勢有如懸膽，街市商務清淡。前面九龍石橫列江隈，石梁九道，有虬龍自岸赴江之象，故稱"九龍奔江"。

鄉鎮：香溪口在城東南二十五里，爲興山出入要途，商務日漸發達。新灘市在城東四十五里，商務繁盛過於全縣。叱灘市在城西五里。沙鎮溪市在城西十五里。周坪市瀕九畹溪，在城東南八十五里。

交通：文册限十一日到省。陸路之險者有名"蛇倒退""鬼見愁"，皆稱險僻，非大路所經。石門砦於崖險處作木梯，有緩急則砍斷之，便不通行。

第一百四十五章　江陵縣

江陵縣治，北緯三十度二十一分三十秒，偏西四度二十六分四秒。

位置：省西五百六十里。東北界潛江，東南界監利，西界枝江，西南界松滋，南界公安，北界荆門，西北界當陽。東西八十七里，南北五十九里。

沿革：楚都郢，文王所都紀南城，在治北十里，平王所城郢在治東北三里。秦拔郢，置南郡。漢爲臨江國，江陵爲漢縣舊稱，歷代沿之。漢之郢縣、西魏華陵、元之中興並廢。

山脈：臨江多陵阜，無大山，故曰江陵。紀山在城北卅五里，江陵主山也。東山在城東，西山在城西，相連有八十八嶺。沮、漳之水由此入江。西門外有龍山，爲孟嘉落帽處。

水系：大江在西南七里，水漲時自堤上望之，城低江面丈餘，有如釜底。沙市北有便河，北出草市轉東入長湖，出爲長夏河。經了角驛、張家場至清水口，潴爲三湖，復東溢，貫張金河，下注爲白鷺湖，入監利境。太師淵河亦至清水口匯三湖，與長夏河會。

物產：荊州土布取枝江之棉，荊州綢緞取河溶之繭，生入熟出，暢銷有名。沙市金漆盆桶及糖蒜盛行武漢。農產穀米、雜糧、煙葉。藥物產公丁籐、通草。江濱洲地產蘆葦。

實業：荊沙平民工廠二所，一在漢城，一在滿城。沙市有發行所，出品以愛國格子布爲多，電光綢亦精緻，行銷頗盛。女工六七十人。沙市麪廠用機器，布廠男工鐵機。田賦五萬三千兩以上。農事試驗場二，在滿城者一屬官辦，在城外者一屬民辦。

教育：第六區荊南中學，學生在二百以上。縣立高等小學乙種商業在城內。沙市有甲種商業高等小學，係爲國民學校，有兼稱兩等者。講演所亦具有精神。女學以淑慎爲最。

城市：楚之渚宮，故稱荊渚，瀕城東北。沮、漳縣亘數百里，居武漢上游，前清鎮以將軍。東有滿城，氣象蕭條，與漢城已無隔閡。鎮流門外有草市。

鄉鎮：沙市在縣東南十三里，臨江開埠，號"小漢口"。虎渡口在縣西南十數里，大江南岸乃入湖南洞庭之要道。縣東南七十八里之郝穴，表江裹漢亦扼要地，曾設巡司釐局。東南八十七里之龍灣市，今設縣佐。寸金隄在龍山門外，萬城隄介當江之交。

交通：文册到省限七日。自漢口上泝沙市，夏期三日，冬期四日。由沙市至縣城有馬路行人力車，沿城護城河亦通舟沙市。在昔輪船未通，由草市乘民船出長湖下漢水，內河風濤比長江稍小，行旅頗多。今江輪便利，由此路者只運粗貨也。

第一百四十六章　公安縣

公安縣治，北緯二十九度五十五分二十二秒，偏西四度三十四分十五秒。

位置：省西南四百四十里。東及東南界石首，南界湖南安鄉，西南界湖南澧縣，西界松滋，北及東北界江陵。東西八十七里，南北九十六里。

沿革：漢屬陵縣地。建安中，孫權表劉備領荆州牧，分南郡之南以給備，備營油口，改名公安，爲得名之始。晉改江安，陳復舊名。隋省屬陵入公安，疆域與今合。

山脈：黃山在東南五十里，土石皆黃，旱時雲出必雨，或名金華、金峰、謝山、睢山，或作皇山、王山。北有王家岡，屬陵故城在其陰。東有太歲山，高處名太歲碑。西有香積山。

水系：大江在縣東北，自江陵流入，下達石首。沿江各堤長一百二十里，以陡湖隄關係最重，有支津以通江湖。古油口即劉備營縣處，今已湮塞。虎渡河南通洞庭，北出大江，縣城適扼其中權，即《禹貢》"東至澧"之水道也。沱孔市即古沱江。

物產：濱江洲地產蘆，有課。東南丘陵地市產稻及棉。東北、西北平原產豆、麥、高粱、芝麻、粟米，亦產稻棉。正北尚有荒地，取蘆爲薪。近年試種美棉，成績爲各縣之冠。

實業：人民以耕織爲根本，男耕女餉，且有婦女助田間播穫者。冬春之際，紡織最盛，皆家庭工業，無大工廠，亦無資本家之專制。鉅富不過十萬，極貧亦可謀生。田賦一萬二千兩以上。商家以牙行爲盛，經營雜糧。

教育：縣立高等小學、女子高等小學各一，均在城內。八鄉各有縣立國民學校一所。私立學校多係改良私塾。講演員巡迴講演。

城市：但設四門，並無城垣。東、西、南三門均有商肆，北門但有居民，約計五六百户。原名唐家岡，正當虎渡河、浣水交會之所。北門、東門距河較近，隔河爲港關。

鄉鎮：陡湖隄市在縣東北上鄉，距城四十四里，正當大江之濱，商肆頗盛。其餘下游二十里之涂郭廠、濱虎渡河之黃金口、濱白花港之吳達河及西北之申津渡亦有商店營業。現自治分爲八區。屠陵驛司在縣北，已久廢。縣東沱孔市因河淤頗衰歇。

交通：文册到省限十日。陡湖隄當沙市之下游七十里，有小輪船經過達藕池口，由此上下其客。自虎渡河南入湖南之澧水，有帆船往來，以烏江子爲多，來自常澧，而荆州筏子則係由沙市販貨至湖南津市者也。

第一百四十七章　石首縣

石首縣治，北緯二十九度四十四分二十秒，偏西四度十三分五十秒。

位置：省西南三百八十里。東界監利，西界公安，北界江陵，南界湖南華容，西南界湖南安鄉。東西百又二十里，南北六十里。

沿革：漢華容地。晉析爲石首縣。南北劉宋省，仍爲華容地。唐武德四年置石首縣。宋乾德二年析置建寧，熙寧中省入石首，後仍之。

山脈：縣城之根，江濱有石孤立，在西山之首曰石首山，縣名因此。龍蓋、繡林、馬鞍三峰並峙，龍蓋有龍湫入江，繡林以孫夫人歸漢繡幛如林得名。楚望山一名望夫山。

水系：城北江岸，水泛堤危。自服紫岡起，至侯家山止，正在新築子堤。大江自公安西南流入境，江心多洲地，至藕池口有支流通洞庭湖。東有焦山河，南通華容，北出調絃口。江自西至東折南，由調絃向東北入於監利界。

物產：筆架魚肚，因近有筆架山，取魚肚就日光照之，現筆架形。濱江洲地產蘆，有課。稻、粱、芝麻、棉花、麥、豆并盛。

實業：田賦一萬零八百兩以上。商業大者有典當。農事試驗場在城內玉田寺旁。漁業在沿江一帶及九湖、上津湖、黃天湖、薈湖、瑤津、湘陰、牛角等湖幷盛。工人多自外來。商行萃於藕池口，車糖公司、煤油公司爲大。輸出以穀米爲大宗。

教育：縣立高等小學校係新建築，能容學生三班百人。東、西、南、北、中各有公立兩等小學校一所。今僅縣北新廠一校。國民學校城內外各一。

城市：城瀕大江，自羅城堤崩坍，城內時受水災，街市異常荒涼。縣署學校半就傾圮，惟聖廟巋然猶存。城南三里有黃金隄市，商店稍大者皆在隄上營業，尚稱繁盛。

鄉鎮：藕池口城西十五里，北臨大江，爲縣城出入要道。調絃口在城東四十餘里，亦瀕大江，二處均設有船關及米捐局、百貨稅局。焦山河廠在城東南卅餘里，瀕水通舟。新廠在城北卅四里。大江東岸曹家廠在城西南卅四里，高基廟在城南十六里。

交通：文册到省限八日。藕池口有小輪船上達沙市，每日開行一次。又有小輪船通湖南之南洲，水盛時開駛，水涸時停止。載貨仍多用民船，概呼爲划子。過境民船，湖南爲盛，四川次之。

第一百四十八章　監利縣

監利縣治，北緯二十九度四十九分十三秒，偏西三度四十四分十四秒。

位置：省西南二百八十里。東界沔陽，西界江陵，西北界潛江，西南界石首，南界湖南華容，東南界湖南岳陽、臨湘。東西一百五十里，南北八十五里。

沿革：春秋容城，楚遷許處。漢之華容縣，曹操由此敗遁。東南有州國，楚納州於秦，爲州陵縣。吳置監利，在縣東六十里。今縣蓋五代梁所徙。

山脈：獅子山在縣東南百十里，上有軒轅井，相傳黃帝張樂洞庭即此。螺山在縣東南百四十里，山皆白土，其形似螺。其旁有洲與臨湘之鴨磯隔江相對。爲荊江大關鎖。

水系：大江自石首入境，南岸與湖南華容、岳陽分界。經縣南至安浪月隄，折西南流至廣興洲折東南，至荊河腦折東北，經白螺司又東北經螺山，南岸與臨湘分界。又東入沔陽界，長夏河自江陵流入，經縣境二百里，合蓮臺、太馬、分鹽諸河，以入沔陽。

物產：以穀米、棉花、布疋爲大宗，豆、麥、黍、稷、絲、麻、靛等類次之，半夏尤爲特產。濱江洲均產蘆葦。

實業：田賦二萬七千兩以上。商業大者有典當。工業以沿江之陶業爲盛。自江以望之，每三五窰相連，有窰處必有村。雖甕缸罋罐製造粗率，而價值特廉，運道便而銷路暢，亦有裨實用也。

教育：縣立高等小學一所，學生兩班。縣立乙種工業學校一所，學生一班。縣立各區國民學校三十餘所。女子國民學校二所，一縣立在城內，一公立在朱河區。

城市：由小縣升中縣。城踞大江北岸，久圮，惟存四門。南門臨江，民船艤集，輪舶亦於此下碇，交通頗稱利便。商務以北門正街爲盛。

鄉鎮：白螺磯在縣東南百十里，窰圻腦在縣西四十里，分鹽所在縣北七十里，昔年皆設巡司，今裁。若毛家口、瓦子灣巡檢裁撤尤早。上車灣在縣東三十里，下車灣在縣東四十里，當江流曲折處亦成市集。螺山在縣東百五十里，商船鱗萃，號稱鬧市。

交通：自漢口上溯宜昌之輪船，自新隄城陵磯溯流至江濱，今已上下客貨。平常三日到省，郵政間日開班，文冊限七日到省。江中航路有蒲爾提淺，輪船當水涸時防擱淺，必以繩繫重，試水之深淺焉。

第一百四十九章　松滋縣

松滋縣治，北緯三十度二十分四十四秒，偏西四度五十三分十秒。

位置：省西六百五十里。東界公安，東北界江陵，北及西北界枝江、宜都，西界五峰，西南界湖南石門，南界湖南澧縣。東西九十五里，南北百又六里。

沿革：漢南郡高成縣地。東晉咸康中以盧江郡松滋縣流民避兵於此，乃僑置松滋縣，立南河東郡。嗣後郡廢，而縣名至今仍之。

山脈：界澧山屹立縣南。巴山在縣西南，爲春秋時楚人拒巴人處。縣東竺園山下有鹿頸坡。又東龜山下有靈龜洞。縣西明月山山嶺環抱如月，九岡山高峻爲一邑之勝。

水系：大江在縣北一里，分爲三派。當公安、石首之上游，三峽之水幷而入境，奔逸震盪，承枝江之委，北岸即枝江境。縣東天鵝湖、鄒老湖、張伯湖皆北入大江。洈水西自宜都入境東流，右會新店水，左會木天河及石溪河，支津號紙廠河，入公安縣境。

物產：棉花爲第一大宗，穀、麥次之，豆以蠶豆爲多。果品產桃、李、梨、杏。磺礦出西南劉家場一帶，煤礦亦以西南爲多，銻鐵發見未開。

實業：田賦一萬一千兩以上。商業大者有典當。咸同以前，共有二十餘家，迨後漸減少，近來只存三家，足見地方富力之衰減。私人獨資所設織布廠尚可獲利，公家所設工廠因折閱中輟。硝磺局設於縣西洋溪鋪市。

教育：縣立高等小學二，一在城內，學生百餘人。一在西齋，亦近百人。國民學校每鄉二校，共十八校，私立國民學校認可者四十餘校。改良私塾百餘所，私塾四百餘所。

城市：縣治在全縣之極北。城凡四門，以東南爲繁盛，商肆以洋廣布疋雜貨爲多。居民約近千家，四千人以上。

鄉鎮：共分九鄉，一鳳磧，二天永，三官團，四峻極，五豐樂，六參政，七明道，八紫林，九澤國，以官團、紫林、豐樂爲富庶。市鎮以新江口爲最，花穀雜糧由此運出，在縣東南四十五里。次則磨盤洲在縣南六十里，產布最多。其餘楊林市、紙廠河市、西齋市、街河市、涴市、朱家鋪、洋溪鋪並盛。

交通：文冊限八日到省。洋溪通小輪船，距縣西四十五里，可達沙市。縣城西門有民船，本地枝江船裝載貨物及雜糧出口，煤、米多由湖南船隻裝載。

第一百五十章　枝江縣

枝江縣治，北緯三十度十八分，偏西五度四分五十五秒。

位置：省西七百一十里。東界江陵，西及西南界宜都，南界松滋，北界當陽。東西十九里，南北二十二里，其江中洲及江北地廣袤約七十里。

沿革：古之羅國。楚自秭歸遷丹陽，今縣西丹陽城亦曰丹陽集。漢置枝江縣，歷代沿之。晉置旌陽縣，屬南郡。宋元嘉中省入枝江，今故城在縣南。

山脈：著紫山在縣南五里，下有飲馬池，劉昭烈入蜀經此。東南二十里有募旗山，相傳關壯繆樹旗此山以募軍士。縣西南三十五里有官木山，初設縣治，取木於此。

水系：大江自宜都東南流入界，分爲沱江。縣左右有數十洲密布江上，多如樹枝，以百里洲爲最大。附於百里洲之北者有羊角洲，地狹而長。大江分南北，而兩洲之間又通小港，江中航路出荷皮島、苞蕉島之北，隄防下接松滋界。

物產：東、北兩區產米最多，南區豆、麥、棉花爲盛，亦漸種稻。西北煤礦頗發達，銷沙市、宜昌，紅薯亦多。沿江樹林頗盛。

實業：田賦五千兩以上。商業之大者有典當，共計四家。反正以來疊遭兵燹，只存一家。近因南北紛爭，又被潰軍所刼。花行、雜糧行兩宗生意頗大。本地營商者惟至漢口、湖南等處。沿江燒窰者亦多。

教育：縣立高等小學在城內丹陽書院。江口高等小學改爲乙種農業。董市有乙種商業，合三校不及百人。城內學生最少，職教員亦不力。國民學校不及私塾之多。

城市：城周四里，有五門。小東門生意較盛，小輪船碼頭在焉。南北門皆岑寂如鄉村，種植農圃，無城市氣象。北門久圮。

鄉鎮：江口今設縣佐，當縣之東北，江之北岸，南臨百里洲，距城九十里。董市距縣東六十里，洋溪距縣東南十五里，均臨大江。江口因新淤沙洲，冬日不便停輪，而董市轉日漸隆盛。其餘劉家港、馮口二市皆在百里洲上。

交通：文冊限九日到省。縣城及江口、董市、洋溪均為小輪船所泊，上通宜昌，下通沙市，每日上下各一隻，名合利貞公司。長江輪船航綫皆出百里洲之北，其南支冬日只可通民船，是以夏水盛時輪船仍由北道。

第一百五十一章　宜都縣

宜都縣治，北緯三十度二十三分五十五秒，偏西五度八分三十八秒。

位置：省西七百四十里。東界枝江，西界長陽，北界宜昌，南界松滋，東北界當陽，西南界五峰。東西六十二里，南北五十八里。

沿革：漢夷道縣。曹操置臨江郡，昭烈改宜都郡。晉桓溫曾改西道，尋復。陳與後梁畫江為界，始析為兩縣。隋置松州，改縣曰宜昌。唐省夷道入宜都。宋元至今仍之。

山脈：北自虎牙、雞子來脈，委蜿於江東者，以靈芝、石寶為有名。自荊門山來而蟠亙於江西者以宋山為大。南自楊橋山迤邐支出，於漁洋河東者盡於縣治東北之龜、蛇二山。西南自小暑入行於清江、漁洋河間者有七畝塲、九龍山、八字腦各支。

水系：大江自宜昌東南流至荊門山下入境，又東南至縣城西北。清江自長陽入境，東流南合漁洋河水來會，東流轉南，右岸經枝江界復東北。右岸經松滋界又東北，左納蒼茫溪入枝江境。洈水出縣東南境，南流入松滋界。

物產：農產麥、豆、玉蜀黍、紅薯，以棉花、稻穀為大宗。林產烏桕、松柏、楊柳。橫溪鋪產柑，漢陽鋪產茶。桑宜飼蠶，絲亦佳美。寫經山發見銻礦，橫溪鋪煤礦已開採。

實業：田賦三千四百兩以上。商業以典當爲大。城內設工廠，能製寧波式木器。山木蔥蔚，林業可興。大江兩岸盡爲沖積腴壤，農業特盛。

教育：城內設高等小學男女各二，國民學校及幼稚園各二，乙種工業附設工廠。全縣分二十三區，均設國民學校。青泥區有羅家自立中學一，高小及國民學各一。文英區有私立高等小學一。漢興區有公立高小學。他區亦多自立公立及私塾改良。

城市：城臨長江南岸，周四里，凡六門，爲二陸舊城。北關外大江與清江合流處，大查關在焉。西關街市繁盛，有商務會及郵政、電報等局。

鄉鎮：古老背即古猇亭，在縣北三十里，爲劉昭烈覆師處，臨虎牙灘，地勢險要。白洋市在城十里，有張商英墓。紅花套在城西北二十里。鄢家沱、茶店子瀕於清江，聶家河、梨樹腦瀕於漁洋河。其陸路市場則有安福市、張家店、紫荊嶺等處。

交通：長江流貫其中，西極巫峽，南至瀟湘，小汽船通之。清江西溯長陽，盡於二恩。陸路東北通當陽，南通松滋。電報外接長江，內聯施境。文册限八日到省。

第一百五十二章　恩施縣

恩施縣治，北緯三十度十七分二十八秒，偏西七度十九分。

位置：省治西一千九百八十七里。東及東北界建始，西界利川，南界宣恩，東南界鶴峰，西南界咸豐，北界四川奉節。東西百二十八里，南北一百二十里。

沿革：漢巫縣地。吳置沙渠縣。周置施州清化郡，不置縣。隋唐宋爲清江縣。元併入施州。明洪武置施州衛。清雍正六年設恩施縣，隸歸州，旋爲施南府治。今府廢縣存。

山脈：東有連珠山、椅子山、金瓦山、玉峰山、天鵝山、五鳳山，西有客星山、翠濤山、藥山、轎頂山。南有筆峰山、天成山、金柱山、相公山、香花嶺，北有香城山、金樓山、筆架山。

水系：清江自利川入境，左會木貢河，右會天鵝塘水東流。右合鴨松溪，左合帶水河，東南流經縣城。左合沙河，右合麒麟溪、巴公溪、大水溝、紙房溪、忠建河諸水名石心河，復左會馬水河名龜山河，下達建始界。西南境瑪瑙河亦自利川入，下達宣恩界。

物產：麻、茶、梧、漆爲出口四大宗。藥材以黨參、厚朴爲盛。米糧足食，山地或以馬鈴薯爲糧。磁土出柳州城，可製陶器，粗碗可供鄉人之用。茶產於芭蕉者尤佳。

實業：田賦五百兩以上。農人勤於耕墾，商業日漸發達。舊日商店之大者有典當。出口營業則本地之麻，在日本、美國可製成麻織品，與絲識品無異。漆及木油亦行銷國外，漆質甲於全球，由於不攙假也。東洋漆器必以施南漆爲原料焉。

教育：原設師範中學、農業皆以施鶴道爲學區，今存南郡中學。有乙種農業及縣立高等小學、鄉立國民學校四十餘所。

城市：城有四門，以東、北二門爲最繁盛。縣知事駐昔日施南府署，居民二千家以上。北門外有問月亭、船亭、白衣菴，南門外有天后宮，爲廣福會館。

鄉鎮：木貢在縣北七十里，昔設縣丞，今裁。崔壩在縣東一百二十里，昔有巡司，今裁。商店頗盛，爲楚蜀孔道。芭蕉鎮在縣南六十里，產茶、麻，交易亦盛。北鄉則以白楊坪、杉木壩爲最。自治分十區，城區外列九鄉。蓮花池一帶爲靖國軍駐紮形勢地。

交通：文册限十五日到省。由縣城至宜昌陸程七百里，昔號九站。山路宜於用肩輿，行李用挑擔或馬馱。清江水量深而灘極險，民船由宜都上溯至資邱，則五日可至縣城。現擬集款開濬，估價五萬元。一經鑿去灘險，舟楫可直抵城下也。

第一百五十三章　宣恩縣

宣恩縣治，北緯三十度二分五十秒，偏西七度二十二分。

位置：省西二千七十七里。東界鶴峰，西界咸豐，北界恩施，南界來鳳，東南界湖南龍山與桑植。東西百十里，南北百二十五里。

沿革：宋時羈縻蠻地。元初置沿邊溪洞招討司，至正二年更置施南宣道慰使司，明玉珍改宣撫。明洪武改宣慰，永樂改施南長官司，明年升宣撫。清雍正改宣恩縣。

山脈：東鄉嶺、分水嶺皆縣東形勢地，跨宣鶴界。有將軍山，分支亘於縣南爲油煤界。獅子關、大寒山、小寒山、西南板栗關，屹立宣咸界上。土人謂天爲墨，有墨達山最高。

水系：忠建河自咸豐東北流入界，經縣城之南，又東流會長潭河，至玉帶灣折北，經杉樹塘注恩施界，下達清江。酉水出縣東南將軍山，西南流會高羅河及李家河，南經勝水關入來鳳境。瑪瑙河自恩施流入掠西境入咸豐界。

物產：農產稻穀、番薯、玉蜀黍，而玉蜀黍以東鄉、施南、石虎、三里爲最，番薯以忠峒所屬椿木營、石灰窰爲最。林產桑、竹、茶、桐、漆、棓，而漆、棓以東鄉里爲最，陰沉木尤爲珍產。礦物則有木冊里上峒坪之銅，石虎里草壩場與施南里臥犀坪之鐵，施南里東門關、東鄉里長灘河、忠建里乾壩、老司城諸處之煤。野生動物則有虎、豹、豺、狼、獐、麂、狐、兔、野豬、山羊、猿猴，錦雞美文采，雉雞尾最長。

實業：田賦百兩以上。人民多以務農、飼蠶爲業。工業石刻假山頗精緻，以山中峰巒奇特，模仿易也。礦業惟採岩煤以燒石灰。商業則城鄉均以趕集互市。

教育：縣立高等小學校一所，縣立國民學校三所，區立國民學校三所。

城市：曾列特別小縣。治地大河前橫，無城郭，有正街及江西街、朱史街、東門街、西門街、營街、衙門口街等，逢集開市，餘日頗岑寂。

鄉鎮：縣東鄉鎮昔爲汛地。東南會道溝，集場極盛。忠峒汛昔駐把總。縣南東門關，爲往來鳳要道。板寮場昔爲汛地，高羅場集亦可觀。乾壩司昔駐巡檢。縣西覃家坪、慶陽壩、臥犀坪、西南小關場、草壩場、板栗園，均鄉民趕集之地。

交通：僻處萬山之中，交通極感不便。平常九日半到省，郵遞間日開班，文册限二十日到省。

第一百五十四章　建始縣

建始縣治，北緯三十度三十五分三十秒，偏西七度六分五十秒。

位置：省西一千八百七十里。東界巴東，西界恩施，南界鶴峰，北界四川巫山，西北界四川奉節。東西百三十五里，南北七十二里。

沿革：漢巫縣地。晉置建始縣，爲建平郡治。北周置業州。隋屬清江郡。唐屬施州。宋元業州。明以建始縣設施州衞，屯兵防範，遂以縣改屬夔州府。清隸施南府。

山脈：禄山在縣東，多禽獸，昔洞蠻恃爲虞禄。又東州基山相傳爲舊業州。文山在城南巖如筆架，中峰孤秀。連珠山在縣西，五峰相連如貫珠。又西石乳山多生石乳，兼產鈇金。

水系：蒲潭溪出東北大嵒嶺，桐木溪入焉，爲兩溪河。木瓜河入焉，西南流至馬水河，建始溪自縣西北會小溪，經縣治東南入焉，南入恩施界入清江。清江自恩施東流入縣南境，右受自西南來之五家河，左受自東北來之野山河，入巴東界。

物產：錦雞比山雉文采尤美。影木之紋生成山水樹木等形，可製屏風。包穀酒亦他處所無。包心白菜如團球，味極脆。黃連及染料頗多。馬虎山銅礦最旺。

實業：田賦九百兩以上。穀米尚爲大宗。自禁種鴉片後，多改種棉花、玉蜀黍。女子多事紡織。縣城各工廠所出愛國布、白布亦爲適用之品。城南七十里三里壩吳姓倡立織縏公司，有裨美術。原有森林近爲兵匪濫伐甚多。

教育：縣立高等小學校一所，各鄉縣立國民學校數所，經民國六年兵燹，多未開學。

城市：曾列特別小縣。土城早圮，只存四門。商務不甚發達，惟東門正街市廛較盛。縣署在焉，近爲靖國各軍司令部所駐。

鄉鎮：野山河口當縣東巴建之交，巖高六十丈，石橋高十餘丈，寬六丈，費二萬金，康姓獨造，歷百餘載如新。稍西石門關亦兩巖夾河，刊"施南第一佳境"。其他銅鼓堡、長梁子、羅家壩、三里壩、石埡子、高店子、花果坪、核桃園、紅巖寺、落水洞皆交易市場。

交通：自宜昌起登陸，馬行八日。文册到省限十三日。清江上溯可通舟至綿羊口，載猪之船頗多取道於此。下游有景陽口、清江堡，若加以開鑿，由資邱以上均可行船。宜萬鐵路原擬取道於本縣，比沿江之路稍平，現已取道夔州，沿江以進矣。

第一百五十五章　利川縣

利川縣治，北緯三十度十六分二十秒，偏西七度五十一分三十秒。

位置：全省最西，距省二千二百五十八里。東界恩施，南界咸豐，北界四川奉節、雲陽，西界四川石柱，西北界四川萬縣，西南界四川彭水。東西百五十里，南北九十五里。

沿革：昔本蠻地，元明時爲施南司，地名官渡壩，屬施州衛。清雍正十三年改設利川縣。忠路在宋時爲羈縻龍渠縣，由安撫司改流。

山脈：西自石門坎入境，迤邐東南行，以烏雲山、齊嶽山、佛寶山、七星巖、龍泉山、乾溪山、鍾靈山、都亭山、金字山、石板頂、馬鬃嶺爲有名。齊嶽高入雪界，爲施南各山之冠。

水系：清江即古夷水，出縣西北名大跳敦河，至齊嶽山而伏，過山麓復出，經宜山北而東至七丫口，有西南來之小河溝水會焉。東北流至响水洞再伏再見，南會黃連溪入恩施界。西南忠路之前江、後江會爲龍嘴河，南入咸豐界。南境龍潭河亦南入咸豐界。

物產：農產穀、麥、玉蜀黍爲大宗，黃豆、馬鈴薯次之。礦產則納水溪黃泥坡之銅、齊嶽之煤、大坂營之鐵最富。又魚筌口紅沙溪之黃連，忠路茅壩之漆、茶、桐、桔，產出亦夥。

實業：田賦三百兩以上。工商業尚在萌芽時代，輸出多屬原料品，惟縣城內木工所製楠木屏聯、茶盒、帽筒頗稱精緻。茅壩之構皮紙，紅沙溪之草紙，小河之土瓷，板栗溪之陶器尚屬有名。近因靖國軍屯駐境內，多歇業引避。

教育：高等小學二所，城鄉各一。乙種農業一所，女學一所，皆在城內。此外八十三堡各設國民學校，半日學校亦擬各堡添設。自靖國軍興，校舍胥變為營房，良可慨已。

城市：土城久圮，四門今存其三。街道平鋪青石，頗覺整潔。東門街為米市所在，逢集極繁盛。北門街為楠木器具製造所萃。縣署後主山極秀麗，有太平洞通柏楊壩。

鄉鎮：忠路在城西南百三十里，地當楚蜀要衝，今設縣佐。團寶市為縣東六十里一大聚落，亦當楚蜀孔道。汪家營在縣西七十里，繁盛甲於全縣，縣立第二高等小學在焉。茅壩在城南百二十里，漆商萃集，貿易甚盛。

交通：平常十一日到省，郵信間日開班，文冊限二十三日到省。自縣東經下馬溪鋪、長崁鋪，循電桿經恩施、建始境至巴東，乘流至宜昌為最便，上溯則多由宜昌入山。

第一百五十六章　來鳳縣

來鳳縣治，北緯二十九度二十九分二十秒，偏西七度二十四分。

位置：省西南二千二百七十里。東及南界湖南龍山，西及南界四川酉陽，斗入兩省之交。東北毗宣恩，西北毗咸豐。東西六十里，南北百十里。

沿革：古五溪蠻地。五代時羈縻感化州。宋羈縻富州，尋為柔遠州地。元散毛洞，至元時散毛府，至正改宣撫，明玉珍改宣慰。明永樂改長官司。清雍正時改來鳳縣。

山脈：分水嶺亘於西界，西南有仁育關、智勇關，西北有滴水關、老鴉關。東迆為三尖山、五馬山、玉屏山，當縣治北境。

水系：酉水自宣恩南流入，為縣與湖南龍山界水。至縣治有客砦河，出自西北小箐，經散毛司東南流來會。又西南流會紅砦河、羅三溪、紡車溪、漫水溪，至勇敬里東兩岸皆入界内。至卯峒伏流復出會卯溪，又南流西會怯道河，南入湖南界，折入四川界，出為湖南之北河。

物產：桐油、茶油、漆倍子為出口大宗。米糧足食。礦物煤、鐵并盛，并有鹽井數處，為川鹽幫所封禁。蔬菜則香菌為最美，茶葉毛尖為最細。

實業：田賦不及百兩，為全省之最少數，並無漕米、屯餉、租課附稅，惟有串票捐一項，而契稅收入尚倍於宣恩、鶴峰。若印花稅，年額一千八百元，則與巴東、秭歸沿江之縣相等，由是可見舊日稅輕而農足，今日稅重而商怨，而屠宰捐且數倍於田賦矣。

教育：無外國教會所設學校。縣立高等小學原係桐圃書院，女子國民學校亦在城內。各鄉國民學校共二十五所。卯峒亦設模範小學，較他處為盛。

城市：曾列特別小縣。商務殷盛，以川鹽幫之鹽街為最。又有常德街、江西街亦各成一幫，安居已久，各有會館。土司舊族覃、田、向並盛。靖國軍至，富室已避地他適矣。

鄉鎮：卯峒今設縣佐，距城西南七十里，商務盛於縣城，瀕河街長五六里。舊司在縣西南三十五里，係臘壁土司舊治。安撫司在縣西南六十里，只存一小集鎮。大河壩縣西南五十里，舊名官城土司。忠洞、西水河、乾壩、老龍關亦重要。

交通：平常十二日到省，郵政間日開班，文冊限二十五日到省。卯峒為通湖南沅陵要道，北河船隻以此為終點。卯峒上有十餘里可通小舟，由卯峒乘水漲時三日可直抵常德，上水則挽運上灘，日行數里，經月始至也。

第一百五十七章　咸豐縣

咸豐縣治，北緯二十九度四十一分二十秒，偏西七度四十二分三十秒。

位置：省西南二千二百里。東界宣恩，南界來鳳及四川酉陽，西界四川黔江、彭水，北界利川、恩施。東西百十五里，南北百三十六里。

沿革：宋為羈縻柔遠州。元時名散毛岡。明洪武二十三年置散毛千戶所，明年改大田軍民千戶所，屬施州衞。清雍正六年改巡司屬恩施，十三年改咸豐縣，後因之。

山脈：二仙巖在縣西，山脈自四川來脈，高度入冰雪界。北支達星斗山，入恩宣兩縣界，南支成咸來二縣之分水嶺，蜿蜒二百里。

水系：中曰龍潭河，自利川茅壩來，會縣北諸水，下綫壩河，入四川黔江縣境。西曰龍嘴河，亦自利川南注，貫縣西境，左納余水、洞水，南流迤西，入四川彭水縣境。東曰散毛河，即建河出縣朝陽山南麓，東南流經縣城南面，轉東北流，入宣恩縣境。

物產：漆質比於川漆。茶供本國之用。桐油、五棓子亦夥。藥材凡百餘種。米糧足食有餘，玉蜀黍、馬鈴薯亦為土產大宗。

實業：田賦三百兩以上。人民勤於務農，山上有泉處多開稻田，無水之處則種雜糧。富者不過十萬，無豪富亦無極貧。近因川匪滋擾，人民不能安業。女工紡織土布，近有組織小機織廠者。礦商組織公司正擬開辦，因匪亂從緩。

教育：縣立高等小學係蔚文書院改建，女學亦成立，農學未見大效。鄉間惟國民學校。民德未漓，有樸勇風。無教堂及教會所立學校。科學家秦子壯任航空學校校長。

城市：曾列特別小縣。前明舊城已圮，以西關較為繁盛，居民約計五百家。商肆多日用品，少奢侈品。縣署下有地洞產硝。

鄉鎮：張家坪在縣西南四十四里，昔設巡檢，附近鐵礦開採多年，行銷川楚，銅礦近多發現。各鄉原八里，今增十里。土人在縣北者多，覃、冉、田、向均爲大族。客民在縣南，多明清二代移住。南鄉丁寨、東鄉忠堡、北鄉清水塘、西鄉尖山寺等處亦頗繁盛。

交通：平常十一日到省，郵政間日開班，文册限二十三日到省。自縣城至恩施凡三日程。經宣恩界，自恩施至宜昌急行六七日，緩行須十日始至，以宜昌爲赴省要道。若由水道，則北出萬縣不過五日，南出卯峒不過二日，取道卯峒爲多。

第一百五十八章　鶴峰縣

鶴峰縣治，北緯二十九度五十三分三十八秒，偏西六度四十一分。

位置：省西南一千二百八十五里。東界五峰，西界宣恩，北界巴東，西北界建始、恩施，東北界長陽，南界湖南慈利，東南界湖南石門，西南界湖南桑植。東西百八十里，南北百十五里。

沿革：本晉施州建始縣地，後爲蠻地。元至正十一年立四川容美峒軍民總管府。明洪武四年復置宣撫，尋廢，永樂四年復置。清改容美土司，設鶴峰州，後改廳。今改縣。

山脈：虎鷂嶺橫當西北，東迆石寶山爲縣北分水脊，南至縣治爲八峰、九峰，逾霧江，爲五峰山及東南牛角尖、羊角岩。西南奇峰山迆爲青龍、金龍、天星諸山。

水系：漊水出虎鷂嶺，經北佳坪合西北諸水至縣治，縣西諸水來會。又南流西南之大水湄，合小水湄伏流來會，又東南流，有霧江自五峰縣流入會焉，又東南會水流溪，至江口市會大典河入湖南慈利界。北境咸盈河東北流入巴東境。

物產：穀有捱粟，葉莘似莧，龍瓜粟，色紫。蔬有地蠶，俗呼天螺蛳，陽合葉似薑。瓜有鐵瓜，種於高處。果有枳椇，俗名拐棗，羊桃野生。楠木可雕。礦多煤、磺、銻。野獸有山𤢖。

實業：田賦二百兩以上，屠捐歲解千元。茶、煙爲輸出大宗。民信公司開採銻礦，頗著成效。自遭兵禍，農民失業，由省官廳撥款賑濟。又由地方殷實，購備耕牛、農器、穀種借給各戶，俟秋成歸還。紳富樂善好施，足以代表國民也。

教育：縣立高等小學一。東鄉興仁、西鄉崇讓、南鄉禮陶、北鄉樂淑，皆以鄉名為校名。東有博愛、元長，西有在道、在田，南有節文五里，北有純化三里，皆分里設學。

城市：曾列特別小縣。四望皆山，八峰挺秀。南北構兵，停戰命令宣布之後，為南軍所襲取，設籌餉局，第五旅駐焉。城東天星橋，土司舊建。西街口有三元橋。

鄉鎮：山羊隘為縣東之大鎮，距城為遠，昔設巡司，今裁。五里坪為自縣赴山陽隘要道，昔設兵汛過路坊。石龍洞，今并為靖國軍駐守地。西鄉之奇峰關汛、北鄉之鄔陽關汛，清時彈壓土司要地也。山羊隘之江口近接湖南慈利，市肆頗盛。

交通：至偏僻至艱阻之境，終有開通之時。平時十一日半到省，郵政間兩日開班一次，文報限二十五日到省。自縣城陸路至宜昌五百零五里，由宜昌至省城又一千零八十里，山路險，水路易。

第六篇　結論

第一百五十九章　湖北對於全國之關係

　　湖北爲全國之中堅，關係各省區，至爲重要，分列於此，以發展愛國之思焉。
　　京兆：京兆、漢口有京漢一綫遥聯，首都與起義地並爲重要，京漢路尤重於他路。
　　直隸：燕趙多慷慨悲歌之士。近畿陸軍南來，風氣剛勁，足見河朔健兒膂力過人。
　　河南：光黄多異人，南陽爲襄陽輔車，武勝三關介於兩省，申息北門可並駕中原。
　　山東：斗級營有山東旅館，足見齊魯聖賢之裔南遷者衆。山東人滿，多謀生於外。
　　山西：漢口金融昔在山西票莊，今日放印字錢弋厚利者尚爲山西人，性如汾酒。
　　陝甘：陝西漢中乘漢水上游，秦能制楚，楚亦入關。西北地瘠，襄陽道已見其端矣。
　　新疆：楚軍重定新疆，湘人極多，鄂人亦不少，俗謂天山南似湖南，天山北似湖北。
　　江蘇：上海、漢口爲長江暢行輪船之路，上海大公司無不以漢口爲第一出張所。
　　安徽：上江、安慶一道風氣語言，近於蘄黄。徽商在漢口成幫，淮軍亦多健捷之士。

江西：磁器、茶葉皆以漢口爲銷場。幕阜山脈相連，九江言語幾與武漢如一家人。

湖南：洞庭南北唇齒相依。全楚形勢，北重於南。湘軍崛起，上游形勢重，競爭日紛。

四川：張獻忠屠蜀，湖北人移居者實多。天下亂，蜀先亂。川漢鐵路若成，次及邊藏。

雲貴：昔日雲貴入京大路取道荊襄，滇黔護法護國，襄陽亦先應，控制形勢如此。

廣東：粵漢鐵路起武昌而達廣州，北聯京漢而南聯廣九，南北終路統一無隔閡。

廣西：洪楊浩刼，所過爲墟，武昌叠經兵燹，各縣父老，相對潸然，不願有土匪內亂。

福建：閩漢之中先成南潯一段，漢潯尤易聯合，延南潯入閩，願國人自固其主權。

浙江：金腿、紹酒、嘉湖細點，爲湖北人所嗜。浙江興業銀行於漢口分行獲利尤多。

東三省：鄂民移殖訥河，實由天門周少樸主持之。湖北人士在龍江領地者最夥。

內蒙古：察哈爾之開墾，鄂人龍驤實啓之，今任察哈爾實業廳長。鄂人出塞者衆。

外蒙古：陳毅作庫倫都護。湖北有志之士能建事業於外蒙古，次及青海、阿爾泰。

民國以來，湖北有"湖北人之湖北"一語。惜當首義初元，遽以湖北主義自封，致省界顯分畛域，不能自治，而徒致內爭，不能排外國、排外貨，惟以排外省人爲務。今明達之士已悟其非矣，敢正告我湖北父老兄弟曰："湖北者，大中華之湖北也。"

第一百六十章　湖北對於世界之關係

　　湖北吸受世界新文明，以發展世界新文明。東西洋商船既駛行漢口，兵艦亦隨之而至，扶桑嵯峨之艦，耀威於龜蛇之下，以與白種天驕相競焉。

　　漢口租界：

　　日人之營業：

　　正金銀行：爲彼國金融機關，佐之以臺灣銀行，甲午割地之大恥也。

　　日清會社：日人今日猶呼華人爲清人，辱我甚矣。今有名日華者，妄僭尤甚。

　　三菱公司、三井洋行、三信洋行：三島商人所組織，分設漢口日租界。

　　白人之營業：

　　英人航業：怡和、太古輪船，占長江三大公司之二，英租界所占位置最便利。

　　英美煤油紙煙：美孚煤油、英商亞細亞煤油灌輸內地，英美煙公司尤耗財。

　　各國均霑利益：法商禮查飯館最著。法領事與俄領事署鄰，法界又加展拓。

　　特別區：德國租界今已收回，遣送敵僑二百，瑞記、捷成、禮和各洋行並輟。

　　雞公山：在應山縣界，地連鄂豫，外人建房避暑，兩省長官因主權攸關交涉收回。設工程局專司營繕，設警察局用資保護，其經費由兩省分半擔任。鄂省發春秋兩季，計工程局歲支九百元，警察局歲支一千三百三十四元，臨時餉裝費歲支三百二十元。

　　世界人對於湖北如何：世俗以西人爲文明，未知世界真象也。

　　規避湖北稅捐：光緒二十四年，英商偉德於滬關請領聯單，照正稅減半，只完半稅，將厘捐全行規避。遂改行業兩厘爲出產稅，商人稅單只抵箱捐，不抵產稅以杜取巧。

干犯禁煙公法：民國嚴申煙禁，日清長江輪船公然於統艙開燈。日租界有土棧廿餘家、煙館七十家，經興論攻擊，日領始親查拿。洋奴漢奸又遷入俄租界。

嗟呼！漢口拆城垣爲馬路，示尚德不阻險也，乃英人竟於前後花樓、河街口三處設鐵門，近與交涉未了，中國界內人力車不得越租界一步。湖北借款又增百萬。愛國偉人甘以租界爲桃源，富者存款外國銀行，皆大謬也。欲大中華不亡，請招我國民兮歸來。

大中華湖北省地理志後序

　　昔先曾祖杏圃公七上公車，三出仙霞，三出杉關，一桴海指天津。其出杉關之道，則下彭蠡溯江至漢，又一度取道武勝，一度取道龍駒寨入關，一度取道荊襄經南陽而至漢，蓋不得志於清季而翩然在野。嘗於莆田學署訓子孫曰："今商人結帳用清楚二字，前古所無，湖廣人以爲亡清必楚之徵。吾子孫服官講學宜自武昌爲始。"是以劍秋伯祖由楚入蜀，而終葬洪山。麗生伯考吏隱應山，亦終葬漢陽。伯兄奎騰以楚學領閩解，時濤纔七歲耳。別十五年，伯兄主教京師大學，歷官黑龍江教育司，南逾桂嶺，北度雁門，又游歷燕、齊、皖、浙、蘇、贛，編地理志。遇諸南昌，兄已長髯，濤亦成立。兄出十八年日記，無一日之閒。篋中《福建志》成冊，多濤在鄉里所未聞。《江西志》成，命濤任校字之役。書成離贛，欲負笈從兄來鄂。兄不許，督之歸閩，校印《福建志》。濤日抄萬字錄副以去，臨行策之曰："《福建志》不修正出版，非吾弟也。"濤懼而歸里，挾稿謀於省議會，父老咸樂與修正，上之當道，立承補助印行。乃負新刊《福建志》謁伯兄於都門，並呈陳弢菴、郭春榆諸老於榕社。兄曰："余在鄂編鄂志初成，適得京電，倉卒去鄂，愧無對於鄂也。今《京師志》後編者且先印行，《安徽志》待印者亦已出版。第盍赴鄂校印乎？"濤即遵命來鄂，取伯兄初稿，與黃陂阮養格先生商榷。誤者正之，闕者補之，亟亟付印計日成功。蓋因伯兄近纂《京兆志》，定國慶日與《湖北志》一致出版，爲中華紀念也。嗟乎！中華者，九萬萬同胞之中華也。愚兄弟獨矢赤誠，以匹夫之力研天下利病。今幸出版，未審全鄂父老繙閱此書，其亦以爲然焉否？如邀鄂中明達公同修正再次付印，尤愚兄弟所禱祝。茲當出版伊始，上憶先曾祖之遺言，而伯兄未著於斯志者，特補述於此焉。
　　至聖紀元二千四百七十年中秋閩侯林傳濤叙於永盛印書館

附録

大中華地理志序例

閩侯林傳甲撰

　　中華民國紀元伊始，南北尚未統一，中華書局即成立於上海，發行中華教科書，由小學遞進於中學師範。月刊雜志風行於教育、實業、婦女各界。《中華大字典》尤爲廣博精實，不愧乎後學津梁，爲倉、許功臣矣。

　　夫中華者，國名也。中華民國者，中國四萬萬國民共有之國家也。有京兆之行省二十二，特別區域四，寧夏、阿爾泰、外蒙古、青海、西藏各邊地五，凡三十二區，共九十三道，一千八百一十八縣及設治地方八處，尚無一完全地理志。斯則我中華國民之責也，亦中華書局之責也。

　　在昔易姓受命，若《大明一統志》《大清一統志》莫不萃國實全力爲之，以成全國之官書。其他各省通志以及府志、縣志莫不誇多競博，不但人物、藝文咸歸納於地志，即鬼神仙佛亦且連篇累牘，災諸棗梨。由今日觀之，其散渙支離，漫無統紀，不足以供參考之用。各省通志局編輯需時，恐又成官樣文章。我思明季清初顧亭林之《天下郡國利病書》、顧祖禹之《方輿紀要》，雖私家纂述，毅然引爲匹夫之責，裨益來學，誠非淺尠。中華書局有《中華地理全志》一冊，比之中學教科較爲詳備，然祇可視爲滄海之一粟也。

　　今擬纂《大中華地理志》分甲、乙、丙、丁、戊五編。甲編志全國，乙編志各省區，丙編志各道，丁編志各縣，戊編志各埠、各名勝、各要塞、各鐵道。合中華全國地理專家創中華五千年來未有之鉅製，分之三千冊，各自爲書，合之則名曰《大中華地理志》，茲當各省獨立之時，與民國初元本局創始之際略同。天下愈亂，待治愈亟。河山破碎，仍當還我金甌，著之圖乘，爰擬例言以諗同志，各奮獨立之能力，同赴共和之盛軌，通儒碩士幸賜教焉。

例　言

　　一、我國幅員廣闊，地志苦無善本，《一統志》之類偏於考古，《方興紀要》偏於用兵。《天下郡國利病書》《小方壺齋輿地叢鈔》則隨手選錄，未加編訂，且簡冊繁重，能合不能分。各省通志暨府廳州縣志各自爲書，或詳或略，分又不可合用。編各冊皆仿《中華地理全志》，可分可合。分之既便本省、本道、本縣之分銷，合之可備各圖書館、各學校之參考，洵爲中華空前之著作，各省、各道、各縣必不可少之書。

一、甲編志全國，宜在京師編輯，以中國地學會爲編輯機關，京師大學校地理教員爲主任。京師圖書館皮藏各省縣志千餘部，足供參考。所有內政、外交、海陸軍、財政、司法、教育、實業、交通、蒙藏皆據各部院最近調查。

一、乙編之京兆志，丁編之大興縣志、宛平縣志，戊編之北京城志，皆在京師編輯，以爲各省各縣之模範。每省、每縣、每埠皆仿《中華地理全志》體裁，由各省各縣學校地理教員或通志局員自行編輯，或私人著述，均可自爲一書。

一、板權爲上海中華書局所有，各省、各道、各縣、各埠地理志均由上海中華書局懸賞徵集，由各省、各埠中華書局分局編輯人就近接洽，酌定編輯費甲等千字六元，乙等千字五元，丙等千字四元，丁等千字三元。凡編輯成冊由分局寄滬，經總編輯所認可，後即由分局撥發編輯之費以爲報酬。

一、各省、各道、各縣同時有兩家編輯者，即通函就近接洽，合爲一編以臻美備。若兩家各爲一書，本局即就先投稿者印刷。如果後勝於前，俟再版時另行改訂。

一、邊僻地方地理志，但求事實詳晰。如或文理蕪淺，可由本局總編輯修飾潤色之。

一、各省、各道、各縣地志皆題曰《大中華地理志》某編、某省或某道、某縣。將來成書有專購甲編者，有兼購甲、乙編者，有專購一省及所屬道縣者，有專購一道及所屬縣者，均可配成一部。俾地方有自治之基，而後全國可收統一之效。

一、茲編約計三千冊，每冊編輯印刷費平均至少五百元，約需一百五十萬元。售價約二百萬元，贏餘五十萬元。然編輯尚需歲月，始能陸續出書。印刷既有固定機關，資本亦易於周轉。以十年之期計之，每年但需資本十五萬元。以中華書局信用日著，股本日增，則各省一律添設分局，各縣一律添設支店，大縣可銷萬册，小縣亦可銷千册。甲編必徧銷於全國，以百萬計；乙編必徧銷於本省，以十萬計。並勸編輯各員加入股東，代爲勸股。苟每縣能招十股，爲數不過五百元。茲編即完全印成並非難事。傳甲慕全國之人才，量全國之財力，必能辦到，豫算計畫非誇辭也。

《地學雜志》第 7 年第 4、5 合期，1916 年 5 月

擬編大中華地理志各省各縣分纂綱要

閩侯林傳甲撰

一、緒論。各地志開端皆有緒論，或稱總論，或稱概論。各省、各縣分志亦應有提綱挈領之大端，即所謂緣起也。

二、位置。天文地理，一名數學地理，所以實測經緯確定方位也。經線以北京爲中線，尊國都也。各省城、縣城經緯度以新測爲準，無新測者仍用舊日測定之數。最東最西之經度、最南最北之緯度能得確數尤要。東西最長若干里，南北最長若干里，面積若干里，人口附見，均以實地丈量爲上，調查次之。舊志星野災異宜删。

三、地文。地文地理，一名自然地理，分區域、地勢、海岸、山脈、河流、湖澤、沙漠、井泉、地質、氣候。物產宜自分篇章。內地無海岸沙漠者則缺之。地勢中宜注意歷代用兵之形勝。地質中宜注意礦產。舊志名勝附見於山脈、河流、湖澤，不必另列。

四、人文。人文地理，一名政治地理，人民之種族、言語及衣服、飲食、居處、器用、宗教、節序、家族、禮俗，宜舉其特殊者。政治、官制、警察、軍政、旗營、蒙盟、牧廠、台站、財政、稅關、鹽場、司法、教育、文字、農墾、工廠、商場、貨幣、公園、鐵路、道路、橋梁、電信、郵政皆分章臚列，無者缺之。並附沿革一篇臚舉歷代改革大端，及古蹟保存者不必如舊志繁瑣。

五、地方。省志分叙地方，宜叙明某某等縣舊屬某某府道，蓋民間

舊觀念尚未盡改也。更正道縣名稱宜附列原名，以便檢查。縣志則就自治區域、警區、學區重要之鄉鎮詳記之，其他村落可擇要列表。

六、附屬。各省區兼管舊藩屬，各縣兼管土司，或鄰近外國屬地、外國租地原屬我國者，亦必詳記之。

七、插圖。卷首插全省或全縣地圖一張，卷內所有名勝險要照片以及特別服裝及歷史著名大人物遺像、奇異字體碑文、大工廠、大建築足爲模範者，亦可插入。

八、字數。依《中華地理全志》每行三十三字，每半頁十三行，凡四百二十九字。省志洋裝一原冊，依中學校地理教科書字數；縣志洋裝一中冊，依高等小學地理教科書字數。

按第一次已有序例，爲第一次之商榷。此篇爲第二次之商榷，已得各省議員多數同意也。序例原擬有道志，今因各省議員公意將取銷道制。本會同人以爲既有省志爲綱，縣志爲目，無須道志，以省繁複。大約縮三千冊計畫爲二千冊，計畫需費百萬元，與中華書局第二次招股之數相侔。然則中華書局加以《大中華地理志》之附股，明年以後將由二百萬元而漸進三百萬元也。合中華全國各省之人才財力以經營此役，分之則爲地方之自治，合之則爲五族之共和，無人不學，無人不明地理，無人不愛國家，其幾已見於國會議員加入中國地學會爲始。傳甲材力棉薄，願從全國賢達之後，以成前古未有之盛舉焉。

傳甲附記

《地學雜志》第 7 年第 6、7 合期，1916 年 7 月

大中華浙江省地理志自序

閩侯林傳甲撰

大中華者，中華人之中華也。浙江者，浙江人之浙江也。傳甲以爲中華人之中華，必須中華人知中華，推而各省人知各省，各縣人知各縣，苟地方皆能自治，斯國家可以共和。自治之道，自自知始。苟無自知之明，則學業之根本不立，安望其知己知彼百戰百勝乎？

中國地學會之成立，於茲九年矣。前歲共和再造，始議修《大中華地理志》，甲編分省、區、蒙、藏凡三十册；乙編分縣，每縣一册，凡一千八百四十四册。建議之始，杭縣章嶔、滄縣劉仲仁實先後主任其事。贊成分纂綱要者凡四百餘縣，張蔚西會長謂宜舉一縣爲範本。時傳甲遊西山，行吟易水，講易於中學，悟日月爲易之旨。學生百餘輩佐助調查，不三月而《易縣志》稿竣，刊在《地學雜志》。直隸各縣依例編纂者日多，傳甲遂遊山東，得師範生四百人爲助，猶未足百有七縣之數。乃登泰山，謁孔林，眺青州，觀青島、坊子、張店，躬受激刺，於是一百七縣之地理志由省立各師範中學生暨勸學所分任，幸無缺憾。傳甲於每縣作小序一篇，亦裒然成册。適老友黃雋珊任安徽省長，函招遊皖。安徽教育費絀，而師範生研究鄉土地理博物者，其勤實亦他省所不及。省教育會請駐會編輯，先從省志起草。賴地方父老商榷，不三月而初稿成，交教育聽盧紹劉廳長先付油印，分寄各縣。俟六十縣地理志成，同時出版。又因上海商務印書館開股東會議，將擬自寧而滬。正值金陵鼠疫，斷絕交通，乃迂至上海，晤商江蘇省教育會黃任之、沈信卿編輯《江蘇省地理志》。浙江友人多以爲季春佳日宜遊西湖，乃因海鹽張菊生指導放棹孤山訪文瀾閣藏書，喜文獻明備，此志所采擇古今圖書已一百餘種。今海宇多故，得此一席樂土，左圖右史，讀書其間，亦天所以厚吾之生也。凌晨早起訪教育廳伍廳長譚道德教育，得編交浙之教育家省教會經子淵會長，主師範教育十年，贊成管見。由師範同人發起七十五縣學會編輯七十五縣地理志，利用暑假，各專責成。通志局提調袁道冲商酌體例，益臻完密，遂計日程功，不敢一時或懈，中學諸生討論實多。省議會秦吉人副議長、農校周友山校長皆十四年前大學高材，僉云浙志既成，當即出版，並獲交省議會各縣議員修正本縣地方志，傳甲乃徧受浙江七十五縣教育焉。講演於農校，因得嘗農產製造，以浙江博物志望之群賢。觀光於工校，購學生新織紗綢以爲衣，與山東草帽、安徽皮鞋同爲國貨，以衛吾身也。甲種商業周季綸校長以爲此書亦國貨商品之一，遂由商業生百七十人襄助豫約，在浙江印刷公司排印，於暑假內實踐商業，分赴七十五縣發行。法政學校張羽生校長亦約傳甲講演政治地理，敬舉中華國家根本至計。浙江地方自治遠大弘規，略陳其愚，以備國民採擇。並以浙學可爲法者，質之各省各縣各同學，由自治以謀共和，大中華猶可爲乎？

　　至聖紀元二千四百六十九年即中華民國七年六月六日序於浙江省城水亭址厬廬。

《大中華浙江省地理志》民國七年七月七日出版

大中華浙江省地理志啟事

敬啟者：

　　中國地學會現設北京地安門內黃化門慈惠殿，今教育部傅總長、袁次長在直隸提學司時代實創始之。本會會員七百餘人，贊成此事者極多，往往審慎周詳，不輕於脫稿。而日本調查吾國所編《支那省別地志》乃次第出版，傅甲實爲國人恥之。近年觀山東、安徽師範生分述鄉土職業地理哀然成册，浙江七十五縣學生鼓舞興起，知大中華雖危可安。敬勸各省各縣教育同人各研本省本縣地理志，引爲分內之事。傅甲先以出版之書就正有道，行將負笈問業，叩求我同志努力奮進。已編者刻日出版，未編者計日程功，精神所至，事無不成。大中華前途，責在匹夫者至重也。

　　毋敢怠惰
　　　毋敢荒嬉
　　　　毋敢閒斷
　　　　　毋諉爲時局不定
　　　　　毋諉爲經費難籌
　　孔子之聖道，集大成而已矣。中華之治術，共和而已矣。

《大中華浙江省地理志》民國七年七月七日出版

大中華江蘇省地理志編輯餘瀋

今年九閱月,而成江、浙、皖三省地理志。友人謂我太忙,我答之曰:閒時不閒,忙時不忙。奔走風塵,覺行役勞甚。今茲漫遊,行止久速,一聽之天,湖山佳處都可浮家。見俗子競爭權利,焉知在野之真樂。

陸行則道路不如輿夫之熟也,水行則源流不如舟子之熟也。凡我嚮導皆我良師。

本省本縣人熟習地方情形,以爲天下皆如是也。惟周遊廣覽者知各省各縣各有特色,各有精神。

在山東得編輯費遊皖,在安慶編成得賻儀遊滬杭。及浙志印成,版權所餘遊蘇、錫、金陵。得長官之提倡,同人之贊助,遂得印刷之資,並以餘款爲周遊之用也。欲辦國家最正大事,不憂款之不集也。

江浙志成,本擬挈家回閩,因兵事中止。贛、鄂兩處正在進行,皖志編成而未印,並擬再加修正付印。因事隔半年,略有變遷,當隨時修正也。

《大中華江蘇省地理志》民國七年八月十五日出版

大中華地理志第三年報告

閩侯林傳甲敬啓

大中華民國八年爲中國地學會十年紀念,即《大中華地理志》開幕後第三年也。傳甲受國民教育者三年,受國民歡迎者三年,受國民監督者亦三年,兢兢業業,恒懼言之不踐,知而不行。今乃敢決然曰:國民無不欲共和,世運無一年不進化也。觀《大中華地理志》之進行可見矣。謹列近三年狀況此較如左:

民國五年:草創序例,刊布分纂綱要。贊成者二百餘縣,徵各省府縣志。

民國六年:暑假前纂《大中華直隸省易縣地理志》。暑假後撰山東各縣志小序。

民國七年：一、二、三月纂《安徽省志》，民□報館初版，省教育會重校刊。

四、五、六月纂《浙江省志》，浙江印刷公司初版，七月七號發行。

七、八、九月纂《江蘇省志》，商務印書館初版，十月十日發行。

十、十一、十二月纂《江西省志》，裕成印刷公司初版，十二月冬至發行。

民國七年，先編省志，以為各縣地理志之範本。此安徽省長黃雋珊所商榷，安徽省教育會亦贊同之。因上年游歷燕齊，先編各縣志不如先編省志，提綱挈領也。

江、浙、皖、贛四省地理志既成，督促分纂各縣地理志，惟教育會各學校分任之如左：

安徽省：第一師範學校已有各縣鄉土志二百餘冊，每縣擇一冊補正為正本。

浙江省：浙江七十五縣分纂凡例最為完密，由省教育會長經亨頤力促其成。

江蘇省：教育家黃任之、沈信卿，地理家姚孟壎、童季通贊成，各師範咸編查鄉土。

江西省：省教育會贊成，南昌高等小學纂地理志為倡，各縣學生寒假回縣分纂。

全國教育會聯合會開會於上海。因傳甲今年既周遊江、浙、皖、贛四省，明年亦可周遊四省編印地理志豫約者為鄂、湘、豫、晉四省，以期民國八年十月十日，重與全國教育家大會於太原。監督愈嚴，扶掖愈眾，進行愈速，則共和之明效也。

至於直隸、山東曾服務，而省志未成，仍督門下士先編縣志，至中州時或返魯一行。若《福建志》曾三易稿尚未成書，兵事紛擾，致誤歸期。但祝南北和平，則民國九年後，傳甲將西北至陝、甘、新、阿，西南至滇、黔、川、藏，服務全國，傳食四方。各省通志局萃名流，籌鉅款，或逾數年不得一字。傳甲躬匹夫之責，未支國家地方經費，以初版所得為游歷之資，再版則公之省教育會，俾原有印刷公司繼續承印，并印刷各縣地理志也。

《大中華江西省地理志》民國七年十二月二十三日出版

大中華安徽省地理志自序

中華民國七年一月一日，至聖紀元二千四百六十九年天正冬至後八日戊申，傳甲自山東南遊至安慶，省教育會正逢公醵，遂列賓席，是爲《大中華安徽省地理志》發起大紀念。討論三日，見黃隽珊省長，道十年之故交，允纂六十縣地理志。與教育廳盧紹劉約以半年爲期，不另設局糜費，遂駐會先編省志，三月而成。又在懷寧縣教育會討論各縣地理志，既爲高等小學教授所必需，宜推高等小學地理教員爲編輯主任以專責成，縣教育會員分任調查修正。合一縣之人成一縣之志，合一省之人成一省之志，實合一國之人成一國之志也。於是函報教育廳，分飭六十縣高等小學教員同時並舉，省立第一師範學校諸生暑假作業編輯各縣鄉土志，蔚爲鉅觀，成績夙著。傳甲利用寒假講演時閒，勗諸生回籍，促本縣地理志殺青。庶幾教始家庭化行鄉黨，蓋安徽寒假延長，倍於山東。三冬之餘，最宜求學。讀劉知幾、柳宗元所論，朝士坐糜廩禄前後相誘，有數十年不成一書者，傳甲引爲千秋之耻。精神專一，事無不成。省教育會同人推傳甲先輯省志，爲省立中學師範、實業各校之教科，遂獨居省教育會西樓。面大龍山而坐，城郭園林如天然圖畫，淵魚雲鳥豁我胸襟。無案牘勞形，絲竹亂耳，何異坐擁百城，遂經緯天地，條理山川，著之簡編，爲求學修業之初步。曾從政務廳秋青士廳長縱論政治，實多閱歷之言，如本省之財政、實業大端，無一不問業於當局。凡此邦學生欲學而未能，欲問而無從問者，傳甲已代諸生學之問之。是以年假內，師範中學、實業各生從傳甲問業者，傳甲必詳言無隱，知後生可畏，雖例假亦有篤修之士也。

自一月十五日起草，至二月二十二日初稿告竣，相距僅四十日之間。初與徐磊生會長言，至遲不過兩月。蓋傳甲每日作事八時，定爲豫算，日成四章，以兩時所編，備教室一時講授，此二十年來經驗所得也。當年六歲失怙，先妣林下老人教以數與方名，遂有蓬矢四方之志。弱冠遊學武昌，創時務學堂，講長江形勢，首明鄉土地理、歷史、格致之用。受知南皮張文襄公初等小學定章課鄉土志，實采芻議。今實用主義，職業教育所出，蓋舍鄉土則不足以資實用，謀職業社會弗信，病根在此。昔崎嶇猺峒苗疆，從劉中魯民政創辰州中學，撰《辰州輿地舉例》。年三十，僭大學講座，從新化鄒子、武進屠子之後任地理教員，因諮詢全國學生編全國講義。時大學生五百人，共二十一省，黑龍江獨無一人，遂引爲大學員生責任。既東攬扶桑，南至桂林，適奉龍江檄調，服務教育行政者十年。大學諸生從者廿人，由小學游升中學師範實業，比於内地及義務教育實施。而先妣因教養劬勞作古，苫塊病危，乃釋負而爲教育部閒曹，被舉蒙古教育研究會長，于役察哈爾，創立師範。平生志願有定，在黑龍江則撰《黑龍江鄉土志》，在察哈爾則撰《察哈爾鄉土志》，刊布海内。凡地理家研究滿蒙邊境者，或不遺在遠。黑龍江之奎騰山、奎騰河，察哈爾奎騰梁，或遂可以不朽焉。會蒙匪俶擾，時局靡常，始息影京津。在尚志學會，晤范靜生總長，發起《大中華地理志》。當日范公固言教育部總長，不若中華書局編輯長可久大也。傳甲此志，期以中國地學會爲編輯總機關，中華書局爲印刷總機關，方竭力以組合中華書局之新股，以爲一千八百四十四縣地理志印刷費。不料中華書局報告折閱，股東停息，信用全隳。傳甲則持以毅力，無論如何困難，必連同志，至一縣則成一縣，至一省則成一省。行吟易水，高歌自壯，爰督中學百人實地調查，先成《大中華直隸省易縣地理志》，就正地方父老，訓迪地方子弟，在《地學雜志》印行，直隸各縣多用爲範本。遊歷山東，講學第一師範。登泰山，謁孔林，調查青島、坊子、張店、民政、博山、濰縣、周村商業，益激發國恥。撰山東各縣志序一百有七篇，由各校分任編輯，遂作安徽之遊。草創此編，未及印行，而江蘇、浙江、江西各教育家先後見招。長江流域交通便利，傳甲每三月必成一省志，江、浙、贛次第出版。安徽志始經教育會同人修正定稿，即挈之行篋。湖北、福建兩省志初稿又次第編成。正值中國地理會十年紀念，同學促余還京師編《京師志》。以皖志就正京師警察廳吳總監、江迪威將軍及皖南北續學宿彥黃介之主任，謂皖志出版不可再緩。倪督軍、呂省長亦力贊其成，遂交中華印刷局出版印行。福建、湖北兩志各在本省校印，直隸、河南兩志亦在各本省分纂，其他各省亦著手調查。傳甲躬匹夫之責，求天下利病，盡心而已。皖志先成而出版濡滯，不及江、浙、贛。對於皖人，尤深自疚。《京師志》將竣，有少賤生徒五千人，合萬耳以爲聰，合萬目以爲明，實行共和集大成之道。《京兆志》亦得京兆中學二百人爲助，可計日程功，當不負余之勤慎有恒初願也。

中華民國八年五月七日閩侯林傳甲序於京師中國地學會

《大中華安徽省地理志》民國八年六月二十日

大中華福建省地理志自序

大中華福建省多鉅族，以林氏爲最蕃。我列祖列宗數千年來，艱難締造，以殖子孫，億萬世焉。昔太史公作《史記》，必自序先世，不忘本也。傳甲將聯海內九萬萬同胞以志我大中華二十二省、六特別區域及外蒙、西藏地理凡三十篇。各縣地志由師範生分任撰述者，一千八百四十四編。自有生民以來，地理之詳晰整齊，未有盛於大中華者也。

民國七年，傳甲自山東歷江、浙、皖編三省地理志，每三月而成一編。校刊《浙江地理志》時，在西湖文瀾閣讀《福建通志》，遂慨然有歸耕之志。同里族人少將之夏，永定族人知事觀光，遷居瑞安族人技正大同，皆因萬支一系之親，相待如手足，遂擬《大中華福建省地理志例目》，置之行篋。遊蘇、常、金陵還滬海，覽各圖書館以供參考，遂刪繁提簡，分門別類，約爲一編。至商務印書館編輯所就正於同鄉。又因留學生歸國，得日本人謀我真狀，斯篇遂如昏暮明星，一一畢見焉。嗚呼！鄉土教育，乃七歲學齡兒童應習之業也。傳甲六歲而孤，落拓異鄉，知有國家，不知有里黨。今年逾見惡，乃補習兒時所未習。祖宗桑梓之邦，文物耆獻之盛，當別撰《福建鄉賢傳》以課修身，《福建文學史》以課國文。若夫地理調查，則以新知識爲主要焉。洪惟我黃帝之子孫，傳於有殷。自受辛失政，比干公以諫死，子堅奔長林，以林爲氏。放公向禮之本於孔子，道重長山，吾宗乃蕃於河北。及五胡亂華，漢族南徙，我晉安郡王祿公肇啓莆田大宗，爲全閩林氏始祖焉。唐興九牧並盛，南宋道學彌盛，閩學其集關洛之大成乎？先支祖足公遷於福清，有祠墓在，號曰東藩。及南山公於明季由東藩遷省，是爲侯官第一世祖。二世祖號雙泉，爲郡庠，名茂才。三世祖諱夢昇，號蟾賓。當清兵南下，義不薙髮，剪指甲以備合葬，桴浮東渡，衍爲海外一支。四世祖諱振宜，以諸生終，不忍事清也。五世祖諱有昂，號韜齋，有子十人，登科者三。六世祖諱寬裕，字介成，號仰山，以商業隱。七世祖諱紹芳，字立賢，號信軒，老於歲貢。高祖諱淳，因與清帝廟諱相同，故以字行，曰朝爵。別號樸庵，爲鄉黨儀範，家庭教育益盛。本生曾祖諱際春，號杏圃，由嘉慶甲子科鄉試舉人，歷官興化府學訓導、莆田縣教諭。講學十八年，不厭不倦。先祖諱寶光，字孝渭，號劍秋，以諸生從戎入蜀。統十七屬團練，克復元通場，積功授四川成都府通判，歷署鹽源、永寧、廣元等縣。北守劍門，南服各土司番族，崎嶇邛崍九折坂，國而忘家。擢知府移夔州，以病去官。高祖有子六人，長房曾祖道堯公，祖孝登公，無嗣。曾祖以大宗爲重，以先君嗣焉。先君諱文釗，字麗生。兒時先祖從戎，十八年無家信。先君年弱冠，萬里尋親，遇於蜀東。以文童從軍，七戰七捷，始叙官典史，部選湖北應山縣。兵燹之餘，衙署監獄俱燼。先君勇於緝捕，閭閻安謐，商民釀資，以修復獄署。任職九年，治獄仁恕，導以工作，施以感化教育，著有《治獄仁言》。時在同光之際，東西洋之法學尚未輸入，先君己力行之矣。升署長江埠平靖關巡檢，分防水陸要隘，野無寇擾。年未四十，以積勞卒於應山縣典史本任。時不孝傳甲年只六歲，仲弟傳樹年三歲，季弟傳臺未滿三月也。是年秋，先妣提挈遺孤，依族人劉碧初大令於南昌以爲宦途，不可居子也。將扶櫬以還福州，又值法將孤拔封我海口，張佩綸敗績，歸計遂輟。重到應山，地方官紳念先君之舊德，敬卹孤寡，卜居於理學街功臣府錫善堂，守志教子者十二年。先妣氏劉諱壚，字蜀生，號林下老人。含辛茹苦，杜門不出，朝夕紡績。乳母萬賈氏，先姊桂馨以十指佐。傳甲兄弟能堅苦自立者，賴有慈訓，以讀父書，承祖業也。先妣晚年興女學於湖南原籍。復因徐大總統督東省，調任監督女師範要職，就養於黑龍江奎垣蒙養院，創辦女子教養院，移殖女民，發刊《婦女雜志》《中華婦女界》於上海。因救國儲金奔走呼籲，劬勞盡瘁，以終天年。海內悲之，大總統有絳幔芳型之褒，教育家有"女中孔孟"之譽。傅甲養志既終，遂易其遊必有方之志，為弧矢四方之謀。北出居庸，西度雁門，行吟易水，登臨泰岱，謁孔林，遊青島，南向淮泗，息影安慶。老友黃雋珊省長賓禮之，遂纂成《大中華安徽省地理志》。浮江而下，放楫西湖，《大中華浙江省地理志》遂先付鉛槧。珥筆南京，《大中華江蘇省地理志》已付商務印書館出版行世。傅甲以匹夫責任，求天下利病，所以為大中華謀者，不及十分之一。江西省戚省長於傅甲遊歷南昌，促成《江西省地理志》。堂弟傳濤相見，益動我故鄉之感。干戈匝地，欲歸不得。南軍藉護法之幟，或藉土匪以擾閭閻。北軍從政府之命，或賦重斂，以困黔首。鷸蚌相持，東鄰將收漁人之利，豈惟福建無福，赫赫大中華行將裂為南支北支。蓋東鄰著述不稱我為中華，而謂之曰支那，無識之留學生亦盲從焉。支分支解之禍，皆根於政客偉人不愛國家，不顧地方，鑄此大錯也。昊天上帝，眷我中國不亡。傅甲不死，則區區此志願與福建全省父老兄弟共謀福利，或可由自治以進於共和乎？

至聖紀元二千四百六十八年歲晚閩侯林傳甲自叙
《大中華福建省地理志》民國八年七月十五日

大中華京師地理志自序

《大中華地理志》甲編分京師、京兆、二十二省、各特別區、青海、蒙、藏共三十二冊。乙編分一千八百四十四縣各一冊。京省區為中學教科，縣為小學教科。此傳甲民國五年合中國地學會同人所發起，期以十年而必成者也。

顧亭林言合天下之私以成天下之公。此今日國體之共和，至聖垂教所以集大成者，其在斯乎？昔無恒勉自勵，十八年日記無一日之閒遊。黑龍江、察哈爾刊行鄉土志，三至京師商榷志例，傅治薌同年許其必成。又遊直隸成《易縣志》，印於《地學雜志》。無錫侯鴻鑑、南通嚴儼然乃同聲相應於大江南北。信乎一縣有一人，可成一縣志也。稅駕齊魯，生徒四百，殷殷問業，分縣編纂，余撰山東各縣地理志序百有七篇。登泰山，謁孔林。外交方棘，馳驅膠濟道中十五次，著《青島遊記》，建議設坊子縣，築煙濰路，不見用。每日講演，聽者踰千五百人，勸華工八十萬。加入協商國，蓋大中華對德奧宣戰後，自請躬赴前敵者只傳甲一人。通電全國南北無一師一旅敢言戰者，遂駕言出遊，以寫我憂。上年在安慶三月而《安徽志》成，在西湖三月而《浙江志》成，遊大江南北三月而《江蘇志》成，居南昌三月而《江西志》成。江、浙、贛各在本省刊行。皖志先成，老友黃隼珊省長邃逝，閣置經年，今在京亦出版矣。春初在武漢，修祖父墓，居三月而《湖北志》成，交武昌中華大學校印。故鄉福建志稿常在行篋，旅次江西，遇傳濤弟日抄萬字，不逾月而成，携歸就正於鄉老，今亦修正排印。適中國地學會十年紀念，《京師志》不容再緩，乃回京整理舊稿。謁京師警察廳吳總監，以《安徽志》呈政，得周遊二十區。凡京師之陋巷無不至，以謀貧兒之教育萬目具瞻，莫敢或懈。凡百餘日，《京師志》成。傳甲以匹夫之責，求天下利病，自信中國不亡，我不死，全國地理志必告成也。此志成，中國必不亡也。直隸省議會蘇莘、河南教育廳長吳鼎昌分纂調查，將繼此而成書焉。迴溯十六年前教授京師大學，見日本教員服部宇之吉、坂本健一纂《北京志》，亦數月而成。今倭人著《支那省別地志》十八冊，《滿洲》、《蒙古》等志，遇事留心，彼知我而我不自知。國人日鶩空談遊戲，放弃良好光陰，是自亡也。救國之道無他，勤學好問而已。舍業以嬉，國之蠹也。傳甲周遊南北，知人心尚未盡死。恫京師民俗游惰，爰以早起躬勵諸生，貧兒皆奮，助成此志。博雅魁碩，幸賜教焉。

民國八年七月一日閩侯林傳甲自序
《大中華京師地理志》民國八年八月八日

大中華民國八年十月十日十事宣言

閩侯林傳甲報告

傳甲問學淺陋，海內同志推舉爲《大中華地理志》總纂。天爵尊榮，深自祇懼，匹夫責任，義不可辭。受事三年，罔敢或懈，躬逢盛會，敬告國民凡十大端：

甲、中國地學會十年紀念

中國地學會爲十年前中秋後創始，時傳甲于役龍江，謹以《黑龍江地圖》《鄉土志》由提學司咨復本會，是爲傳甲入會之始。張蔚西長者及同志八百員，於傳甲近三年總纂《地理志》，實行監督，扶助進行，日日無閒。傳甲謹以周游教育日記，就正有道。

乙、全國教育會聯合會

上年在上海舉行，傳甲忝列賓席。時江、浙兩省地理志皆每三月成一編，各省教育家皆盼傳甲速往。別來一年，編印江西、湖北、京師、京兆四册。若《安徽志》《福建志》雖係今年出版，實係上年舊著。前此兩年，每年四册。周游各省，尤感各教育家，共贊成之。

丙、《京兆地理志》出版

教育部傅次長爲茲志發起時第一贊成人。傳甲爲教育部記名僉事，深懼本部所頒調查鄉土訓令，未盡實行。此次對於傳次長、王京兆，均明定國慶日爲出版期，勉求踐言。傳甲對於國家中央政府，對於地方官紳，惟此耿耿赤誠，昭示大信也。

丁、《湖北省地理志》出版

《湖北志》本於今年三月纂成，因本會同志促歸，謂京師、京兆兩志必須先成，以爲十年紀念，中央爲各方所具瞻也。寄孥汝漢，守祖父墓，老妻祝宗梁亦謂非《湖北志》出版不離鄂。繼經阮養格修正，又派舍弟傳濤赴鄂校刊。濤既刊閩志，至鄂則鄂志成。

戊、《京師街巷記·內左一區》出版

《京師街巷記》二十册，係二十區半日學生實地調查。吳總監命傳甲領五十五校，教五千餘人，課學生作記事文，就本區本街實地調查。教員身任巡官長警，覆閱尤多修正。每區彙成一册，陸續出版。內左一區成績較優。外人佪處，雖童稺亦知戒懼也。

己、《京師地理志》即於本年訂正再版

《京師志》出版後，門人盡力推行傳習。在京有專門以上校長陸是元

等，在外有安徽教育廳長董嘉會，發皇師說，弘我國學。中小學生亦用爲教科，既經呈明內務部，享有著作權。在京友人修正者亦多，如官制更改，學業進行。即擬本年訂正，再版彌詳。

庚、江蘇、浙江、江西、安徽、福建志由各省修正再版

傳甲受各省教育，乃成各省地理志，不敢私為一家著述。江蘇託黃任之修正，浙江託經子淵修正，江西託龍荃蓀修正，安徽託董亨衢修正，福建託林西園修正，並以再版之權，公之各省省議會。省教育會草創粗材，願修飾潤色者，成人之美焉。

辛、直隸、山東、山西、河南、湖南各志刻日編印

直隸蘇莘、山西李泰棻力任分纂，均約定年內出版。河南教育廳長吳鼎昌盡心調查，濤弟將往校印。山東師範生四百，調查尚詳。昔擬先成各縣志，在魯半載無功，僅刊《青島游記》。國慶後盡心齊晉，當必告成。《湖南志》已交門人龍承燨調查地質。

壬、大興、宛平兩縣地理志已徵集材料，限年內出版

《大中華地理志》原訂全國一千八百四十四縣，每縣一冊。傳甲悲歌易水，先成《大中華直隸省易縣志》，即印於《地學雜志》。江、浙、皖、贛、鄂次第分縣編纂。今大興縣知事崔麟臺、勸學所長安則泰、宛平縣知事湯銘鼎、勸學所長崔畏三，約訂教育界同輯之

癸、十年十月十日，各省區地理志觀成

國會議員光雲錦等，孔教會主任陳煥章等，深知傳甲勤慎有恆。又見全國同志如響斯應，謂十年十月十日，各省區地理志可成。蓋八年八月八日青海玉樹亦附入本會。一誠感格，無遠弗屆，果南北不再鬩牆，傳甲將重經瘴嶺，再涉龍漠，成此志也。

傳甲遇山中老友，不及門學生，問我近狀，所答者八大端：

或問：編《大中華地理志》需費繁多，安得許多資本？

答：用中國錢辦中國事不借外款。

或問：《大中華地理志》受政府補助乎？

答：《地學雜志》受教育、農商補助，此志未受補助。

或問：龍江拓墾久安，何以舍而去之？

答：母在，遊必有方。葬母後，則東西南北之人也。

或問（或問）：足下得顧亭林秘籍否？

答：有《歷代宅京記》，已謀刊印，公之國人。

或問：周游各省，何以得官紳歡迎？果操何術？

答：至聖溫良恭儉讓，子貢氏之儒由之。

或問：一千八百四十四縣地理志何時可成？

答：每縣得一同志，則三月成，事在人耳。

或問：總纂用何法？

答：慈訓到處可學，逢人可問，又教以勤慎有恒，是以有志則竟成。

或問：江浙以後，何省所得最多？

答：在江西，年逾四十始生長男，名曰家華，字曰大中。

《大中華京兆地理志》民國八年十月十日出版

大中華京兆地理志自序

閩侯林傳甲撰

大中華民國八年八月八日早八點鐘，《大中華京師地理志》出版於中國地學會，面呈教育部代理部務傅治薌次長，並呈閱《大中華京兆地理志》初稿。次長閱定目錄，比各省精密，褒勉備至。詢《京兆志》出版期，傳甲以本年國慶日爲對。因論及《湖北志》編成未印，亦當於國慶日出版，今乃踐言。

憶三年前此志發起，或疑傳甲徒托空言，傅次長決其必成。上年十月十日，《江蘇省地理志》出版，與全國教育會聯合會集於上海。各省教育家深信傳甲每三月編印一省志，如庖丁做家常便飯，絕不費力，並非難事。春、夏、秋、冬四季，游歷皖、浙、蘇、贛四省，皆未逾三月。皖、鄂出版稍遲，因去皖、去鄂時未及出版也。每至各省，省長虛前席以問，藉陳閭閻疾苦。此志目錄初成，曾晉謁王大京兆，即面陳各省辦法簡妙，實由不設機關，不挂招牌，不定豫算，惟藉督軍省長教育廳之提倡，教育會學校之聯合，分銷豫約，補助游歷、調查、編纂、印刷諸費，綽有餘裕。各國著作家有著作權，法律上許爲終身之恒產。顧亭林以匹夫之責，求天下利病，不過日知日新，不肯放棄天與之歲月，有志者事竟成也。京兆爲各省模範，今繼京師而編纂，敢不慎歟？昔在中國地學會，推高等師範章厥生主任，編《京兆志》未成。王主任桐齡又督高等師範生籍隸京兆者調查本縣鄉土，略得數縣。傳甲係順天中學十七年前老教習，當年學生今已任職教員。暑假前以拙著徧獎京兆公立第一中學校諸生，勖以調查，劉生文賢最勤。京兆人當知京兆，先自知乃能自治。蓋吾國教育衰頹，任教育者日事放弛。教育部通令，暑假調查鄉土地理。各省學校或提前放假，或毫無片紙，皆不明共和國體集大成聖教也。傳甲就學生所調查整齊之，遂裒然成册，有裨教科。通志局、縣志局虛糜廩粟曠日無成者，聞余至亦稍除惰氣矣。傳甲在故鄉不過三月，編《福建志》，由舍弟傳濤分纂印成。復從事《湖北志》，亦同日出版。昔南竄烟瘴，北投冰霜，亦無異鄉土，況京師、京兆之首善乎！京兆教育會李會長、第一師範劉校長、第一中學王校長，第二中學馮煥如贊助良多。京兆二十縣份圖出於張君鑒清。余見王大京兆，又催飭二十縣，各以最新圖表具復，仍賴張君彙齊。是傳甲所得於京兆二十縣者，無異京師二十區也。受京兆父老兄弟之教育，以教育京兆之子弟。觀京兆學生人數倍於昔年，則以此志弁諸江、浙、贛、皖、閩、鄂諸志之前，亦無愧也。

《大中華京兆地理志》民國八年十月十日出版

大中華山西省地理志自序

閩侯林傳甲撰

至聖紀元二千四百七十年仲秋上丁後，全國教育會聯合會各省代表會於山西，爲大中華民國八年國慶之紀念。是日也，傳甲在中國地學會舉行十年紀念。又因同年教育部代理部務傳治薌次長八月八日之約，王大京兆之約，《大中華京兆地理志》定於十月十日出版，勉力踐言。舍弟傳濤赴武昌校印《大中華湖北省地理志》，亦同時出版。在京及門五千餘人彙成《京師街巷記》二十册，亦先印成一册。中國地學會推仲弟傳樹分纂京兆二十縣志，季弟傳臺分纂東三省志，惟五弟傳檉在原籍發行福建志，以研鄉土實用。遂於國慶之次日取道京漢，十二日至太原，承省教育會、議會、農會之歡迎。憶上年在上海全國教育會聯合會與各代表宣言今年必到，勉力踐言。但上年《大中華地理志》始成江、浙兩省，今年負帙請正者又刊有贛、皖、閩、鄂、京師、京兆六編。夫有言必踐，昭其信而已。各省地理必躬至各省編纂，昭其實而已。謹遵先妣遺訓，到處是學，逢人可問，進取而已。聯合本縣人志本縣，聯合本省人志本省，則愛群而已。五臺閻公以民德四要立教，傳甲入境則先自省焉。茲會群賢畢至，京師陳寶泉、京兆孫壯、江蘇沈恩孚、浙江經亨頤、江西符鼎升，皆《贊助大中華地理志》之良友。門人安徽教育廳長董嘉會聞傳甲至，祇謁於旅次，執弟子最恭，傳甲督責安徽六十縣地理志之分纂亦最嚴。黑龍江門人王福維請業，則責以自省，教以勸導失學人民識字。奉天李樹滋、雲南丁其彥皆昔日大學高材，別十五年，而益勵以進德修業，自地方自覺始。

　　山西本堯舜宅都舊地，立教之早，道在精一。孔門子貢氏之儒，衍一貫之傳。孟子所謂孔子集大成者，即是國體之共和，教育之聯合，一也者。匹夫之責，耳貫也者，即所謂集也。苟能集則必大必成，可共可和，可聯可合。門人柯璜教授山西大學，管理博物圖書館，搜集各縣志，徵求鄉土標本繁多，調查材料實在三年之前。今又下榻於洗心社，依文廟而講學焉。第一中學張玉初校長督全校七百人述鄉土記，一日可敵兩年。全晉官師匡助調查，此志不過兩月彙成，實集數千百人而成也。傳甲受山西之教育多矣。教育會長馮君司直、張君秀升延之賓席，不徒山西志藉以成。山東老友郭葆珍、賈迺寬督傳甲益亟。廣泉葉覺邁、廣西葉光壘、湖南方克剛、甘肅王天柱、河南何日章、熱河宣本榮、綏遠榮祥、任秉鈞、察哈爾吳德鎮亦毅然以調查自任，傳甲將繼茲志以進焉。

《大中華山西省地理志》民國八年十一月二十五日出版

大中華民國九年一月一日宣言

大中華地理志總纂閩侯林傳甲

　　大中華民國九年一月一日，《大中華山東省地理志》出版於京師中華印刷局。全國賀大中華新紀元第九週，傳甲總纂地理志三年，勉成十編。八年進步，捷於七年。此中國地學會、全國教育會督促之嚴，贊助之多，乃能如此。謹報告者十端：

甲、內務部特准著作權。七年遊學江、浙、贛、皖，如野鶴閒雲，宣言以各省地理志板權各歸本省教育會，不欲如書賈之專利也。今年京師、京兆兩志在京編印，呈內務部批准給照，遵出版法著作權法也。所愧者，國人著述給照尚不及千種也。

乙、教育部注重鄉土之實行。教育部今注重鄉土，國人遵行者少。前年傳甲江、浙兩志成，教育家咸知各省鄉土應有系統，有歸宿。今年《福建志》得吾閩省議會修正出版，足見愛國必愛鄉。吾弟傳濤回閩校印，臺灣數章，李督軍讀而感奮。傳甲生平在閩亦不過三月，與江、浙、皖、贛相同，視天下如一家，未嘗厚於閩也。

丙、國慶日紀念之盛典。武昌起義十月十日紀念，《大中華湖北省地理志》出版於武昌，《大中華京兆地理志》亦同日在京出版，並賀中國地學會十年紀念。因八年八月八日《京師志》出版時，見傳治薌次長，早訂此日期，即屆期出版。湖北何省長序言，傳甲舊學於鄂，視湖北猶故鄉焉，並以大中華一統志見推。傳甲生平有信，矢志必成。對於長官，對於同年，一出於至誠，是以能計日程功，昭示大信焉。

丁、大成節萬人講學之盛舉。全國教育會開會於太原，傳甲應山西師友諸生之約，乞假一往。正逢大成節，閻督軍集大中小農、工、商、師、法、警、女、職各校萬餘人推傳甲講經，因申明學而時習之大義，痛論吾國不富不強，咸由不學。本縣人不可不學本縣事，本省人不可不學本省事，並以惜秒陰爲今日修學之要，視古人尤密。《山西志》一月而成，即惜秒陰之效，傳甲最痛恨各校罷課嬉遊，提前放假，開學遲到。喜山西無此浮囂之氣，乃收全省治安之效，洵不愧乎模範省也。

戊、《京師志》爲京師大學之夙志。傳甲十七年前爲大學教師，見日本教員服部宇之吉等編《北京志》數月而成。余以半年編《中國文學史》，彼時老輩以爲草率。然彼時老輩不過詩酒風流，於外人留心我國政治經濟毫不自覺。後以京師志稿商之大學教員良友，無人負責。今年回京周遊二十區，藉半日學校五千貧兒襄助調查，閱四月而成書。暑期奔走，同具一心，《京師街道記》廿冊又次第出版。

已、《京兆志》得高等師範協助。傅甲前年出京編印《浙江志》之際，曾以《京兆志》請北京高等師範學校章厥生主任纂輯。此次傅甲回京，章主任南歸，仍以《京兆志》責之傅甲，因托地學主任王崿山徵京兆高師共研鄉土。雖他校罷課，有非禮之行，惟精研鄉土者可信其學有實用。王大京兆訓令五中學兩師範實習焉。

庚、《安徽志》由教育廳發行。傅甲上年游江、浙、贛，今春游鄂，皖友責皖志不出。其時挈家奔走，江、浙所餘悉用以修武漢先塋。江西餘欠書款愆期未交，湖北豫約不如江、浙之速。幸合肥吳公鏡潭見招，得科長一席，任貧兒教育，乃以三月薪水爲出版費。爾時全體罷課，豫約無著。蒙倪督軍、呂省長飭教育廳長董嘉會發行，通飭六十縣分銷，並叠催六十縣分纂本縣地理志，毋得延遲，自弃良好光陰也。

辛、大興、宛平兩首縣之模範。王大京兆通飭各縣分銷《京兆志》，大興有小學百一十處，訂購百一十冊。宛平有小學百六十處，訂購百六十冊。小學應研究鄉土，乃歐美通例。縣知事不愧知事，勸學所不愧勸學，一千八百四十八縣可取法焉。

壬、印刷資本之由來。歐美博士出版，全恃豫約。傅甲自恃股息可畜妻子，於江、浙試辦豫約以爲印刷之資，補助游歷調查之費，不領官款。齊省長、戚省長各有二百元之贐，即以本省地理志二百冊爲報，不輕受人惠。省長提倡風氣，俾各縣視學宣講人員曉然於本省要事。蓋豫約之書多在省會，偏僻小縣得一冊亦便傳觀，不得不借重省長之力也。以本省之款辦本省之志，何待借外款耶？

癸、平生經濟之有餘。上年在江西年終結束，略有餘資。至今法校、女校尾欠，請龍荃蓀議長代催，宣言寧人負我，我不負人也。安徽欠款有董廳長代催，湖北欠款有中華大學代催。惟《山西志》豫約期限以前，學生無不交款，二千冊銷售毫無蒂欠。且第一中學豫約四百冊，國民師範豫約三百八十冊，第一師範豫約三百冊。他省多者不過二百冊耳。是以山西餘款補助弟董在京買宅，還鄂省零欠。由鄂移眷入都，乃知山西之治安，在職教員好學而有信。然傳甲不論時局如何，決不以經濟困難藉口，決不言別人不負責任。三年來一誠所結，已得十編，豫計直隸、河南、湖南、東三省勢難再緩，兩廣、雲、貴亦由全國教育會調查以備編纂也。

《大中華山東省地理志》民國九年一月一日出版

大中華山東省地理志自序

閩侯林傳甲撰

至聖紀元二千四百七十年仲秋上丁，京師孔教會建築會堂開工伊始，闕里奎文閣講經員林傳甲始敬述聖賢桑梓之山川政俗。近三年躬親瞻仰及門師範生四百人所調查者，寫定爲《大中華山東省地理志》，而序之曰：嗚呼！孔子於鄉黨恂恂似不能言者，刪詩而進魯於頌，作《春秋》而以魯紀年，蓋爲學必自近始。不知鄉黨，何足侈談瀛海。不知今日，何足侈談皇古。孔子周游必聞其政，亦自近而遠，至聖精誠，彌綸宇宙。凡至聖所未至，如端木子使越而化成於浙，澹臺子友教而道啓於贛。傳甲爲先賢放公裔孫，自東晉播遷於閩，子孫繁昌。唐宋以後號爲海濱鄒魯，而閩學遂並駕中原。傳甲六歲早孤，先妣林下老人手鈔闕里文獻考爲教，勉承先志，弗敢怠荒。雖落拓江湖而慈訓必敦促旋里，有《福海歸程記》述鄉土狀況，爲《大中華福建省地理志》之基。從事教育二十有四年，近則專壹於地理志。前年曾在魯半載，講學之餘登泰岱，謁孔林，遊青島、坊子、張店、周村、濰縣、博山。凡青、兗二州之名山大川，無不觀覽。感外患紛迫，勸華僑出洋以廣墾殖。傳甲初擬先編百有七縣地理志，尤注重各縣職業狀況。諸生所調查者寄上海教育雜志社，傳甲所調查者存社會教育編輯處，是以未及彙編，僅刊《青島游記》。歲暮得老友黃雋珊函約游皖，乃輕裝獨往，館於安徽省教育會。雋珊長余二十年，多閱歷，謂直隸、山東先編縣志，後編省志，雖根本之計，終勞而無功。不如先編省志，一省成則他省亦易推行，各縣亦有所模範，乃決意先編省志，是爲《大中華安徽省地理志》書成。黃省長促速刊而某尼之，乃油印就正於六十縣。因江、浙、贛、鄂各省同志有約，遂周游載筆。每三月成一志，江、浙、贛次第出版，備承官、紳、商、學界歡迎。皖教育會始修正原稿見寄。又言歸京師，賴合肥吳鏡潭總監之力，得資印《安徽志》。半年以來編印《京師志》於八月八日成，《京兆志》於十月十日成。人事蹉跎，全國教育會於國慶日集於太原，載筆往一月而《山西志》成，遂專心寫定《山東志》，就正有道。山東師友力促其成。憶昔受歷城吳毓丞司農、膠東柯鳳蓀司業兩師之教誨，皆在布衣少賤時。吳師晚年修《山東通志》未成而卒。柯師著《新元史》竭三十年之力以成千秋事業。此傳甲夙習得於齊魯舊業者，既精且博。今觀莊士敦所著英文《威海衛》及倭人出版之山東半島山鐵沿綫狀況，又不禁瞿然而懼，奮然而起，集諸生大成將於民國九年一月一日出版焉。

《大中華山東省地理志》民國九年一月一日出版

大中華直隸省地理志自序

閩侯林傳甲撰

傳甲識字之初，逮事先祖鹽源公，年近七旬，左圖左史。先君應山公携傳甲侍其旁，指架上書籤以識字。家藏林文忠公政書五種，有《畿輔水利議》。先祖即以羽扇指壁上圖示傳甲曰："京師附近為畿輔，即直隸省也。"既而張五指言："白河有五大河。"先君子又屈傳甲指，記南北西渾清之名。彼時傳甲未能多識，惟五大河大綱則如示諸掌。壁上地圖為李申耆本，過於簡略。先祖撫胡文忠《一統輿圖》，恒謂此吾子孫百世第一宗財產。雖兒時罔知負荷之重，然每繞膝必問業焉。忽見京師下有硃點虛綫二行，一東過天津至福建，一西過保定至雲南，形如人字，問之先祖。先祖曰："畿輔左右兩大路，如人之兩足也。東大路近海循運河，汝曾祖杏圃公七上公車之道也。西大路為南北通驛，林文忠公《滇軺紀程》之道也。"忽忽四十年往來京漢津浦，服務畿輔，念祖訓所垂教者終身弗敢忘。先妣林下老人覽中原出榆關，因水災區域弱女流離，乃移殖女民於龍江，教之養之以實邊徼。督傳甲力學，研中國地理，寒暑無閒。近五年因先妣弃養，遂作東西南北之人。矢志纂《大中華地理志》，擬全國一千八百四十八縣各成一冊，與中國地學會海內同志分擎易舉，僉謂宜先編一縣以爲範本。訪之大興、宛平因縣治未定，縣紳多客籍，不諳鄉事，鄉校程度低淺，紀載不詳，乃因恭謁崇陵，游易縣。友人連君穆如延余教授易縣中學生徒百餘人，於星期寒假分途調查，合力編纂。民國六年六月六日，《大中華易縣志》告成，中國地學會刊在《地學雜志》。藉爲嚆引，遂赴山東登泰山，謁孔林，命及門師範生四百分任百八縣地志，然程度不齊，僅備資料。又遊皖老友黃雋珊省長促我先編安徽省志，三月成編。往游西湖編浙江省志，遂於民國七年七月七日出版爲各省先。又三閱月，江蘇省志成於國慶日，出版於上海。全國教育會同人大會僉謂各省鄉土教育宜有統系，非傳甲莫能整理也。江西代表促余赴贛，又三月以江西紙印《江西志》焉。余弟傳濤携余《福建志》稿回閩，余赴鄂編《湖北志》皆付印。即北還京師，編印《京師志》於八年八月八日出版，《京兆志》亦國慶日出版。全國教育會又大會於太原，一月而《山西志》成。孔教總會乃校理《山東志》刊行，凡十編。民國九年九月九日，爲直隸省志預定出版之期。分纂蘇少衡致力最久，所難者因水道遷變極多，不能不慎。直隸諸生調查勤實，傳甲幸因人而成事焉。

時庚申立秋日，閩侯林傳甲自叙
《大中華直隸省地理志》民國九年九月九日

大中華河南省地理志自序

《大中華河南省地理志》近三年凡三易稿焉。余自民國五年再造共和後，乃專心斯志。七年國慶日，全國教育家會於海上，王炎青約我游遊洛，而贛、鄂督促急。余客南昌三月，《江西志》成，生子鍔。重游武昌三月，《湖北志》亦成。湖南軍務未寧，弗能遽往。中國地學會十年紀念，同人責以先編《京師志》，八年國慶日成《京兆志》。遂由京漢路北還，道經河南，行篋舊稿初未嘗示他人，惟十七年前教授京師大學，早與門人時經訓言之。時子任河南省教育會長調查者，即初稿也。在京職務殷繁，總纂京師、京兆兩志，念《河南志》分纂不可無人。內子固始祝宗梁生長他鄉，相從邊遠，未深知故鄉事。八年五月七日，余在光州老館晤內弟祝少仲，願任分纂，而學力未逮。內姪良宰、良鈞分任調查，亦未能專心。惟少仲持余函謁吳藹辰廳長，尤爲襄助。藹公本中國地學會評議長，通飭各屬調查，先得四十三縣，其餘以次具復。少仲叔姪皆他就，妻族惟少莘學士任實業廳科長，爲後起之秀。此上年調查時，再易稿也。余於八年國慶與全國教育家會於太原，纂《山西志》，何子日章促我游梁，鄒魯故人督《山東志》尤不可緩。九年一月一日《山東志》出版發行，始促余四弟傳濤去魯游梁，在河北多最新調查。濤自贛回閩，嘗分纂《福建志》修正刊行以誨鄉土，有裨實用。晉楚燕齊無役不從。梁園爲余癸卯甲辰公車所駐，常南馳許鄭之郊，北走漳衛之域。當時京漢路綫，南止於信陽，北止於順德。余乘獨輪車緩行，采風問俗，因知中州風土之厚。今年濤弟赴鄂者，再經黃河橋五次，無昔日舟渡之苦，所調查者則彙交中國地學會總纂，是以三易稿而後定。然中原平遠，水道之變遷極多，考察不厭求詳，新政進行又當有日新月異者，皆據最近者爲本。嗟呼！倭奴之窺伺中州也久矣。試觀倭文《支那省別地志・河南省》一册早已刊行，陳列於地學會。今淺見者但知倭人窺伺山東，豈知倭人窺伺河南者，早已藉游歷深入我內地也。中國地學會歷年考察河南狀況，刊在《地學雜志》者尤多。博采圖籍，凡國立圖書館所有河南通志、各縣志無不甄采，就正於河南耆宿，以爲河南鄉土教科，俾後之學者繼續研究。發皇地產物質，日進於文明，中原民生裕矣。春季書成，印費未集。九年九月九日《直隸志》成，徐大總統資助乃得付印，於民國九年十月十日國慶日出版。

閩侯林傳甲叙於京師中國地學會
《大中華河南省地理志》民國九年十月十日出版

大中華吉林省地理志出版之宣言

閩侯林傳甲謹述

大中華民國十年十月十日國慶日，中國地學會、大中華地理志總纂閩侯林傳甲，受事五年，功甫及半，謹以負笈周遊、出版次序，報告於各省區同志，以明匹夫之責，曰：

民國五年國慶日，中國地學會推爲總纂，編《大中華易縣地理志》，爲本縣小學用。

民國六年國慶日，登泰山，竭孔林，遊青島，編《大中華山東地理志》，爲本省小學用。

民國七年國慶日，春季編《安徽志》，夏季編印《浙江志》，秋季編印《江蘇志》，皆三月成。

民國八年國慶日，《江西志》成；生子；《福建》《湖北》志成；修墓；回京編印《京師》《京兆》兩志。

民國九年國慶日，《山西志》多實政；《直隸》《河南》兩志，蒙大總統閱定題簽，均發行。

自上年國慶後，本擬赴廣州全國教育聯合會，編印《廣東志》，因兩粵之爭未往。又擬編輯《湖南志》，亦因兩湖之爭未往。遂專心東三省地理志。起草一年，仍從每省一册之例。

奉天：往來十數次，調查亦較詳，志在必成。如《江蘇志》比皖、浙後出，南歸所必經也。

吉林：長春、濱江沿路而外，尚未遊歷，必親來問學，而後地理志可以徵信傳久也。

黑龍江：疇昔服務十年，粗知地方情形，舊有圖志出版，庶政日新，地志當從新體。

或問總纂，何以三月能成一省志乎？其調查何所據乎？何以比各省通志利便乎？

答之曰：三月成一書，每日不過兩葉，三月專心一省，不亦久乎？況十年當歷全國乎？調查之法，據通志、官書、私家著述、雜志、報章，更得官紳學界修正。雖僻邑亦不遺漏。各省通志局支薪水而不著一字。傳甲訪問人多，不支一錢，皆實地經過，見聞明確。

或問《地理志》已出版十二編，印費不資，從何籌得？且舉家相從，進退綽有餘裕乎？

答之曰：《大中華地理志》已在內務部依著作權註冊，猶農工商實業也。十二編系十二次出版，則成本輕而周轉靈。未出版以前，有豫約先期收款，印刷以後，定期出版，略有餘利。又可運載書囊，再赴他省。浮家泛宅，以大中華爲家。濟南、武昌，寄孥稍久焉。

或問：《大中華吉林省地理》亦三月出版乎？其豫約如何辦理乎？

答之曰：傳甲愛吉林山水，非不欲久留，但不限定三月，則惰氣生而難成。編輯師範中學甲種鄉土教科書，全恃各校豫約，曾攜《京師》《京兆》《直隸》《河南》《安徽》志各二十冊，請教育廳頒發各校傳觀，仍照各省定價大洋貳元，各校豫約減半收價，實收大洋壹元，准於陽曆年內出版。三省地志，則擬於明年暑假前一例出版，再赴西北、西南也。

《大中華吉林省地理志》民國十年十二月二十日出版

大中華吉林省地理志序

閩侯林傳甲撰

傳甲四歲粗識字。先祖鹽源公自蜀就養，先嚴應山公養志維謹。先祖衰病，醫云宜補。至藥局取錦匣，上鐫"吉林人參"。傳甲因新年吉慶識"吉"字，姓氏識"林"字，《三字經》開卷識"人"字，"參"字猶未識。先嚴示匣內物曰："是名參，象人形，產自吉林。"傳甲侍先祖服參後，得錦匣盛玩物，因念念吉林不忘。

吾家庭教育重實物教授。六歲見藥肆招牌高麗野參，問於先嚴，知高麗吾國藩屬，吉林東鄰，所產略同。野參年久可貴。先祖出《一統輿圖》，口授沿邊形勢，鬚眉如戟，指東海濱失地，拍案厲聲，忠憤溢出。傳甲懍懍乎懼不知所措，但見先祖淚下，亦隨之淚下也。嗚呼！先祖往矣，英靈在天，苟見今日倭寇深入，由吉長而貫吉會，蹂躪延琿，等於高麗，不知作如何感慨痛切也。

傳甲既長，閱《吉林通志》知吉林可墾闢無異內地。日俄戰後，吉林雙城翟熙人同年勸我出塞。承程雪廬將軍奏調，傳甲夫婦自廣西萬里赴之。黑龍江初闢，惟吉林人材是賴。宋鐵梅都督、徐鼐霖省長、魁星塏廳長、王可畊道尹並列於文案處。傅甲雖專心教育，未謀仕進，每同膺薦剡。民國初，宋公薦任教育司科長一職，遂服務十年。先妣林下老人壽終，始解職南遊。在京師承中國地學會同人，推任《大中華地理志》總纂。周游各省，期以十年之內編成各省區地理志出版。民國六年六月六日成《易縣志》，為各縣範本。七年七月七日，《浙江志》成。國慶日，《江蘇志》成。全國教育會聯合會萃於上海，一致贊成。吉林省教育會王伯康會長約我游吉，編《吉林志》。八年八月八日，《京師志》成。國慶日，《京兆志》成。全國教育會聯合會萃於山西，研究鄉土尤重，出版速而發行多。因官私著述多可采，長官提倡學生好讀書。吉林第一師範學校吳獻之校長又約我游吉，余應以吉林必到，但不敢定期也。因山西出版餘利多，直、魯、豫亦次第出版。雖處荒年，吾學不敢荒，竟勉力成之。九年九月九日，《直隸志》成。國慶日，《河南志》成。徐大總統閱定獎勵備至，即專心東三省志一年，每省一冊。長安小息，臥病幾不支，幸秋後元氣大復。周斗卿廳長委以視學一職，遂移家再出邊塞。十年十月十日，有《大中華吉林省地理志》出版之宣言，在京所編多據舊籍。來吉始得官書文卷，知在京所據教育部《教育公報》皆前數年狀況，其餘更可推矣。編某省志必至某省，此傅甲經驗有得者。病軀雖弱，又藉吉林人參爲補品矣。不緩不急，日月爲易。自信所至無不成，是在到處求學，逢人善問而已。

　　《大中華吉林省地理志》民國十年十二月二十日出版